营销圣经

营销圣经

傅忆 ◎ 编

中国华侨出版社
北京

图书在版编目（CIP）数据

营销圣经 / 傅忆编. — 北京：中国华侨出版社，2013.5（2021.1重印）
ISBN 978-7-5113-3531-9

Ⅰ.①营… Ⅱ.①傅… Ⅲ.①市场营销学—通俗读物 Ⅳ.①F713.50-49

中国版本图书馆CIP数据核字（2013）第083913号

营销圣经

编　者：	傅　忆
责任编辑：	文　程
封面设计：	阳春白雪
文字编辑：	张子桦
美术编辑：	宇　枫
经　销：	新华书店
开　本：	720毫米×1020毫米　1/10　印张：24　字数：350千字
印　刷：	北京德富泰印务有限公司
版　次：	2013年8月第1版　2021年1月第4次印刷
书　号：	ISBN 978-7-5113-3531-9
定　价：	45.00元

中国华侨出版社　北京市朝阳区西坝河东里77号楼底商5号　邮编：100028
法律顾问：陈鹰律师事务所
发行部：（010）88866079　　传　真：（010）88877396
网　址：www.oveaschin.com　　E-mail：oveaschin@sina.com

如发现印装质量问题，影响阅读，请与印刷厂联系调换。

前 言

销售是一项极具挑战性的工作，也是一项能快速创造财富的工作。世界上，那些获得显赫声誉和雄厚资产并且能够为社会做出一定贡献的商界人士，几乎都将他们的成功更多地归因于销售。毋庸置疑，销售领域可以为每一个人提供实现财富梦想的机会。

销售人员往往为丰厚的报酬所激励，收入的多少标志着他们成功的大小。但在销售队伍中，顶尖销售精英与普通销售员之间的收入可以用"天壤之别"来形容。在同样的市场领域从事同样产品的销售，有的人年收入可高达百万甚至千万，而有的人可能一分钱也赚不到。究竟是什么造成了如此巨大的差别？难道销售只是少数别具天赋的人才能从事的工作？

调查表明，大部分销售人员并非缺乏天赋，相反，他们都有很强的表达能力，具备良好的口才和形象，但致命的一点是，他们中很少有人接受过专业的销售培训，没有掌握一套系统全面而强有力的销售知识与技能。有时候，他们离超级销售明星只有一步之遥！

此外，对于各企业中的销售经理、销售教练而言，还面临着怎样改进自己所管理的销售团队的业绩、如何在最短的时间内为企业打造一支所向披靡的销售队伍等问题。领导销售团队如同领导运动团队一样，只有好的教练才能充分发挥其潜力。但如果没有掌握全面的销售技巧和销售培训知识，作为一名管理者，你将无法做到这一点。

为了帮助广大销售人员、企业销售管理和培训人员掌握一套系统全面的销售知识和技巧，找到一条通向成功和卓越的道路，我们精心编写了这本《营销圣经》。

全书分为上、中、下三篇。上篇"成功销售全攻略"通过销售计划、销售流程、销售实践三个紧密联系、互相贯通的成功销售理念建立了一套完整的销售体系和战略思想，涵盖了成功寻找、赢取、留住客户的全部最佳策略和技能。销售计划、销售流程、销售实践对于成功销售都是一样重要的，它们共同构成了一个强有力的销售三角架。中篇"最有效的营销方法"部分从营销环境分析、市场机会选择、确定产品竞争优势、营销执行与管理等方面精选多种营销方法，可以帮助企业和营销人员解决营销中遇到的各种难题，更科学地做出营销工作中的各项重大决策，从而渡过危机，创造辉煌业绩。下篇"必读的经典营销书"收录了世界顶级营销大师的经典著作。这些作品将销售与销售管理很好地结合在一起，系统讲述了人员推销和销售管理的关系以及销售管理的各种实用方法，几乎涵盖了销售与销售管理的所有重要问题，反映了销售理论与实践方面的最新发展。

成功的销售不仅仅依靠销售人员的艰苦努力，更需要智慧，需要动脑，需要思考。对于广大销售和销售管理人员、企业家和商界人士来说，《营销圣经》无疑是他们全面、系统的业务指南。本书内容专业、实用，基于常识，便于读者理解。本书不但适用于初涉销售行业的新手，也适用于销售行业的行家里手。同时，对于那些想让自己和团队的业绩上一个新台阶的销售教练和销售经理而言，本书正是他们苦苦寻觅的指导手册，书中传授了具体的策略、分步指导和最前沿的思想，可以帮助他们领导团队、提高业绩、打造具有优秀特质的销售人员。

目 录

上 篇　成功销售全攻略

第一章　制订销售计划与目标……………………………………… 2
分析销售业务的现状…………………………………………………… 2
　　一、我们怎样才能实现目标………………………………………… 2
　　二、我们的优势、劣势、机遇和挑战……………………………… 2
　　三、竞争对手的优势、劣势、机遇和挑战………………………… 4
　　四、创立价值服务理念……………………………………………… 4
　　五、现有业务状况…………………………………………………… 5
　　六、业务缺口分析…………………………………………………… 6
　　七、弥补业务缺口所必需的新业务量……………………………… 7
有计划才能达到目标…………………………………………………… **8**
　　一、销售计划很重要………………………………………………… 8
　　二、好的开始是成功的一半………………………………………… 10
　　三、万丈高楼起于平地……………………………………………… 10
　　四、挖掘我们的核心竞争力………………………………………… 11
　　五、成功销售，永不为迟…………………………………………… 11
设定销售目标…………………………………………………………… **12**
　　一、做正确的事……………………………………………………… 12
　　二、设定销售目标…………………………………………………… 12
　　三、"没有"目标的神话…………………………………………… 12

第二章　建立稳固的销售模式……………………………… 15

寻找目标顾客…………………………………………………… 15
　　一、寻找潜在顾客的方法………………………………… 15
　　二、"上门"机遇………………………………………… 18
　　三、最好的献给最高级的客户…………………………… 18
　　四、你最有潜力的市场就是你的现有客户……………… 19
　　五、对客户进行精确定位………………………………… 21
　　六、发掘有希望购买产品的顾客………………………… 22

约见客户………………………………………………………… 23
　　一、事前准备……………………………………………… 23
　　二、初次与客户会面……………………………………… 24
　　三、约见：确定会谈氛围………………………………… 25
　　四、2分钟电钻法………………………………………… 26

有技巧地激发客户购买欲望…………………………………… 27
　　一、问准问题……………………………………………… 27
　　二、用耳朵聆听，用眼睛观察，以及明确销售目标…… 28
　　三、如何陈述产品特色和产品优势……………………… 29
　　四、向客户陈述解决方案………………………………… 33
　　五、解决方案的陈述风格………………………………… 35
　　六、确定解决方案………………………………………… 35

克服障碍，促成交易…………………………………………… 36
　　一、销售人员的悖论……………………………………… 36
　　二、克服对客户异议的错误观念………………………… 37
　　三、问客户具有约束力的问题…………………………… 37
　　四、让客户作出承诺……………………………………… 39
　　五、沉默的力量…………………………………………… 40

第三章　维护并拓展你的销售业务……………………… 42

维护你的客户…………………………………………………… 42

一、三大特征 ··· 42
　　二、问客户使销售额递增的两个最重要问题 ···················· 44
　　三、利用各种渠道与客户交流 ·· 45
　　四、以正确的方式开展业务活动 ······································· 47
培养长期顾客 ·· **53**
　　一、了解顾客发展阶段，培养顾客的忠诚 ······················· 53
　　二、如何长期维护老顾客 ·· 57
　　三、让渡顾客价值，达到顾客满意 ··································· 60
　　四、并不是所有的顾客都值得保留 ··································· 65
业务拓展 ·· **66**
　　一、为什么现在拓展新业务比过去更加重要 ··················· 66
　　二、注意环境因素 ·· 70
　　三、在危机中拓展业务 ·· 71
　　四、引进新业务 ·· 73
　　五、如何成功建立业务关系人际网 ··································· 74

第四章　世界上最伟大的推销员的销售秘诀 ················· 77
奥格·曼狄诺教你怎样成为最伟大的推销员 ····················· **77**
　　一、用全心的爱迎接今天 ·· 77
　　二、坚持不懈直到成功 ·· 85
　　三、相信自己是自然界伟大的奇迹 ··································· 91
　　四、永远沐浴在热情之中 ·· 99
　　五、在困境中寻找机遇 ·· 104
贝特格的无敌推销术 ·· **109**
　　一、听到"不"时要振作 ·· 109
　　二、最重要的销售秘诀 ·· 117
　　三、极短时间内达成销售 ·· 121
　　四、必须学会的销售技巧 ·· 126
　　五、如何确保顾客的信任 ·· 131

六、让人们愿意和你交流……………………………………134
七、不要害怕失败……………………………………………139

托德·邓肯告诉你如何成为销售冠军 142

一、排练法则——排练好销售这幕剧……………………142
二、靶心法则——开发高回报的顾客……………………148
三、杠杆法则——让对手成为杠杆…………………………154
四、求爱法则——用真诚打动顾客…………………………159
五、钩子法则——吸引顾客守候到底………………………164
六、催化法则——建立成熟客户关系………………………169
七、加演法则——不断提升服务质量………………………175

中 篇 最有效的营销方法

第一章 营销环境分析……………………………………180

市场机会分析法………………………………………………180
一、机不可失，相机而动……………………………………180
二、奥纳西斯、肯德基抓住市场机会………………………182

环境威胁机会矩阵……………………………………………183
一、发现机会，规避风险……………………………………183
二、某汽车生产企业所作的环境威胁机会分析……………185

市场潜力分析…………………………………………………187
一、为营销寻找宽广的舞台…………………………………188
二、一次失败的市场潜力分析………………………………189

销售预测分析法………………………………………………191
一、凡事预则立，不预则废…………………………………191
二、奥伯梅尔的销售预测方法………………………………192

市场占有率分析法……………………………………………194
一、重视市场占有率的"含金量"…………………………195

二、宝洁兵败日本市场……………………………………… 196
核心能力分析法 …………………………………………………… **199**
　　一、核心能力，企业基业长青的根本………………………… 199
　　二、三星强化核心竞争力……………………………………… 201
BCG矩阵业务组合分析法 ……………………………………… **204**
　　一、对不同的业务，采取不同的策略………………………… 204
　　二、BCG矩阵的实际应用……………………………………… 206
GE矩阵业务组合分析法 ………………………………………… **208**
　　一、根据各业务的特点，规划产品组合……………………… 209
　　二、GE矩阵在通用电气公司的运用…………………………… 210

第二章　市场机会选择……………………………………… 213

竞争对手界定法 …………………………………………………… **213**
　　一、正确界定竞争对手………………………………………… 213
　　二、麦当劳的汉堡包之战……………………………………… 214
竞争性路径分析法 ………………………………………………… **216**
　　一、知己知彼，方能百战不殆………………………………… 216
　　二、雅马哈轻敌，遭遇惨败…………………………………… 217
市场细分营销 ……………………………………………………… **221**
　　一、市场细分，营销成功的核心……………………………… 222
　　二、汇源果汁的市场细分策略………………………………… 223
利益细分法 ………………………………………………………… **226**
　　一、最有效的市场细分方法…………………………………… 226
　　二、牙膏市场的利益细分及其营销策略选择………………… 228
目标市场选择法 …………………………………………………… **230**
　　一、选择合适的细分市场……………………………………… 230
　　二、通用汽车在中国的目标市场选择………………………… 232
差异化营销 ………………………………………………………… **234**
　　一、使产品别具一格…………………………………………… 234
　　二、农夫山泉的差异化营销…………………………………… 236

利基营销·································· **238**
    一、利基营销，寻找未被发掘的处女地·············· 238
    二、利基营销成就"嘻哈帝国"···················· 239

第三章　确定产品竞争优势·················· **242**

产品生命周期及其营销策略························ **242**
    一、产品生命周期，制定营销目标和营销策略的依据·· 242
    二、产品生命周期理论在杜邦公司战略管理中的应用·· 243

品牌定位四步法·································· **246**
    一、好的定位是品牌成功的基础···················· 246
    二、奶球品牌重新定位···························· 248

品牌价值模型分析法······························ **250**
    一、了解品牌的价值构成·························· 251
    二、"红旗"品牌价值的挖掘······················ 252

产品与品牌的关系模型···························· **254**
    一、选择合适的产品与品牌组合···················· 254
    二、松下公司的品牌组合战略······················ 257

品牌经理制管理方法······························ **259**
    一、一种有效的品牌管理方法······················ 259
    二、宝洁的品牌经理制···························· 261

品牌延伸策略···································· **263**
    一、使品牌利益最大化···························· 263
    二、Sanrio成功实施品牌延伸······················ 265

产品组合策略···································· **267**
    一、形成产品群体优势···························· 267
    二、华龙集团的产品组合策略······················ 268

第四章　营销执行与管理···················· **273**

年度营销计划制订法······························ **273**
    一、制订切实可行的营销计划······················ 273

二、麦当劳的1990年度营销计划摘要……………………… 275
营销组织构建法……………………………………………… 279
一、使营销组织结构适应市场的需要………………………… 279
二、联想集团的组织结构发展历程…………………………… 280
营销人员绩效考核法………………………………………… 283
一、使员工行为与企业期望相吻合…………………………… 283
二、A公司营销人员绩效考核法……………………………… 285
营销人员薪酬设计法………………………………………… 288
一、薪酬设计，实现公司战略的重要工具…………………… 288
二、某公司营销人员薪酬设计体系…………………………… 289
销售人员管理法……………………………………………… 291
一、锻造销售队伍……………………………………………… 291
二、IBM公司的"苦行僧"式培训…………………………… 293
销售业务管理法……………………………………………… 296
一、使企业的经营策略在销售活动中得到体现……………… 296
二、麦德龙的消费业务管理…………………………………… 298
销售通路管理法……………………………………………… 300
一、建立稳固通畅的销售通道………………………………… 300
二、娃哈哈的销售通道管理…………………………………… 303
年度计划控制法……………………………………………… 305
一、使年度计划顺应外部环境的变化………………………… 305
二、格兰仕亡羊补牢…………………………………………… 307
盈利能力控制法……………………………………………… 308
一、保持强大的盈利能力……………………………………… 308
二、雀巢遭遇财务危机………………………………………… 310

下 篇　必读的经典营销书

一　《销售圣经》 …………………………………… 314
- ◎ 简介 …………………………………………… 314
- ◎ 原书目录 ……………………………………… 315
- ◎ 思想精华 ……………………………………… 316
- ◎ 核心内容 ……………………………………… 317

二　《世界上最伟大的推销员》 ………………… 334
- ◎ 简介 …………………………………………… 334
- ◎ 原书目录 ……………………………………… 335
- ◎ 思想精华 ……………………………………… 335
- ◎ 核心内容 ……………………………………… 335

三　《就这样成为销售冠军》 …………………… 353
- ◎ 简介 …………………………………………… 353
- ◎ 原书目录 ……………………………………… 354
- ◎ 思想精华 ……………………………………… 355
- ◎ 核心内容 ……………………………………… 357

上 篇

成功销售全攻略

第一章

制订销售计划与目标

分析销售业务的现状

一、我们怎样才能实现目标

必须弄清楚我们怎样才能够前往我们想要"到达的地方"。我们后面介绍的几种方法可以拓展你的销售业务。这几种方法能够使你现在拥有的业务得以维护,使你的现有业务得以进一步拓展,也能够帮助你发现并且找到新的业务。

我们必须问问自己我们分配给这几种业务行为的时间比例是多少。例如,如果我们拥有强大的客户基础,并且在我们的计划期内我们的客户群将大幅度增长,在这种情况下我们就会发现我们将很难走出去拓展我们的新业务。有时候一些新业务的获取将花费我们1年左右的时间才能够争取到。如果我们忙于服务和发展现有客户的话,我们将不能够通过发展新业务来实现我们的业务目标。

我们必须了解我们将去何处以及怎样到达那里。

二、我们的优势、劣势、机遇和挑战

从优势、劣势、机遇和挑战等方面来准确弄清楚我们现在身在何处可以更好地理解我们是谁,我们在做什么,我们的优势是什么以及我们的劣势

是什么。传统的业务分析方法是运用包含优势、劣势、机遇和挑战在内的所谓SWOT分析法。对于销售人员来说，我们建议用一种稍微不同的SWOT分析。我们应该做几个SWOT分析：

（1）集中于我们公司的SWOT分析。

（2）集中于我们个人的SWOT分析。

（3）集中于我们主要竞争对手的SWOT分析。

在一张纸的左上方写上"优势"，在右上方写上"劣势"，在左下方写上"机遇"，在右下方写上"挑战"。

开始用纸的左半部分来分析作为销售人员的你自己和你的业务。首先写下不同领域作为个人的你和公司的业务优势。这里将列出你在产品、服务、供应、保障、保险、形象、交货、付款条件以及所提供的特殊服务等方面的竞争优势。尽量写下你们公司所有可能的业务特色（你所在的公司是从事什么业务的或者公司的业务特点是什么）或者优势（为什么人们要购买你们公司的产品或者服务）。

优势	劣势
机遇	挑战

千万不要在这一栏故作谦逊，要有多少写多少，直到写完你们公司所有竞争优势以及给市场所带来的所有好处。

积极地思考你们公司的机遇，并同样在纸的左半部分写下"机遇"的地方把它们写出来。就你们公司的机遇而言，你要考虑现有的客户、现有客户的增加销售量、介绍的客户、目标客户、新的业务机会，要无所顾忌地去思考。因为你们公司所提供的产品或服务有可能适用于新业务的开发，也有可能进一步满足现有客户群的业务需求。就公司所面临的机遇而言，你需要任凭你的想象力自由地驰骋。

现在轮到在纸的右上角写公司劣势的时候，我们要现实地去面对，但不要为难自己。之所以会提到这一点是因为在一些研讨会上，让人们做SWOT分析时，他们只在左边格子内（优势和机遇两处）写了三四条内容，然后感觉像是用了20年的时间去写右边的内容。我们往往急于要减少自己的优点，多讲自己的不足，但殊不知，这些不足反而通常是竞争中的优势所在。

我们要做的就是要打破这种模式，在左半边要集中精力，在右半边要面对现实。所以我们要写下在市场上我们公司的竞争优势和竞争劣势，从而写出一份合理的SWOT分析单。

然后是在纸的右下方列出你们公司所面临的挑战。它可以是环境所带来的挑战或者宏观经济形势给公司业务所带来的挑战。这里再次强调要真实，不要臆想。

三、竞争对手的优势、劣势、机遇和挑战

现在我们要来个180°的大转弯，为我们的竞争对手做一个SWOT分析。在这个分析中我们要集中精力在右半边写下我们或环境对竞争对手造成的所有挑战，而在左半边我们要真实而不是夸大其词地写出竞争对手主要的优势和机遇。

建议你可以为你的一个、两个或者三个主要竞争对手做这样的分析。因为我们这样做将首先能够使我们更好地理解我们的市场价值，与此同时也将有助于我们树立信心。其次，在分析竞争对手过程中我们将感受到我们自己有多么强大，因为我们的竞争对手并不是一脚就能踩死我们的长毛怪，而是与我们水平相当的竞争对手。

四、创立价值服务理念

有人曾经说过这么一句话："一个没有价值服务理念的人，任何事情都可以把他打垮。"一想到公司的价值服务理念，应该在脑海里首先浮现的就是上面这句名言。这个问题应该这么问："我们的服务理念是什么？"我们认为公司在市场上从事经营业务的最根本原因是什么？

比如，就拿某人所从事的销售培训教育为例，他的服务理念就是为客户提供客观、专业、实用且易于理解的销售理念和销售技巧。当有人询问

他是否能够提供客户服务培训项目的时候，他知道他可以提供；当有人询问他是否能够总结出15个最有效的销售秘诀并传授给他们的销售人员的时候，他知道他能够总结出；当人们询问他是否能够总结出一些新奇且独一无二的销售方法来教授他们的销售人员，使他们能够像演员打动观众那样打动客户，他知道他能够总结出。

这里所要表达的就是你要清楚地知道你的价值服务理念是什么。一旦你知道了你的价值服务理念是什么，那么它将会帮助你在销售中取得成功。在当今市场中大多数企业通常都崇尚着3种不同的价值服务理念。

公司所崇尚的第一个价值服务理念是高效运营。所谓高效运营就是指你所在的公司能够比竞争对手更加有效地从各处获取项目、设备、产品及服务等。当我们一提到高效运营的价值服务理念时，我们脑海里浮现出了很多以此为例的公司，其中沃尔玛最为典型。

人们崇尚的第二个价值服务理念就是优质的客户服务。这意味着客户知道，不论发生什么，不管有什么情况，客户总是第一位的。

这方面的典型是罗德斯托姆公司。他们的员工能为每一个顾客多跑额外的路。有许多关于它的故事，如有一个关于服装顾问在风雪中驱车去送被遗留在店里的燕尾服衬衫，以确定让新郎在结婚那天不会露出胸脯站在教堂走廊的尽头的故事。

公司所崇尚的第三个价值服务理念是技术优势。他们崇尚创新、崇尚先进的科技（有时崇尚尖端科技）。在市场中，他们保持着创造性。而对于这一理念，最符合的一个公司便是早期的微软公司，他们的价值服务理念就是把先进的技术应用于每一个人的台式计算机。

所以你要知道你可以在任何企业的不同方面去创造你的价值理念，而方法就是问你自己：我的价值服务理念是什么？

五、现有业务状况

这里再次在此强调我们一定要与时俱进以准确把握住时代的脉搏，从而更好地了解我们今天在业务中处于什么位置，这对我们了解现在的情况很重要。有一些企业，它们并不真正知道自己和客户的位置在哪里，以及在未来几年的情况又将怎样，或者不知道它们是否可以得到与去年同样多的业务量，或者只是其中一部分，或者它们必须从头再来。

你想把你的业务引领到何处的任何分析都始于对现有业务状况的讨论。做这件事的最好的方法就是浏览一下你的客户清单，并把他们从最好到最差的，从最高的业务额到最低的业务额，或者从最大的利润额到最小的利润额来分成几个不同的等级。

这样的话你会像大多数公司一样发现"二八法则"将适用于对公司现有业务状况的分析。这意味着公司80%的销售额是从20%的主要客户那里产生的，同样也意味着你80%的问题、担忧或价格战也来自那20%的主要客户。看看你最好的客户，20%的主要客户产生了80%的销售额，你将不得不决定在接下来的销售计划时期是否将从他们那里获取同样多的销售业务，或者是否在什么地方存在着业务风险。

在我们能够预测我们将在哪儿止步之前，我们必须清楚地知道我们现在在哪儿。而这将开始于我们对现有业务现状和现有客户的分析。

六、业务缺口分析

业务缺口分析是我们制订战略销售计划的一个工具。它将使我们的专业销售人员权衡我们今天在哪里，而且把它跟我们的销售目标进行比较，从而使我们能够采取具体行动来实现目标最大化。

例如，销售人员史密斯想知道他怎样才能使他与过去客户之间的业务在2003年的基础上，在2004年得到进一步拓展。他2003年的业务情况如下：

a.2003年的实际销售额	1000000美元
b.5年来平均每年失去的销售业务	10%（100000美元）
c.在没有改变的情况下2004年的销售计划	900000美元
d.2004年销售业务期望增长率	15%（1150000美元）
e.业务缺口为115万美元~90万美元	250000美元
f.过去5年来平均每年客户增长率	10%（90000美元）
g.包括现有客户业务因素在内的业务缺口为	160000美元
h.平均每个新客户的销售额	10000美元
i.填补缺口所需的客户量	16

现在史密斯准确地知道为完成2004年的销售业务目标他该做什么事情，即他需要开发16个新的客户，与此同时与现有客户之间的业务量需要增加10%。

七、弥补业务缺口所必需的新业务量

一旦我们完成了销售业务缺口分析，我们就能够清楚地知道我们需要多少新客户。然而大部分销售人员都因低估了发展新客户从而减少了为公司带来新的业务所需的努力。发展新客户的技巧在任何一个企业里面都是必需的，然而只有很少的销售人员才具备发展新客户的技巧和能力。大部分发展新客户的业务行动往往都是以拒绝收场。这主要是因为我们必须努力拜访那些对我们公司及其经营业务不是太熟悉的全新客户，前去拜访那些业已与我们的竞争对手建立了业务关系的潜在客户。

所以除非是出了什么问题，如我们联系的潜在客户与他们的供应商或卖方存在着矛盾，否则我们将面临一场从竞争对手那里赢得业务的艰苦战斗。按惯例如果我们与一些没有经人介绍的企业发展我们的业务的话，我们需要与100家与我们没有关系的企业联系，而我们将有可能把其中10家发展成为在未来会有兴趣和我们做生意的企业。

所以,我们需要寻找的是那大约10%的对我们感兴趣的公司。我们正处于一个"10-3-1法则"影响下的位置。也就是说,在10个有兴趣和我们做生意的企业中,大概会有3个企业会同意和我们谈他们的需求,以及我们的产品或者服务是否能够达到他们的要求,在这3个企业中将只有1个企业最终会在销售循环中与我们做生意。

有计划才能达到目标

一、销售计划很重要

还记得玩大富翁游戏的时候吗?你是以一个孩子还是大人的身份参加的呢?游戏开始后,玩家选定棋子,得到一笔钱,然后通过掷骰子在棋盘上大肆进攻,掠夺财产和租金,独占房地产市场,意图置对手于死地。在游戏中,你清楚自己的目标,熟悉游戏规则,知道预期的结果。你也知道自己从何处开始,何时进行到了一半,以及结局是什么。相同的,营销策略或计划与此如出一辙。要知道该往哪里去,必须先有目标。大部分做销售的人关心的往往是付出汗水后得到多少钱,创造多少销售量和总利润,以及是否能在给定的时间内将产品和服务原价售出。明白了这一点,我们就得将棋子集中起来,这就像是前面提到的销售过程,也是现在讨论的销售计划和下面将谈到的销售实践。前面曾说过,如果通过日常的重复订单能够从现有的客户中带来足够多的生意,并以每年10%、12%或15%的速度提高业务量,也就无需销售计划。我们只要在清晨醒来,查看星期一的电话、星期二的电话,在星期三会见那些每隔一个星期都会见面的客户,然后在年终最后一个月的最后一天正好签下一笔单,实现了全年目标。但是,对大部分人来说这都是不可能的。

众所周知,任何只要做过半小时以上销售工作的人都会知道,这种办法在现实中是行不通的。因此，每个人都该想想若用美元统计销售额（其他任何币种皆可），我们要努力达到多少数字。接着针对即将采取的行动、服务的客户、创造的价值及在市场上拿什么来交换付出的劳动，我们都要有精确的定位，然后就是把计划付诸纸上。有太多的人想着自己将会干一番事业，有一番成就，或至少渴望有所作为。那时，一切听起来都是十分美好，而自己也确实想走向成功。但一些新思想分散了我们的注意力，或者市场发生了一些变化，梦想也就随之破灭——像是浴缸里的泡泡转瞬即逝。所以有一个每日、每周、每月、每季度，或每年都能够参考的计划就显得尤为重要。

拟订一个营销策略或营销计划是相当关键的。我们将从一个很泛的层面讨论这个问题。这主要是因为有许多问题亟待解决：

◇哪些是我最具销售潜力的客户？为什么？

◇制造商、分销商、零售商、服务公司是最适合我的业务对象吗？

◇销售对象的公司规模有多大？

◇他们有多少员工？

◇他们的销售额是多少？

◇他们的销售总值有百分之多少的比例可能是源于我们的产品或服务？

◇他们的地理位置如何？

◇我们要寻找什么水平的决策者？是总经理、老板、采购代理、专业人士，还是幕后操作者？

◇面对成功的机遇，我们将如何定位自己？

◇同竞争对手相比，我们有哪些优势和劣势？

◇市场上存在哪些威胁会影响到我的业务行为以及本营销计划的实施？

◇我们的竞争对手怎么样？他们优势是什么？劣势是什么？他们强占我们市场占有率的概率有多大？我们如何才能对他们构成威胁？

换而言之，即使是我们在心里盘算着要去会见一个陌生的目标客户，也要准备着成功,而不是失败。掌握了我们独特的定位——占据我强敌弱之处——则又增加了成功的筹码。有那样一个销售策略,并有的放矢,成功就将近在眼前!

有句谚语说得好:"如果一个人不知道自己该怎么走,那么他很可能会止步于一个从没想过的地方。"

这就是有一个行之有效的销售计划如此重要的原因。

二、好的开始是成功的一半

因为混淆了销售行为与销售结果的问题,一些销售人员没有实现他们的销售目标。大部分销售人员都想知道他们是否为公司和自己的职业作出了贡献,以至于我们只注意到忙碌而没有把精力集中在做正确的事上。

这是导致销售失败的最大的悲剧,是否拥有一份行之有效的销售计划对一个销售人员的成败起着决定性作用。就像古希腊哲学家亚里士多德早在2300多年前所说的那样:"好的开始是成功的一半。"这个真理告诉我们,如果拥有一份行之有效的计划,我们将会朝着我们的目标或计划的方向发展,这种好的开始将会帮助我们实现所预先设定的目标。

我们能够决定自己在销售电话中说什么,给谁打电话,我们的市场价值是什么,与潜在客户进行合作的最佳切入点在哪里,以及其他我们能控制的因素。只要事先做好计划,一旦我们开始按照计划行事,计划将引导我们自己走向成功,避免失败。

三、万丈高楼起于平地

如果我们和客户建立业务关系就像给他们建房子一样,那么我们是不是要了解一下基础设施、建筑用料和建房规则呢?回答是肯定的。

就像建一座坚实的房子一样,成功的销售始于有效的销售计划。销售计划是地基,是平衡我们销售行为的结构框架。

如果我们撰写销售计划能够像建筑承包商建造高楼大厦那样、能够像医生进行术前准备工作那样、能够像建筑师设计摩天大楼那样，那么我们将能够在销售领域最终取得成功。

四、挖掘我们的核心竞争力

将我们的焦点集中在我们的核心竞争力上对我们来说很重要。当然这并不意味着我们将对我们的不足之处视而不见，可以忽视缺点，也不意味着对于我们并不太擅长的领域，我们就将像鸵鸟一样就把头埋在沙子里。我们必须知道为什么客户愿意和我们做生意，并且把我们的焦点和注意力都集中在我们最擅长的领域或核心竞争力上。

虽然你是一位擅长于曲线球和变速球而不是快速球的投手，当比赛快要结束的时候，在有两人在垒线上、两人在垒线外的情况下，你知道只有最后一球可以击败对手，那么在第九回合时，你会投什么球？很明显你会投快球。就像板球投手试图让别人出局一样，销售人员需要最终全力一击。

你不可能提供所有人他们想要的东西，你也不可能是最低价产品的提供者，或者最好服务的提供者，或者运营最有效的公司。我们怎样才能确信我们向客户传达了我们会为他们做得最好的意思，我们怎样才能突出自己的优势呢？

五、成功销售，永不为迟

沃伦·威奇斯勒是全球公认的销售专家，他曾和一个因为太年轻而不知道自己是否能够在销售领域取得成功的销售人员共事过。

沃伦·威奇斯勒问她："你所在的公司从事这个领域的经营业务多少年了？"她回答说50多年了。然后又问："在你们公司工作的其他人在这一行做了多少年？"她告诉沃伦·威奇斯勒她们公司在业内声誉很好，且有好几笔很大的交易记录。

然后沃伦·威奇斯勒问她，你认为他们为什么雇用你。接下来问她，当客户知道你们公司的情况和你这么年轻会有什么反应？是否想从这个行业里撤出，她回答说不确定。

在沃伦·威奇斯勒看来，成功销售，永不为迟。你不会因为年纪太大，也不会因为太小；不会因为所接受的教育水平太低，也不会因为所接受的教育水平太高；当然也不会因为你太穷、太缺乏热情、太有妒忌心、太不单纯或者是太愚昧而不能够在销售领域取得成功。成功销售，永不为迟。你完全可以成功制订销售计划，完全可以成功地开始在销售领域取得成功。

设定销售目标

一、做正确的事

销售计划等同于一个销售领导。在商业领域，所谓的领导就是为一个组织建立一个人人都为之而奋斗的目标。这就是所说的"做正确的事"。现在在大企业里，组织管理都按照不同的功能进行了部门分类，做自己管辖范围内的事就是所说的"做事正确"。销售计划就是有关做正确的事。

二、设定销售目标

设定销售目标听起来很简单，但实际操作起来却十分复杂。销售人员是从一个巨大范围内的一连串目标开始的。与其说是目标，倒不如说它是一份愿望表。成为一个成功的目标制定者的关键之一就是学会改进和专注于上述系列任务目标列表。

在目标设定过程中，我们同样需要这样做。你需要真正理解我们想达到的目标是什么，并且使它简化以至于我们能够解释给第三方听。

三、"没有"目标的神话

我们真的需要去喜欢我们的身份和工作，我们不能自责和悔恨过去，也不能急切地盼望未来，因为这都是无济于事的。

把握住现在很重要。然而我们在把握住现在的同时必须了解我们从哪里来，到哪里去。这就是目标对我们如此重要的根本原因。想象一下，如果一架从纽约到洛杉矶的飞机失去了目标的话，会是一件多么荒谬的事，它将会曲折地飞过美国的上空，用光燃料，置乘客于危险的境地。飞机是有目标的，它的目标就是在特定的时间里从纽约飞往洛杉矶。

甚至松鼠也有自己的目标。它们的目标就是在秋天里寻找到并吃掉大量的坚果，与此同时将更多的带有坚果的树枝埋藏于地下。这样在树上不结果实的冬季，它们就可以安全过冬了。一只没有目标的松鼠在冬天里会被饿死的。

对于大部分人来说，专注于一个或几个目标会做得更好。我们必须自问，我们为什么要做现在所做的事，为什么我们要试图完成一件事，我们的目标是什么？我们必须专注的目标背后的真正意义是什么。

制定好目标后，我们要学会把目标细分。曾和一些有远大目标的销售人员共事过几年，当把计划付诸行动时，他们就变得呆头呆脑，因为他们根本就不知道从哪里着手做起。

想象一下，如果你决定在一天内写完一本书的话，你坐在书桌前思考所有的观点，到第二天书就写好了，这将会是骇人听闻的，同时也是不可能的。

你必须有一个怎样写这本书的明确计划且要规划好每天用多少时间来写。这本书概念的形成、提纲的构建和每天在计算机旁的写作都是行动计划。在大部分情况下，一份销售计划的失败都是因为我们没有很好地分配我们的时间。

下一步就是要采取实际行动。一旦我们做好了销售计划，或者在心中有了销售目标后，我们就要把它和实际行动计划结合起来。促使目标的实现，最重要的任务就是采取实际行动促使事件的发生。这就是为什么耐克的宣传口号"只要做就行"会在全球数十亿人口中引起轰动的原因。我们别无选择时,计划和行动一个都不能少。这就是为什么"准备—瞄准—开火"这个口令中要有开火的原因。这就是为什么在长跑比赛中发令员要喊:"各就各位,预备,跑!"而不是喊:"各就各位,预备,原地不动"的根本原因。当然发令员也不会喊:"各就各位,预备,预备,再预备!"

因为这是不可能的。为了参加比赛,为了赢得比赛,你不得不拼命地跑。其实这也正是一个成功销售计划最重要最核心的部分。

第二章

建立稳固的销售模式

寻找目标顾客

一、寻找潜在顾客的方法

科特勒在《科特勒谈营销》一书中，把营销的定义扩展成："营销是发掘、维系并培养其获利性顾客的科学和艺术。"他认为，伟大的公司之所以伟大，在于它擅长发掘、维系新顾客，而这个过程主要分三步完成：

（1）找出潜在客户。

（2）对潜在客户进行首次推销。

（3）维系并培养新顾客。

所谓潜在顾客，是指有购买可能或希望的顾客。其特征是具有较大的付款能力，有某种潜在的购买需求，有购买决定权，认同推销员的推销工作。

科特勒说，现在市场上充斥着大量的产品，而非顾客，因此，寻找潜在顾客就成了营销的一个重要问题。根据估计，欧洲的汽车制造商一年可生产7500万辆汽车，但市场的需求量只有4500万辆。这样，汽车公司不得不为剩下的3000万辆汽车而奋力争取顾客。

科特勒认为，潜在的顾客始终是存在的，问题在于你是不是知道要发现潜在客户，除了利用数据库外，还有很多方法。

寻找准顾客的方法很多，推销员可依据所要推销的产品以及所要接触的顾客类型加以选择。常用的方法有以下几种：

1.卷地毯式访问法

卷地毯式访问法是指推销人员对推销对象的情况一无所知或知之甚少时，直接走访某一特定区域或某一特定职业的所有个人或组织，以寻找准顾客的方法。采用这种广泛搜寻的方法，可以捕捉到一定数量的准顾客。这一方法的理论依据是平均法则，即在推销人员走访的所有人中，准顾客的数量与走访的人数成正比，要想获得更多的准顾客，就要访问更多数量的人。

卷地毯式访问法比较形象地说明推销人员寻找准顾客的过程，就像家庭主妇清洗地毯一样逐一检查。采用卷地毯式访问法寻找顾客，首先要挑选一条合适的"地毯"，也就是先要划定适合的访问范围。推销人员应该根据自己所推销商品的特性和用途，进行必要的推销区域可行性研究，确定一个较为可行的推销地区或推销对象范围。例如，你是一次性尿布的推销员，你挑选的"地毯"可能是妇幼保健院、医院等；你推销的是某种特效洗衣粉，你确定的"地毯"可能是某一社区的居民或宾馆客房部等。为了得到被访者的合作，走访前最好事先与之联系。此外，还需与其他方法配合使用。

2.链式引荐法

链式引荐法，也叫"无限连销介绍法"，就是推销人员在访问顾客时，请求为其推荐可能购买同种商品或服务的准顾客，以建立一种无限扩展式的链条。这是西方国家的推销人员经常使用的一种方法。

链式引荐法的关键在于推销人员首先要取信第一个顾客，并请求他引荐其余的顾客，由其余的第二链节发展更多的顾客，最终形成可无限扩大的"顾客链"。要使"顾客链"长久运转下去，推销人员必须不断地向链传动系统添加"润滑油"，以维持各链节之间的正常运转，通过链式的传动使推销品能畅通无阻地进入客户手中，其采用链式引荐法寻找无形产品

（旅游、教育、金融、保险等）的潜在顾客尤为适合，因为在服务领域里，信誉、感情和友谊显得尤为重要。但从使用范围看，工业用品更多地使用这种方法寻找潜在用户，因为同行业的工业品用户之间通常较为熟悉，且相互间有广泛的联系。

3. 关系拓展法

关系拓展法是指推销人员利用自身与社会各界的种种关系寻找准顾客的方法。任何一个人都不可能在真空中生活与工作，必然要与各种各样的人发生方方面面的联系，例如，同学关系、师生关系、同事关系、上下级关系、亲属关系、老乡关系等各类人际关系。在这些关系中，有些你非常亲密和熟悉，有些仅是初次结识，交往甚少，不管怎样，他们都可能是你的准顾客，你应该把他们列入你的准顾客名单。

关系拓展法也是链式引荐法的一种，只是这种方法首先开始启动的链节是推销人员自己的关系户，然后逐步扩展渗透，形成一张推销某一商品的关系网，关系网中的人员可能就是你的准顾客了。

采用关系拓展法主要是寻找日用消费品的准顾客。

4. 个人观察法

它是指推销人员根据自身对周围环境的直接观察、判断、研究和分析，寻找准顾客的方法。

利用个人观察法寻找顾客，关键在于培养推销人员个人的灵感和洞察力。推销人员还应具备良好的观察能力与分析能力，善于从报纸杂志、广播电视、人们的言谈举止、一些杂乱无章的闲谈中搜寻你的准顾客。在实际生活中，准顾客无处不在，有心的推销人员只要"睁大眼睛""竖起耳朵"，留心周围的任何事，就能找到可能的买主。例如，美国一个成就卓著的汽车推销员，整天开着一辆新汽车在住宅区街道上转来转去，寻找旧汽车，当他发现一辆旧汽车时，就通过电话和该汽车的主人交谈，并把这辆旧汽车的主人看作一位准顾客。

二、"上门"机遇

在寻找顾客的过程中，我们是"上门"供货商。我们掌握着80%或者更多的生意，很明显，我们花很多的时间在这种类型上，下一种类型是客户只从我们这儿买了一些产品或服务，典型的是少于50%。我们并不直接上门。在这种情况下，我们花费很长的时间和客户沟通，尝试着明确今天我们和客户处于什么关系，我们如何提高自己的位置，又怎么样把我们今天的生意变成我们所期望的明天的生意。

三、最好的献给最高级的客户

好的销售流程应以了解谁是你最具潜力的客户开始。最具潜力的客户并非完全是陌生人——那些你设为目标的客户。实际上，他们往往是你目前已经拥有的客户。

你的目前客户是三番五次地从你这买一些东西的而非从未买过东西的人。当他们已经通过了任何潜在客户都曾通过的最重要的门槛，他们喜欢你且相信你。

基本上，若你有客户，只要料理好你目前的客户，你就可以实现你为自己设定的每一个目标。如果你又另辟生意，你会被迫从你的目前生意中退出而整天和完全陌生的人打交道。然而，大部分销售人员并不是这样的。之所以和你目前的客户维护联系，把他们视为你最好的潜在客户，那是因为你想尽最大的努力留住他们的生意。事实的另一面是三番五次地劝你目前的客户从你这购买产品要容易得多。因此，一个强有力的战略就是，和你目前的客户维护好联络。

事实上，在大多数生意中，销售中的75%~80%都是源于目前客户的重复订购。让我们假设一个销售人员，他一年做200万美元的生意。在下一年中，很可能那200万美元中的160万美元都是来自目前客户的重复生意。

四、你最有潜力的市场就是你的现有客户

戴尔和一位来自北达科他州的卖建筑工具的销售人员一起旅行，他做所有你可在建筑工地上看到的事：卖工具、租借、修理。他还卖手动工具、电动工具、脚手架、梯子、安全设备。他们在私人工地上开着车，戴尔不断地看着这些大工程。在旁边的一间移动工作室上印着包工头的名字，戴尔第一次看到这种移动工作室，问道："那是你的客户吗？"他说："不，我还没有打电话给他们。"

戴尔想那儿肯定有包工头，他们到了一所学校，那包工头的名字这儿也有。5分钟之后，他们站在了一个大的生产工厂的前面，同样，那包工头的名字也印在了移动办公室的上面。

"好，"戴尔说，"这包工头的来头究竟有多大？"结果证明他是他私人业务范围内的最大的包工头。之前，这位销售人员从未给他打过电话。

"为什么不打？"

"我听说15年前我们和他们做过生意，他们对我们并不满意，就停止从我们这购买货物了。"

"15年是一段很长的时间，我们应该回去！"

你会从他的眼中看到忧虑。为什么我们回头给一位15年前和我们有不愉快经历的客户打电话呢？

问题的关键是那人出售工具。谁会比其他人购买更多？总包工头、电器包工头、机械包工头——任何在位的包工头都会买很多的工具，从战略考虑，这样做很合适。在这样情况下，真是一个巨大的合适的机会。

戴尔问他："对这个公司你了解多少？我们进了公司之后你会说什么？你如何自我介绍？你又如何介绍你们的公司？你会带上什么东西吗？你会问些什么吗？等到了那儿后若遇到什么抵制，你又如何处理？"

他回答道："我会告诉他们我们的身份，我们做什么，我们和许多像他们一样的生意人合作。我知道很久之前我们彼此之间就做过生意。如果有

任何疑问，在这儿我会万分小心地处理好。或者从未听说过我们，我想再重新开始发展关系，以前的事情一笔勾销，现在重新开始。"

"我们什么时候去？"戴尔问，"我们想确定谁是管事的，谁是CFO，谁是副总裁，谁是总经理，这些就是我们新找的人，目标很高，你会惊奇，你需要多少信息才能找到你所要寻找的人。"

他们在非常友善的接待员面前作了自我介绍，她曾听说过他们的公司，他们想见总经理，她去通报了。销售人员坐立不安，他也不确定会发生什么事。

不一会儿，一个人走了出来，说："啊，我曾听说过你们的公司，我想知道一切关于你们的事，很多年前你们似乎从地球上消失了，你们在这儿有很好的信誉，我想知道为什么你们停止打电话给我们了呢？"

你能想象吗？他竟被数十年前的一句道听途说给误导，他竟害怕打电话。这个人说："我带你们去见我的老板，给我们详细的信息，我知道我们这现在就有需求，我们又接到了很多的生意，过去我们合作得很成功，我们应该重新开始。"

丢失的客户对于销售人员重新建立生意是一个巨大的机遇。在很多的例子中，同那些失去联系的客户的心态相比，销售人员的心态更加消极。

有很多的销售人员有这样的例子，都是关于曾购买他们产品而现在不再购买的例子——的确是个大问题，事情发展得很糟糕。因此，他们恨我们，不再愿意从我们这购买任何的东西。

在很多这种情况下，应该勇敢地说："让我们去瞧瞧他们！"为什么？因为爱的相反面（以前客户）是不会在意的。如果之前他曾爱过你，而现在恨你，至少还是会有点感情的。

最好的方法就是道歉，通过你自己的努力来让客户达成理解，你至少和他们回到了培养阶段，你们也可重新建立联系。不要忽视了以前客户。

五、对客户进行精确定位

我们一旦决定和一位特殊的客户联系,做附加生意,或者我们尝试同以前的客户做生意,如果是这样,那么认准4种合格客户的特征就非常重要了。

这4种特征可代表一个组织内部不一样的人。在很多小公司中,4个特征都会在同样的人身上有所体现。在较大的组织内部,我们会发现1~2个人可能具备其中1~2个特征。在公司内,我们需要同五六个或者七八个人见面,依次了解我们身边那些可以代表公司作决策的人。让我们逐个看这些特征。

一位合格的决策者的第一特征就是有能力判断他们是否需要我们的产品和服务。最重要的是,这个人有能力来帮助下属更快、更安全、更简单地完成工作,确保公司没有落后于同行业的竞争者。

第二特征是权威高低。他是有足够的能力做出有助于推动公司发展的人吗?他是公司的所有者或是在公司某一特殊领域的最高级别的决策者,此人可作出重要决定,从战略上推动公司发展吗?

此人通常对大生意感兴趣,他从更高水平看待生意,并非对每天的琐事喋喋不休。此类决策者经常问"这样决策可以使公司发展得更快、更好、得到更多利益吗"此类问题。

第三特征就是那个人是否掌控财政。他们通常是买单人。这种类型的人对能让公司的财政取得最大的价值的方案感兴趣。可这也并不能说明他一直寻找便宜的解决之道或最低的价格。通常,此人明了你该付多少,他只是确定使公司投资的每一元钱都花得明智,以实现它的价值最大化。

第四特征是能想到那些我们没有立即想到的人。他们堪称"斗士"。他们的确是没有足够的权威使事情在公司内部得到解决,但他们可能会愿意把我们的主张带进公司,促使事情发展,同决策者相比,他们是影响决策的人。

六、发掘有希望购买产品的顾客

科特勒将"发掘有希望购买产品的顾客"的过程分为3个步骤：确定目标市场，运用传播工具发现有希望购买产品的顾客，找出有希望购买产品的顾客。

1.确定目标市场

如果吉列公司打算向十二三岁的小鬼行销刮胡刀，金百利-克拉克公司试图把好奇纸尿裤卖给没有小孩的家庭，我们会感到不可思议。具有正确心态的公司，不会试图对所有人进行行销。头脑清楚的钢铁公司，不会试图把钢铁卖给所有使用钢铁的公司。假设一家钢铁公司已完成"区隔、目标、定位"的工作，并已选定目标市场，它应该把重心放在汽车业、办公用品制造业或厨具业所需的钢铁上。一旦选定目标市场，要找出潜在的顾客，也就不再是非常困难的事，随着该公司逐渐对目标市场的了解——欲求为何、购买何种物品、在何时何地购买、以何种方式购买等，便可提高它发掘优良潜在客户的能力。

2.运用传播工具争取顾客

企业可运用各种工具搜集潜在客户的名单，例如广告、直接信函、电话营销、商展等，甚至可以向名单经纪商或是无意间拥有企业需要的名单的其他人购买。

例如，有一家猫食制造商玛氏公司，希望能拿到德国境内养猫人士的名单。其中一种方式，便是在一家销路甚佳的报纸上刊登广告，宣称可免费提供题为"如何照顾您的爱猫"的手册。任何养猫人士只要填妥回函卡，并注明饲主姓名、猫的名字、猫龄与出生日期以及其他玛氏公司认为有用的信息，便可获赠此手册。大部分看到广告的养猫人士，可能都会索取这份手册。

3.找出有希望购买产品的顾客

并不是所有的潜在客户都会购买公司的产品，这就要对顾客进行资格审查。所谓顾客资格审查，是指推销员对有可能成为顾客的某人或某组织进行考查和审核，以确定该对象是否能真正成为准顾客以及成为哪一类准顾客的过程。在采用各种方法获得潜在顾客名单后，为了提高工作业绩和成功概率，推销员还需要对这些"准顾客"进行评定审查，以论证他们是否具有挖掘开拓的潜力。顾客资格审查的实质是推销员为自己选择、确定特定的推销对象和范围，因为随着市场经济的发展，竞争日益激烈，推销工作日趋复杂和艰难。一个企业的规模再大，竞争能力再强，推销方法和技巧再精明，也不可能赢得市场上所有的潜在顾客，而只能满足其中一部分潜在顾客的需求。所以，推销员应根据自己的产品特点和宣传优势等实际情况，从整体市场中选择恰当的推销对象，从而利用有限的时间和费用，全力说服那些购买欲望强烈、购买量大、社会影响力大的顾客购买，以减少推销活动的盲目性，收到事半功倍的效果。

约见客户

一、事前准备

一旦我们弄明白了在某一特定公司内部决策是如何作出的，我们要做的下一步就是要搞清楚如何有策略地把握这次销售业务机会。我们要对这家公司及其合作伙伴和该公司的市场地位和市场环境进行调查研究。我们千万不可以忽视这一步骤。

在当今这个年代，信息技术无处不在，因此我们要尽可能多地获取有关这家公司的相关资料。这并不是说我们在接触这家公司的时候犹豫不决，而是因为我们需要等待获取有关这家公司的更多资料。我们一定要确保我们做好了家庭作业，即完全搞清楚这家公司的经营范围，他们的客户是谁，谁有可能是我们的竞争对手，以及这家公司的潜在需求是什么等，然后再进入我们销售流程的下一步。

二、初次与客户会面

随着销售流程的逐步展开，既然我们弄清楚了谁是这场游戏的玩家，也对这家公司有了相当的了解，那么现在是进入我们销售流程下一步的时候了。在大部分情况下，这意味着我们将给在这家公司中决策层中的一个人打电话进行业务联系。在有些时候，我们的初次接触实际上有可能是没有事先预约而直接拜访这家公司，虽然这样做值得商榷。开始我们第一次面对面的初次接触的最好的方法是使你情绪激昂且神智清醒，以更好地第一次和一个陌生人打招呼，使其对你进入他的视野倍感舒服、亲切和温暖。这就意味着需要你走起路来昂首挺胸、面带微笑且充满信心。

你必须要做的下一步骤就是用自己的眼睛观察眼前发生的一切并设法弄清楚谁是这家公司的总台接待人员或者行政助理并去接近这个人。如果总台电话一直响个不停或者接待人员一直忙个不停。在这种情况下，在你有机会跟接待人员打招呼之前，你唯一要做的事情就是静静地等待。当一切忙碌暂时告一段落的时候，你就可以径直走上前去，用非常清楚且直接的方式介绍自己，并告诉接待人员你及你所代表公司的名字，并进一步询问是否可以与该公司直接负责你公司所提供的商品或服务的相关人员见一面。如果你被告知相关负责人必须提前预约才予以接见的话，你就把你的名片递给接待人员，并力争索取到你想面见的相关人员的名片、电话号码或者电子邮箱地址。然后告诉接待人员你将很快与其打电话，提前进行预约。最后对接待人员或者行政助理的接待表示感谢，并且一定不能忘记询问其尊姓大名。因为在下次进行电话预约的过程中，当接待人员接听电话的时候，你将成为成千上万个销售人员中唯一一个能够以直呼其名的方式礼貌地问候他的人。

在任何情况下，我们必须牢记当我们每次与客户进行业务联系的时候，我们一定要有一个非常明确的目的，我们一定要乐意并且能够把下面这句话补充完整，即"我今天拜访客户的原因或目的是……"

大多数的销售人员在与客户进行业务洽谈时毫无目的性，或者初次会面就试图把商品或者服务销售给客户。恰恰相反，我们应该在对外销售的过程中将我们的注意力集中在获得与客户进行面对面的业务洽谈的预约上，或者在对外电话销售过程中要注意之前与客户进行联络了相当长的时间。

当我们再和客户约见的时候，我们一定要弄清楚此次约见的目的或者原因是什么，并且一定要考虑清楚什么对客户很重要以及我们能为客户带去什么潜在的益处。想象一下，如果有人打电话给你说："我想与你见面，因为我想为自己赚钱。"你认为这是他接近你这个客户的恰当方式吗？当然不是。

然而，很多销售人员在销售行为中满脑子里面都是"我，我，我"，或者是"我们公司这样，我们公司那样"，但根本就不去考虑什么对他们的客户很重要。例如，客户关注的益处有可能包括：

◇增加利润。

◇提高生产率或者改进流程。

◇节约时间。

◇获取竞争力。

◇降低生产成本。

就什么对我们的客户很重要而言，以上这些就是我们在和客户进行业务洽谈过程中吸引其注意力的正确方法。

三、约见：确定会谈氛围

过了公司总台这一关，你要做的下一步是什么呢？下一步就是一定要完整地把自己介绍给你要见面的相关负责人。在他们的工作环境中，你将成为一个不速之客。在这种情况下，你一定要让他们知道你是谁，你代表着哪家公司。

让他们简要了解你所做的业务。要用一句简短的话做开场白让他们了解你所代表的公司，特别是你自己所从事的业务。

在面谈的过程中，我们一定要询问并重复客户的名字，比如："请问怎么称呼您呢？""多拉斯。""噢，多拉斯。你好，多拉斯。见到你真的很高兴。"

四、2分钟电钻法

对于初次约见，当销售人员坐在他们面前的时候，任何一个买方或客户一直都在问自己3个问题：你是谁？为什么你在这儿？你能为我做什么呢？客户所期待的正是能明确回答这3个问题的销售人员。客户想知道你是否能够胜任，是否够正直，以及你的目的是什么。

这也是为什么当著名推销员汤姆首次与一个客户见面的时候会作出如下的陈述的原因："您可能很想知道我是谁，为什么我在这儿以及为什么你将会对这次面谈很感兴趣，难道说不是吗？"在他过去多年做业务员的生涯中，他一直在观察当他作出以上陈述时客户的反应是什么，他们实际上是在点头同意他的看法，即使客户不给出点头这一身体语言，他们也确实同意他的看法，因为这正是他们大脑中所考虑的东西，他们想知道你究竟是谁，为什么你在那儿，以及为什么他们应该很重视这次业务合作。

运用"2分钟电钻法"，当你说出"你可能很想知道……"这段开场白的时候，可以继续说下去了："我想耽搁你几分钟的时间介绍一下我们公司的经营范围和我的工作，我们能为客户做什么，我们有可能为你们公司做什么，然后我再和你聊一下你们的公司，你们的需求，你们公司目前所处的形势，以及你们所关心的话题，等等。在此之后，如果你认为继续我们的会谈很重要的话，或者你认为我们公司对你们会有所帮助的话，我们可以再看一下有没有必要继续进行我们的会谈。你看这样怎么样？"当你使用上面的这种方法去初次接触新客户时，你将会对你获取了如此多的客户信息而惊讶不已。

有技巧地激发客户购买欲望

一、问准问题

在20世纪70年代,一个称作卡罗慕玻的电视秀节目使得彼得·弗克成了一位糊里糊涂、衣冠不整的侦探家。当卡罗慕玻剧组的经营方式杂乱无章的时候,他却每星期破一起谋杀案。他成功的关键在于众所周知的问准问题的能力。他从不假设自己了解任何事情。

他就像一个医生:问问题,然后听病人的陈述。他使用的是"苏格拉底问题法"。为什么我们不使用这种方法呢?为什么我们不能问更多的问题呢?这是因为我们认为自己一定要有所有问题的答案,因此在我们问准问题之前,我们实际上已经主导了我们向客户的陈述。这就像把车子放在拉车的马前一样本末倒置,因此导致我们大量失败的原因关键还在于我们自己。

1.你现在拥有什么

我们现在需要向客户问的第一个系列问题应该紧紧围绕着目前的情势而展开,这些问题包括:

◇请问目前谁是贵公司的合作伙伴?
◇请问贵公司购买什么类型的产品?
◇请问什么类型的服务对贵公司最重要?
◇请问贵公司购买产品/服务的频率是多少?
◇请问贵公司实际上购买的是什么产品/服务?
◇请问贵公司已经购买这种产品/服务多长时间了?
◇请问什么对贵公司很重要?
◇请问贵公司想成功获取的是什么?

◇请问贵公司的目标是什么？

现在你已经把握住了问问题的要点。我们要对客户公司目前所处的情势感兴趣并充满好奇心。如果在我们问问题之前已经有了所问问题的正确答案，那么我们将是专横霸道的。这样做就像是去看庸医一样。当我们在医生房间里来回走动的时候，他/她就上下打量一下我们说："你腿有问题，马上到这儿来，我们将给你换上一只假肢！"如果你来看医生是因为你的脖子扭了，医生的行为将会是多么荒谬。当然一位医生从来都不会这么做的，那么我们也不应该这么做。

2.客户最喜欢的是什么

第二个需要问的系列问题将就公司目前所处的情势而言紧紧围绕客户最喜欢的是什么来展开。你有可能会说："你很荒谬，客户将赞扬他们目前的合作伙伴，我们这样能够进一步确信他们将继续从那儿购买产品或服务。"好，你的这种质疑是对的但也是错的。

说你是对的，这是因为客户应该告诉我们他们最喜欢他们现有客户的哪些方面。说你是错的，这是因为我们这么做并不会损及我们的利益。恰恰相反，我们这样做将能够给我们提供一个机会来看一下我们的产品或服务解决方案是否是基于客户目前的需要之上的。

与此同时，这也表明我们去拜访客户并不是把一个解决方案强加给他。但我们真正感兴趣的是客户认为他们在目前的形势下成功之处在哪里。

二、用耳朵聆听，用眼睛观察，以及明确销售目标

当我们每次打销售电话的时候，我们都要有一个明确的目标，这一点对销售人员很重要。即每一次业务接触都要有一个目的。然而，我们客户所陈述的目标或尚未陈述的目标有可能凌驾于我们与之进行业务联系的目标之上，下面就来具体解释。

在大部分情况下，当我们即将与客户就某一种商品或服务进行电话联系的时候，我们往往对打电话时所要谈及的内容有一个先入为主的成见。但

是如果我们能够仔细用耳朵聆听，用眼睛观察，明察秋毫，我们会发现我们确实应该追求一些除先入之见以外的其他东西。

例如，一位销售人员很想把某特定型号的榔头钻销售给某建筑承包商并尝试与之进行业务洽谈。当他见到这个承包商的时候，他发现承包商那儿有着数都数不清的灭火器材。这种商品能够像打包带一样缠绕在管道的周围，从而有效避免烟火四处逃窜。毫无疑问，许许多多的建筑工地上都急需这种商品。当他看见这种灭火器材的时候，他发现今天与客户的业务洽谈将遭遇巨大的挫折。因为他所服务的公司能够向客户提供的并不是这种商品，而是他们所预先设定的榔头钻。因此，他此次拜访客户的目标也随之发生了变化，即询问客户生产这种商品的厂商以及他们如何才能竞争中标类似的业务。以上的例子就很直白地告诉我们应该如何仔细用耳朵聆听，用眼睛观察，明察秋毫，以及如何才能更好地把握住商业机会。

三、如何陈述产品特色和产品优势

吉尔曾经为一家主营化工产品的公司做销售培训，讲座的标题是"产品特色和产品优势"。在讲座开始之前，他给来听讲座的每一个人发了一个衣服架子。他说："在座的诸位朋友，大家好。假如你们在下面的两家公司中的一家从事销售业务工作，即你们中的一半在一家木头制品公司工作，另外一半则在一家生产弹簧的公司上班。而我则是一家生产衣服架子公司的老板。现在你们的工作就是告诉我，为什么你们公司生产的衣服架子的木制构件或弹簧对我们公司有利？我希望你们的陈述能够集中在产品优势，而不是产品特色上。"此时此刻，每一个人都看着他说："您是什么意思？难道产品特色和产品优势之间有什么区别么？"他紧接着就跟他们解释两者之间的不同。

产品特色是指产品是什么，或者产品是怎么做出来的。让我们还拿衣服架子做例子。你可以说："这衣服架子是木头做的，而且木头已经被磨光。"因此，现在我们都知道这衣架是用磨光的木头做成的，这就是这种产品的特色。我们一定要理解产品特色是指产品是什么，或者产品是怎么做出来的。

事实上，许多销售人员把他们向客户的陈述集中在了公司的产品或服务的特色上，而不是产品优势上。因此，我们将使得客户很难弄清楚我们产品的优势是什么。人们买电钻不是因为它是一块坚固无比的带尖的铁块，而是因为我们可以用它在墙上或木头上钻孔。

下面解释一下什么是产品优势。产品优势是指为什么产品特色很重要，即该产品对购买它的客户意味着什么。例如，如果别人告诉你这衣服架子是由磨光的木头制成的，你可能会说："这是产品特色。那么什么是它的优势呢？"

1."那又有什么关系呢"测试

现在给你一个很好的提示。为了验证你所陈述的是产品特色还是产品优势，你可以应用"那又有什么关系呢"测试。如果你能够对某个人的陈述说："那又有什么关系呢？"那么他所陈述的内容对你来说就不是什么产品优势。

让我们在回到衣服架子的例子。这是一个衣服架子，它是用磨光的木头制作而成。那么对我们而言，它的优势是什么呢？那又与我们有什么关系呢？衣服架子的优势是什么？它的优势就是我们将能够使用它把衣服晾晒起来，而且不会损伤衣物，此外我们也不用担心它会断裂。这时候，难道我们还能对此说："噢，那又有什么关系呢？我宁愿被断裂的衣服架子划破流血，宁愿所有的棉料、丝料以及洋绒面料的衣服都被衣服架子弄得有褶皱。"

现在我们就已经很清楚地知道用磨光的木头制成的衣服架子的优势是：衣架无断裂（安全），衣物无损伤（保护你的投资）。因此我们当然不能对此说："那又有什么关系呢？"

2.举例说明产品优势

然而，许多销售人员都花了大量的时间来跟客户谈论产品的特色，而不是产品优势。产品优势使客户不能说:"那又有什么关系呢?"因此客户将集中注意力倾听你所陈述的内容。举例说明产品的优势将使客户更加容易作出购买决定。

第一,人们喜欢节约时间。如果你向客户提供的产品或服务能让客户节约时间,这将是该产品的最大优势。比如说你正在销售一种会计服务系统。这种软件程序能够安装在客户的计算机上,这是该产品的特色。而能够节约客户的时间则是该产品的优势。这样我们将能够更加快速地向客户进行产品陈述。我们的陈述将准确无误且简明扼要,即客户购买它将节约时间。因此,节约时间是该会计服务软件程序的最大优势。

第二,节约金钱将是产品的另一大优势。现在节约金钱并不总是意味着"价格低廉",而是意味着你所提供给客户的全套解决方案将帮助他节约开支。这也是我们不能够对此说"那又有什么关系呢"的一大产品优势。

第三,还有一个产品优势的切入点与客户的现有生活方式或他们想拥有的生活方式密切相关。他们怎样才能够生活得更加安全呢?他们怎么样才能够拥有他们向往的个人形象呢?他们怎么样才能够与领先者们步调一致呢?他们怎么样才能够成为技术更新专家或者是他们团队的领头羊呢?

以上都是与客户生活方式提高有关的例子——个人形象、个人安全保障以及个人安全感等。客户不能对此说:"那又有什么关系呢?"因此提高客户生活品质是产品优势的又一大切入点。

当我们与客户进行业务洽谈的时候,我们需要谈及产品特色和产品优势。例如,你可能会对一个客户说:"我是一个专业销售业务教育工作者、演讲家、销售助手。我是管理知识的源泉。我举办过形形色色的研讨会、各种演讲,也组建过许多工作组。我拥有全套销售从业人员能够用得到的培训材料。"

如果这就是你给客户所讲的全部,你实际上只是谈及到了前面所说的产品特色,而没有告诉客户任何产品优势。那么什么是产品优势呢?你的优势就是当你有机会和销售人员一起工作的时候,你可以帮助他们增加收入，帮助他们更有效地管理他们的时间，帮助他们获得更大的职业满足感，帮助他们发挥潜力成为最佳销售人员，帮助他们提高销售额进而为公司创造更多的利润。所有的这些都是当你谈及公司服务特色时一定要谈到的服务优势。

仔细审查一下你们的公司及其产品，然后理清楚公司所经营的业务及所提供的解决方案中哪些方面是产品特色，并把这些特色转换成优势向客户予以陈述。万万不可让客户搞不清楚你们公司的产品或服务优势是什么？

再给大家举一个例子。当你看到你桌子上的定时器时，你就会想到它的特色之一就是它有3个按钮。别人可能会说："那又有什么关系呢？""为什么它有3个按钮很重要呢？"

实际上，这3个按钮的设置非常符合人类工程学的相关原理。因为这个定时器正好能够放在你的掌心中，与此同时其中的2个按钮正好能够用你的大拇指和食指按住。这就是这个定时器的产品特色，那么它的优势是什么呢？

它的优势就是它能够使你在演讲的过程中不必去太在意时间，并且使你能够准确地把你的演讲分成不同的时段进行，中间暂停休息。它便于使用，一目了然，因此它将使你在演讲的过程中很少犯时间分配方面的错误。因为它能够使你看都不用看一眼便能准确记录下你演讲时间的长短。因此，它能使你更加高效率地进行自我演讲训练，而不需要再去劳神看你的手表。这按钮设置得如此科学合理，以至于把它拿在手中时，你的大拇指和食指正好很自然地按在按钮上面。

销售人员的工作就是为客户描绘图画，就像在上面举例子向你论述产品特色和产品优势之间的区别那样。在你的销售业务中，你对公司所能够提供给客户的产品或服务的特色和优势更加了解。因此建议你现在就拿出一张纸和一支笔开始把它们都记录下来。

吉尔至今还记得，当他于1987年开始从事销售业务工作的时候，他经常坐在他家的地下室里写出他所在公司的产品特色及其优势。你有可能会问:"作为一位销售从业人员,为什么他有这么大的紧迫感需要经常坐在自己家里的地下室里把公司的产品特色和产品优势都写出来呢?"原因很简单,就是"再好的记性不如一个烂笔头",这是一句很有名的中国俗语。

问题的关键是如果你在走出公司去拜访客户之前就把产品特色和产品优势都写下来的话,你就能更好地记住你所写下来的内容。

3.与客户谈论"蓝色"对我们的启发

一个共识就是不要太急于向客户陈述我们的解决方案。在许多情况下,当一个客户说"我真的很喜欢蓝色"的时候,我们总是急于插话,在时机还没有成熟的情况下就向客户陈述解决方案。在这种情况下,如果这个客户说:"你知道,我之所以在这家公司上班是因为我确实喜欢蓝色。"如果我们插嘴说:"蓝色,我们出了一本有关于蓝色色彩的书。我们向客户提供海蓝色、天蓝色、粉蓝色、皇家蓝色、蓝色波尔卡舞裙,以及蓝色脱衣舞裙等,不一而足。从来没有哪家公司能像我们这样经营过蓝色。

如果你这么与客户交谈,你的客户将转转眼珠,闭上嘴,停止与你的谈话。为什么呢?因为他们认为你试图超越他们喜欢的一切。

下面才是正确的与客户谈话的技巧:当客户说他们喜欢什么东西的时候,你要控制住自己的情绪,让客户继续谈下去,并时不时地做一下记录。客户的讲话时间应该占据你与客户之间谈话全部时间的80%,而你仅仅需要占到时间的20%就足够了。谈完一个话题,你要简单地引导客户进入下一个话题。

四、向客户陈述解决方案

陈述解决方案可能是我们在开展业务时最容易切入的一个主题,但与此同时也是一个最难以应用到销售实践中去的一个主题。这主要是因为我们在销售过程中花费了太多的时间向客户陈述。我们认为向客户陈述解决方案的时候可以利用言辞、服务、商品、幻灯片,以及网页浏览等手段打动客户，但是作为销售流程中的一个环节，解决方案的陈述实际上应该尽可能地简明扼要。

简而言之，向客户陈述解决方案的过程实际上就是解决问题的过程。许多销售人员使用了太多的方法和华丽辞藻来谈及所能够提供商品或服务的特色和好处。最有效的陈述之法就是首先在问题阶段准确把握住客户所想，即客户的需求是什么，客户所关注的是什么，以及客户为什么需要有所改变等，然后再向客户陈述解决方案，想客户之所想，急客户之所急，从而使我们所提供给客户的解决方案与客户的需求相一致。

如果客户对我们公司的历史及营销网络毫无兴致，那么我们在向其陈述解决方案的过程中又何必提及它们呢？很多时候，正是因为我们过度地陈述，所以我们失去了一个又一个的商业机会。

在我们更多地谈及解决方案之前，想先与你探讨一下在我们陈述解决方案的时候什么应该被提及。毫无疑问，解决方案的陈述对赢得客户一直扮演着至关重要的角色，但是实际上只不过是形式和内容的问题。太多的公司在陈述解决方案的时候使用的是些华而不实的牛皮纸精美装订的宣传材料以及尽善尽美的幻灯片等。但是这并不是我们把握商业机会的正确方法。最佳的陈述解决问题的方式就是拿着一张纸、一支笔和一颗天生好问的心进行解决方案的陈述就行了。

对于一些视觉辅助展示手段的使用，我们也要注意技巧和方法。如果你将发给客户视觉辅助材料，那么在客户浏览所发材料的时候一定要保持安静。如果销售人员就一款新车在向你陈述展示的时候，同时发给了你一张宣传材料，这时候你将马上处于一种矛盾尴尬局面之中。因为此时此刻，你将不知道你是应该观看他的展示，还是浏览阅读手中的宣传材料，还是听他的解说陈述。

有些销售人员不恰当地使用了一些视觉辅助展示手段。但是我们一定要想清楚一点，即这一切只不过是工具，是辅助手段而已。如果你想让客户倾听你的陈述解说的时候，那么就不要发给他们任何视觉辅助材料；如果你想让客户阅读浏览你所发的材料，那么你只需向他们展示一下，然后让客户自己阅读浏览就行了。

五、解决方案的陈述风格

我们不得不陈述大量的信息内容，以此来向潜在的客户显示我们明白他们的需求。我们必须向客户陈述展示一个灵活的解决方案，以解决客户的实际问题。除了要向客户陈述展示我们所能提供的内容之外，我们还必须能够以一种充满活力和自信且生动形象的风格向客户进行陈述和展示。比如，使用具体的例子确保潜在客户完全明白我们所能够提供给他们的商品或服务。换而言之，我们应该以符合逻辑且充满激情的方式去吸引客户，去打动客户。或许有人认为，在销售过程中，一切的一切都是客观的、冷冰冰的，是基于复杂的计算之上的。这完全是一派胡言。一个人从另外一个人那里购买东西，情感的成分，即热情、自信且充满活力的形象生动的陈述是成功销售的关键。

六、确定解决方案

解决方案要能够解决问题，直白且简明扼要。这就是我们作为专业销售人员要做的。鲍勃讲的一件事应该会给我们很大的启发：

当我买房子的时候，我买了一桶油漆粉刷墙面。没有用完的油漆一直被放在家里的某个角落。当我找到的时候，油漆桶早已生锈、破旧不堪，而且这个牌子的油漆在我们镇上现在没有销售。我们家墙粉刷的颜色是平光乳白色，而我们希望把家里的木制构件全部油漆成光亮乳白色，因此我们需要配色。这主要是因为我们家8岁的女儿希望家里木制构件的颜色能够跟墙壁的颜色一致，都油漆成乳白色。

因此我打电话给我们镇上的油漆店说："您好，请您帮个忙。我们家里现有舒文·威廉姆斯牌的油漆，色系属于格力登色。我知道你们店里不销售舒文·威廉姆斯牌的油漆，也没有格力登色，但是请问你们能够帮助我配色么?"

店里的销售人员回答说:"我们当然能够帮助您配色。我们是油漆问题解决专家。我们一直为客户提供配色服务,而且颜色配的也相当完美。你知道,我们现在使用计算机配色。请问你有一小片剥落的油漆么?"听到这样的回答后,我说:"太好了,我将马上把家里剩下的油漆桶带过去配色。"

因此在这家油漆店里,销售员大卫帮了我一个大忙。大卫从油漆桶内壁刮下一小片油漆,然后把油漆片放进一个色谱分析仪里,很快配色成功了。5分钟后,我买到了不同厂家生产的同一颜色的油漆回家了。

作为销售人员,如果我们每次都能够如此准确地满足客户的需求,那该多好呀!

克服障碍,促成交易

一、销售人员的悖论

销售人员的悖论就是客户希望作为销售人员的你能够提供给他们所提供产品和服务的一切。

让我们再回到油漆配色的那个例子。众所周知,销售人员清楚地知道什么样的油漆适宜涂抹于什么东西的表面;需要多长时间油漆才能干;如何粉刷油漆;在什么温度下最适宜油漆,以及什么样的产品适宜油漆铁制品、崭新的木制品、破旧的木制品、破损的木制品等。如果你走进这家油漆店,问一个非常简单的问题:"请问我应该使用柔和的颜色还是略带灰色的颜色来油漆我们家的阳台呢?"

你所询问的知识只是冰山一角,只是这些油漆专家所知晓知识中的一点点。这些油漆专家是如此的了解油漆以至于他们都可以举办一个关于油漆的讲座。实际上,他们或许都可以在当地社区大学教授有关油漆的课程。但是他们能够给你上面的问题提供一个满意的答复吗?

那么什么才是销售人员的悖论呢？销售人员的悖论就是你的客户希望自己对你提供的产品或服务能百分之百地了解。但是问题是在任何时候，任何一个客户需要的只是你全部知识的1%，或者2%，最多3%就足够了。

销售人员所面临的问题是，当一个客户走进店里随便问一个问题，比如"请问把我们家的阳台油漆成柔和的颜色还是略带灰的颜色好看呢？"我们应该针对问题本身给予简洁的回答就行，没有必要卖弄你知识的渊博。

二、克服对客户异议的错误观念

当今市场上到处充斥着有关于如何预测并克服客户不同意见的书和各式各样的研讨会。这给人的第一感觉就是销售似乎已经演变成了一场拳击赛。作为销售人员的我们应该一直试图将客户打倒在地，然后给他们一顿暴打。当我们赢得了这场比赛的时候，客户就输掉了这场比赛，或者说当我们赢得了这场比赛的时候，他们已经失去了知觉。这种对待销售的观念简直荒谬至极。恰恰相反，在销售中，应该创造一种客户与我们双赢的局面。因此，我们在销售过程中不是思考着如何去战胜谁，而是思量着如何才能与客户平等相处，通力合作。

我们要与客户一道帮助他们理解、找出，进而克服他们有可能在任何领域遇到的任何问题。我们与客户实际上属于谈判桌的同一方。销售人员不再是像党派的拥护者那样极力去游说，而是为了共同的目标做着同样的事。让我们忘记当今市场上有关于如何克服客户异议的错误理念吧。取而代之的是与我们的客户一道通力合作，平等相处，共同去理解正在发生的一切。

三、问客户具有约束力的问题

每次当我们让客户来决定是否购买我们产品或服务的时候，就是我们要问客户对其具有的问题的时候。我们要问客户对其具有约束力的问题。

这里指的是那些很容易回答的简单问题，例如：

◇有什么阻止我们之间业务的进一步开展吗？

◇您看我们什么时候再次见面以便进一步磋商我们彼此之间合作的具体事宜？

◇您想让我们在这个星期二就交货吗？

◇您乐意看见我们之间的业务进一步开展吗？

◇请问你们是先买一整箱呢，还是半箱？

以上这些就是对客户具有约束力的问题，因为这些问题需要客户对此作出回应，而我们将能从客户的回应中理解客户是想向前走、向后退，还是原地踏步呢，或者将提出一些有待商榷的具体事宜——困难、抵制，或者是延期。

下面具体讲解一下问这类问题的技巧。我们难于开口问客户这类问题的原因是我们害怕客户的回应。很显然，我们希望客户的回应是肯定的，然而有时候客户的回应也有可能是"我不知道""我不是太有把握，让我再考虑一下""让我稍后再给你回复""让我跟××再商量一下"。客户的以上这些回应实际上是在告诉我们这个客户不在决策层的位置上，他这事当不了家，做不了主，当然也拍不了板。当然客户也有可能直接对我们的问题说"不"。

想象一下，有些销售周期较长。我们有可能已经投入了一年或者更长的时间才进展到现在的这地步，但是其中一个潜在的结果有可能是否定的。因此销售人员都不乐意问客户具有约束力的问题，这也就不足为奇了。克服不敢问客户具有约束力问题心理的唯一办法就是去思考什么是我们所能够控制的，而什么是我们所不能控制的就行了。我们可以控制的是我们是否问客户具有约束力的问题，但我们不能控制的是客户那时那刻对我们问题的答复。

哪一天，哪一个星期，哪一个月，或者是哪一年，只有客户才能决定他们是否从我们这里购买产品或者服务。我们要对客户对这类问题的回应保持一颗平常的心。当然这并不意味着我们并不在乎客户是否从我们这儿购买。显然，我们非常相信我们自己，相信我们的公司，相信我们公司所提供给客户的产品，相信我们公司所提供给客户的服务；但是如果客户最终决定从其他地方购买，那么我们只能认为客户犯了一个巨大的错误。

我们应该把客户对我们问题的回应放在一边。这是成功销售的核心理念——不仅仅是在销售流程的最后冲刺阶段，而应该是在整个销售流程中，我们都要乐意问客户对其具有约束力的问题。

这是销售流程中的一个全新理念。我们不仅在销售的最后阶段寻求客户的承诺，而且在整个销售流程中都应该问客户具有约束力的问题。当我们想看看某个客户是否是真正客户的时候就可以问他这类的问题。当我们与客户预约见面的时候，当我们试图弄清楚客户需求的时候，当我们想确认我们的产品是否能满足客户的需求的时候，我们都可以问客户对其具有约束力的问题。

其实在整个销售流程中，我们有很多的机会去问客户这类问题。就像在前面所说的那样，这就是普通销售人员和优秀销售人员之间存在的最大区别。

四、让客户作出承诺

让客户作出承诺是销售流程最重要的一个环节。经常有这样的事情发生：一位专业客户拜访者在销售流程的前面环节都一直做得非常好。但一天工作下来，他们既没有从客户那儿得到订单，也没有让客户作出进一步的承诺，也没能询问客户是否可以进入销售流程的下一个环节。

这就是普通销售人员和专业销售人员之间的不同。你知道两者之间的区别是什么吗？这个问题的答案将无关乎这笔交易的最终敲定，因为交易的最终敲定的决定权并不在你手上。

最好的销售人员懂得如何在结束向客户的陈述时很自然地过渡到销售流

程的下一个环节。但这不是最终敲定交易。两者或许有相同之处，但是在有些方面两者则完全不同。销售流程的最后一个环节就是简单地让客户作出承诺。

有时候，这意味着请求客户再次会面或者索取相关资料，或让客户承诺给出更多的时间等。在另外一些时候则意味着请求客户给我们竞争某一项业务的机会。

五、沉默的力量

销售业务中很少有绝对的事情，但其中有一件事情例外，那就是当你询问客户具有约束力的问题后一定要保持沉默。

有时候客户有可能会很不自在。这很正常。因为当客户每次被问及具有约束力的问题时，他们必须作出决定："这是我想做的事情吗？""我想买下这块地皮吗？""我想雇用这个人在我主办的全国性会议上发言吗？""这种款式的家具与我家的房子相搭配吗？""这就是我想为我自己和家庭购置的汽车吗？"

在沉默的时间里，在座的每一个人都会各有所思。在作出决定之前，任何一个买主都会暂时性地慌乱。其实我们都一样，都会有点疯狂和不知所措。销售人员在询问客户具有约束力的问题后保持沉默的原因是，这将留给客户一个机会去思考他们买了我们的产品或服务后将会怎么样，或者思考是否与我们一道继续推进销售流程的进一步发展。

不要害怕沉默，不要对沉默感到不舒服。你知道为什么吗？因为这对任何一方都不是操纵或控制交易。销售业务中有一句老套话是："让对方下订单，然后闭嘴。因为先谈及订单的一方将输。"

询问客户具有约束力的问题，然后保持沉默，这并不因为我们力图创造一个要么你输要么我赢的局面。我们这样做是让客户有时间去思考我们所问的问题，然后再作出决定：他们的决定可以是肯定的，即与我们继续开展业务合作；也可以是否定的，即与我们分道扬镳。但当我们从客户的答复中找不到任何肯定或否定决定的时候，大部分销售人员都会很沮丧。

没有决定的答复就是否定的答复。我们都喜欢肯定的答复。我们其实是能够学会喜欢客户否定答复的。客户可能会说："我不知道，让我再考虑一下，回头我给你答复。"当然这是我们要尽力避免发生的事情。我们保持沉默的原因是让客户自己作出决定。

关键问题是我们要问客户具有约束力的问题。这是销售业务的最高级技巧。还有一点必须强调的就是，如果我们对客户的答复结果保持一颗平常的心，这样我们将会更加善于询问客户这类问题。正如前面所解释的那样，这是因为我们对一笔交易的达成没有最终发言权。你无法控制客户的答复结果，但我们可以控制自己询问客户这类问题的能力。

如果你把问客户这类问题的理念应用于你的销售实践，你定将能够从中受益。你将能够提高你的销售额二成、三成或者四成。你将能够在你的业务生涯中看到把询问客户具有约束力问题当作销售策略的巨大优势和无限魅力。我们一定要切记，如果我们不能够学会询问客户具有约束力的问题的能力，我们将什么也得不到。

第三章

维护并拓展你的销售业务

维护你的客户

一、三大特征

如果你不关心你的客户，将会有两种事情发生：第一，其他人将会关心你的客户；第二，他们会把和你交易过程中产生的不愉快经历告诉身边的人。总的来说，如果客户在与你的交易过程中有糟糕的经历；如果某些方面未向正常方向发展；如果客户感觉销售人员行为粗鲁，或不了解他们，或者没考虑他们的需求，他们就会把他的经历告诉他们身边的9~20个人。作为销售人员，我们想要避免这种事情的发生其实是很简单的。

1. 出现在客户需要你的地方

比如说当你走进银行的时候，银行职员正在核对支票或者处理一些文案工作。这时候你只好站在那里耐心地等待服务，但如果那个职员认为他的文案工作比你的事情更重要而将你冷落，你将会作何感想。你不会对此感觉良好吧？为什么在这儿举这个例子呢？原因其实很简单，那就是：在你90%的时间中，要想在你的销售业务中取得成功其实很简单，那就是当客户需要你时，你就应该在客户那里出现。

伍迪·艾伦总是扮演同一角色——卑微、神经质，脑海中总装着纽约自由主义。在电影《山姆，让我们再玩一次》中，他对由戴安娜·理顿扮演的角色说：我已经彻底懂得了在生活中成功的秘密。她看着他，似乎在说你甚至都不能系鞋带，对于生活中成功的秘诀你能知道什么？伍迪·艾伦此时却说出了最令人惊讶的话，即"生活中80%的成功在于在需要你的时候就及时出现在那里"。

关心客户的最佳方式是什么？就此问题，我们曾成千上万次地询问过客户，他们对这个问题的普遍地回答是："在我需要你的时候，你就应该出现在那里。"这就意味着你不必是最快的，不必是最便宜的，也不必是最高档的，但倘若你在客户需要你的时候，你就出现在了那里，你就能够不断满足你的客户的需求。

如果客户需要你时你能出现，你就会成功，这不是尖端科学，这是非常简单的常识。例如有个客户在下午两点打电话说想要你在第二天上午10点交付所订购的产品，并且你答应会给予安排，那你就必须按照约定办事，确保你预知此承诺不会使你所在公司的任何一个人员失望，并且在第二天上午10点交付所订购的产品是切实可行的。

我们为什么不能够按照一句哲学格言行事呢？即"我为你而存在"。我们如何实现这一个承诺？我们要对那些买你东西的人说："你是我的客户，我为你而存在。这是我的手机号码和电子邮箱地址，这是我的呼机号码，这是24小时免费热线，这是我的网址，即使在我在睡觉的时候，你也能够联系上我。"当客户有疑问、问题，或者抱怨的时候，我们要确保你所在的工作团队的其他人员知道怎样才能及时联系到你，还有你去了哪里，以及你什么时候才能回来。

看看联邦快递公司是怎样成功的吧？当你的确需要某种产品的时候，他们第二天就可以为你送达。这在以前的物流业是闻所未闻的，直到他们创造出这一理念。

"是的，客户，我为你而存在。"这不仅仅是精妙的广告语。

2.要有颗感恩的心

另一个关心客户的最佳方法是什么呢？说感谢如何呢？谢谢你成为我的

客户；谢谢你给我订单；谢谢你为我提供获利的机会；谢谢你确保我们之间能够如此顺畅地履行合约；谢谢你为我提供信息。

想想当你买过那么多东西的时候，有多少人对你表示感谢。谢谢你成为客户；谢谢你通过我买下了这套房子；谢谢你通过我买下了这份保险、这份保障；谢谢你在我所工作的电台为你的产品和服务做广告宣传。

在每个人生活中，在各种商业活动中，谢谢这两个字是在我们所认识的单词中最没有被充分使用的。谢谢拉近了你与客户的距离。有很多种不同的情况需要我们感谢客户，我们绝不能不把客户当回事。

3.要有责任感

维护客户的最后一点是我们要对客户负责。对他们说："我为你负责。"意思是如果有什么出了问题，我来解决。不要说："唉！要不是那些客户，我早就完成任务了。"你曾听到过的这些都是错误的，因为若不是那些客户，我们早就已经失业了。

有责任感的最基本要素是要按时交货。如果你说你用5个音符就能定调，这时你的客户就对你建立了期望，即他们希望你能用5个音符定调。因此如果你需用8个、10个，或更多的音符才能定调，你就将会完全让客户失望。要对你的承诺负责，要有责任感。

二、问客户使销售额递增的两个最重要问题

正如我们在先前的关于潜在客户的讨论中所发现的一样，明白"现有客户是最好的客户"是很重要的，我们发现大多数销售组织仅通过问客户两个简单问题，便可以使销售业务每年以5%~10%的速度增长。

1.还有什么

第一个问题是："我还可以为你做什么？"我们知道，销售部门往往会散发精美的宣传册和产品目录，以及在电视、电台和互联网上做广告。但购买者对供货商真正卖些什么还是知之甚少。举个例子，比如你是经营办公用品商店的，有个客户要买各种电子产品，如计算器、计算机、打印机

和外部设备等，但你主要经营的是钢笔、铅笔和便笺，但他们可能不会把你当成文具供应商，而是当成高科技产品供应商，他们甚至不知道你经营文具，因为这不是他们所关注的。我们的工作就是坚持不懈、始终如一地提出能让客户与我们做生意的其他方式，以便我们能一直提供给他们可以从我们公司购买的任何产品。绑定销售和越区销售是销售人员未充分利用的方式，它们不可忽视。以下问句就是"还有什么"的具体形式。

◇我还能为您做什么呢？

◇还有别的产品需要我展示给您吗？

◇您希望我为您提供什么服务呢？

◇您想让我怎样帮助您呢？

◇是解决问题，还是在其他方面有忧虑呢？

2.还有谁

第二个我们要问客户的问题是："还有谁？"我们总想扩大对客户群的影响，以便使我们能与客户的同伴建立起更多的业务联系。

问客户这个问题不会使你疏远现有客户。你可以说："在你们公司，除了您，我还可以跟谁联系呢？"或者："除了您之外，在你们的单位，我还可以跟谁联系？"在特定的客户群体中，我们可以询问多种类型的人以了解我们还可以和谁合作是很重要的。与此同时，这也是我们得到内部介绍人的重要途径。

三、利用各种渠道与客户交流

毋庸置疑，使用新技术是拓展销售业务和维护客户的神奇方法。其实每天都有对销售人员有用的新技术问世。然而遗憾的是，许多销售人员不敢于接受并利用新技术，而是选择墨守成规。

过去很多年里，许多新技术的出现帮助了销售人员。20世纪70年代末80年代初，便携式电话是个新发明。而后它被称为"移动电话"，或汽车无线电话，因为你必须把它安装在汽车上。当时很多积极进取的销售人员都在车里安装了这种电话，即使当时的价格是当今的20~30倍。为什么当时这些销售人员愿意花费巨资在移动电话上呢？因为他们知道这项新技术不仅能够节约他们时间，而且还能够帮助他们联系客户。他们不用再把车停靠在路边，然后去使用公用电话。积极进取的销售人员能接受新技术。

个人计算机的问世又是怎样的情况呢？1983年之前，没有个人计算机，1993年计算机如雨后春笋般大量出现。想象一下当你带着笔记本计算机到你客户的办公室去拜访，你的计算机里面存储着大量的数据，并且能够随时随地获取大量信息，那将会对你有多大的帮助啊。

接着，我们目睹了电子邮件和万维网的问世。这是聪明且有进取心的销售人员非常欢迎的新技术。这是与客户联系的最好方式。你不可能每天都给每个客户打电话，就连每周或每月给他们打一次电话都不可能。而且很多时候由于他们不在，我们只能留言。电子邮件可以让你把一些有价值的东西发送给你的客户群，他们收到时既可以当即查看，又可以放在一边稍后再看，也可以随心所欲将其删除。

你可以每隔2~3星期向你的客户群发一份电子邮件。所发的信息内容既简单易懂，又能激发他们给你回电话，或在需要更多信息时通过写电子邮件回复你。你每发一份邮件都能给你带来5~10个商机，其中有很多来自现有客户。

专业销售人员必须乐于接受新技术，并且敢于冒险。说销售人员要成为有计划的冒险家并不是指我们什么都可以豁出去，而是指我们愿意尝试新事物。我们经常反复做着同样的事情却期待不同的结果，而那些锐意进取的销售人员总是尝试并且乐于接受新事物、新技术以推动他们业务的拓展。接受改变对我们来说是必需的，而许多新技术则不断地向我们证明它们是让我们接受市场地位、市场环境和商业的变化的有效途径。

这里所提到的一种有影响力的技术，其实就是使用电子邮件与客户进行业务交流，使用各种网络信息资源来提升我们的销售业务量。使用电子邮件最有意思的是，我们可以在原本不是真实的时间里与客户进行业务交流。意思是说，如果我们给某些人打电话而他们不在，我们就得留言。而当他们回电话时，我们却因为在路上而接不到电话。然而，使用电子邮件我们可以把信息资料发送到他们的电子信箱，他们就可以在空闲的时候浏览（也就是说在他们"真实的时间里"），然后对我们的电子邮件予以回复。

比如说，如果这时我们还在路上，那么两个小时以后回到办公室，我们就可以打开他们的回复邮件，然后在我们"真实的时间"里给以答复。对于销售人员来说，大部分时间都需要使用电子邮件与客户进行业务联系。

四、以正确的方式开展业务活动

现在让我们看一下我们应该如何规划我们的时间。我们时间的安排应该是把适当的时间使用在适当的商业机会之上。首先我们必须先回顾一下我们在前面所提出的几个概念。正如我们所讨论的，一个八面玲珑的销售人员有3项基本的工作要做：第一，必须维持好现有的销售业务；第二，必须不断开拓其现有的销售业务；第三，必须寻找并创造新的销售业务机会。当把这3点综合在一起，它们就成了现在和将来塑造八面玲珑销售人员的金科玉律。

另一个我们讨论了很多的概念是确保在适当的销售业务活动上花费适当的时间。我们也明白，适当的业务活动不可避免地导致我们所追求的较高生产率的产生。较高的生产率将有助于我们实现销售目标，但这是建立在销售计划之上的。现在让我们看看这几个概念在一起是如何相互作用的。我们必须保证都在适当的时间做着正确的事情。这就是以正确的方式开展业务活动。

1. A级和B级客户的销售实践

对于我们的A级和B级客户而言，我们必须问我们自己3个问题。这里的A级和B级客户是指那些正在和我们有大量业务联系的客户或者有潜力成为我们核心客户的客户。

第一个问题，我们怎样才能够维持我们现在所拥有的业务？这意味着我们必须要做下面的诸多事情：

◇和客户一起工作，确保与客户公司的所有决策人员都维持着一定的关系。

◇了解谁是我们的业务竞争对手以及竞争激烈程度。

◇了解某一特定客户的战略方向选择。

◇了解客户是否对我们的服务满意。

◇了解我们在开展销售业务活动中所碰到障碍的类型。

◇了解我们怎么做才能够使得我们与客户间的业务往来更加顺畅。

◇询问我们怎样做才能够维持我们与客户间的业务往来。

第二个问题是，我们怎样才能够进一步挖掘客户的销售潜力？这是一个很简单却很深刻的问题。你可以这样做：首先，掏出一张纸，在纸的一面写下你的某一个客户从你那所购买的所有商品或服务的不同种类；然后在纸的另一面写下与这个客户一样的其他客户可能从你那儿购买的所有商品或服务。

接下来把纸这一面客户的新主意、新观点介绍给纸另一面的客户，让他们知道你所介绍的这些观点和主意能够帮助他们更好地开展他们的业务，节省他们的时间，节约他们的金钱，为他们的事业营造一个更加安全的环境，提高他们的职业素质等。

第三个我们需要问我们所有A级和B级客户的问题是：是不是存在这样的机会呢，即这类客户能否把我们推荐给与他们有业务联系而与我们没有业务联系的公司呢？这就是客户推荐的关键——找出现有客户认识而我们不认识的新客户，并力争得到现有客户的介绍。

2.C级客户的销售实践

对于C级客户，我们销售实践所关注的焦点稍有不同。顺便说一下，你可能会问为什么我们还要去拜访C级客户。问题的答案是我们想把C级客户当作我们明天的A级客户和B级客户的培育基地。

对于C级客户群，我们需要问我们自己这些问题：

"我们起初与这类客户接触的出发点是什么，以及他们为什么愿意先与我们会面？"如果他们属于C级客户群，他们可能对我们并不是特别了解。他们现在有供应商，因此我们需要想清楚当我们初次接触他们的时候，我们到底应该与他们谈些什么。

我们需要问我们自己的第二个问题是：什么是我们与客户接触的导入媒介，以及我们说什么才能够说服他们至少与我们会面，共同分享想法，或者甚至回答一些不利于使他们与我们进行业务合作的问题（例如：他们规模太小；他们打算一直小规模经营；或者他们同我们一直未打败的竞争对手存在着家族式的业务往来关系等）。我们需要问的这些问题将能够帮助我们去判断我们是否能够把这些C级客户转化为A级或B级客户。

另一个我们需要问自己的问题是：我们获取市场份额的主意是什么？一个有助于回答该问题的好方法就是问我们自己：现在与他们存在业务往来的最弱的竞争对手是谁？你知道，人们说一个链子的强度取决于连接它的最弱部分的强度。当我们可以很容易打败薄弱的竞争对手的时候，为什么却去跟实力最强、竞争也最激烈的竞争对手同台竞争呢？

现在，你可能会说："那不是以一种巧取豪夺的方式去进行你的销售业务吗？"答案是肯定的。我们要先跟最弱的竞争对手进行竞争。因为这将使我们能够在我们的C级客户群中铸就信誉、忠诚和影响力，然后再与相对较强的竞争对手进行业务竞争。

如果我们没有能够和客户正确地进行业务往来，那么我们的A级或B级客户群中可能就存在着C级客户。因此，我们需要问自己的最后一个问题是，我们还需要与哪些决策层的人员进行会面以实现我们销售业务的突破？如果你没有从一家公司获取大部分的业务，那么与该公司一些其他新的决策层人员会面并不存在什么风险。你是一位决策影响者而不是决策者，因为你想接近那些具有决策权的上层人员。

3.与客户进行业务联络的频率

很多人经常问这个问题：我们应该多长时间拜访客户一次？多年前，当汤姆和一个销售人员一起工作的时候，汤姆问他："我们今天将去拜访哪家客户？为什么去拜访？"他回答道，"今天是星期二，这是我星期二的日程安排。"汤姆注意到他将要去拜访许多小的客户。这些客户与他们的业务量很少，或许永远都不可能会很多。我们称他们为C级客户。

汤姆问他："你为什么每个星期都和这些客户进行电话联系？"他确实没有一个很好的答案。如果你知道一些客户在过去的10年里仅仅从你这里买了少量的货物，那么他们将是最谦虚的玩家，而且在未来10年他们仍只会向你买些少量货物。既然这样，那么为什么还要给这类客户每个星期都打电话呢？为什么不问一下这类客户："你认为我多久给你打电话一次合适呢？你看我们每月做一次面对面的交流，而在其他时间进行电话预约交流，你认为可以吗？"如果销售人员采用了询问这类客户应该多长时间给他们打一次电话这样的战略，那么该销售人员节省的时间将会是令人惊讶的。

那么他花时间都是用来做什么呢？他每天忙于联络他的A级客户群和B级客户群中那些并不活跃的前景客户。而在此之前，他却从不给他们打电话进行业务联系。很显然，他这样做等于是拾到芝麻而丢了西瓜。

4.持之以恒，坚持不懈，一如既往

曾遇到过很多有关于销售人员要"持之以恒，坚持不懈，一如既往"的故事。我们也曾就这个问题咨询了无数的销售人员。最近我们还与一个客户还有一群销售人员一起就"持之以恒，坚持不懈，一如既往"对我们追求销售机会的重要性进行了有益的探讨。很明显，这种精神对我们的客户以及我们所在的公司都是很重要的。

在探讨过程中，其中一个销售人员问："在我们追求一个客户的过程中，坚持多长时间才算是太长时间了？还有我们在什么时候才应该放弃追求这个客户？"答案是：如果这个客户是一个潜在A级客户或B级客户，我

们应该永不放弃。我们应该持之以恒地、一如既往地拜访这个客户,直到他实际上开始给我们一些业务做的时候,或者对我们说"不",并且这是他对我们的最终答复的时候,才肯罢休。

需要提醒你的是,客户一般很少对我们希望与他们开展业务的请求一口拒绝。在绝大多数情况下,只要我们"持之以恒,坚持不懈,一如既往",我们就能够把我们的销售业务开拓得更大。

其中另外一个销售人员说:"是的,我们业已与一个特定的商业合作伙伴建立业务关系,然而一个极具竞争力的供应商在过去两年期间每个月拜访我们一次。我们不断地告诉他,'我们已经有固定供货商了,而且我们也不打算改变我们目前的业务关系,你是在浪费你的时间'。但是这个销售代表却说,'我们不是想做一个惹人讨厌的家伙。我们只是想让你知道,我们就在这儿等着,有可能会发生一些事情,而你们也有可能在这段时间的任何一天寻找一个不同的供货商。我只是想让你知道,如果确实因为发生了这类的事情而你想物色新的供货商的时候,我们能够帮助你。'"

我们必须一直问我们自己这个问题:"我们是不是做到了足够的'持之以恒,坚持不懈,一如既往',从而没有错过客户因为需要有所改变而需要我们帮助的那一天呢?"事实上,我们应该在"持之以恒,坚持不懈,一如既往"和惹人讨厌之间找到了一条适当的界线,即让客户知道我们一直都会以一种"持之以恒,坚持不懈,一如既往"的方式在客户需要有所改变的时候给他们提供帮助。如果你超越了这条线,那么你就会变成一个惹人讨厌的家伙。如果是这样,你要让客户告诉你他能够接受的方式方法,这样你才不会变成一位惹客户讨厌的家伙。

5. 发起成功销售活动

我们必须集中注意力,才能把企业做大做强。这对于我们拉动未来销售前景活动尤其适用。我们中有太多人花过多精力在给太多人打电话之上。我们应当减少花在接触客户之上的努力量,相反应集中精力打一系列大的销售战。

建议要拥有3~4场销售活动,不管在何时都应该这样。这里有一些例子:

◇增加对现有客户的销售活动。

◇保持对现有客户的销售活动。

◇对我们所希望发展的新的地区开展地域销售活动。

这些活动既可以是围绕我们所提供的产品或服务所展开的活动,也可以是获取介绍人的活动,还可以是对那些有影响力的人展开的活动。也就是说,我们可以开展各种各样的活动。我们每一次开展3~4次销售活动,并在我们转而开展一系列新的活动之前,花30天、60天、90天,甚至6个月的时间把精力投入到这些活动里面。

6.制订客户回顾计划

如果你因做对事情而使机会增加或因做错事情所导致未来的风险,那么花时间查询客户名单是很重要的。建议你在A、B级客户中每一季度进行一次客户回顾。这种客户回顾应包括一些具体的行动。

首先,你应当感谢客户在过去的1个月、1个季度或1年中给你带来的业务——你可以提及具体的业务。你应该带去你的报告,并让他们看看他们从你那儿购买了什么,并告诉他们你对此有多感激。

其次,提供给客户如何更好利用你的产品与服务的意见。对于客户,应该有从质或量的角度去购买的更佳的方式。实际上你能提供的不同产品或服务对这种客户可能会更合适,当你有机会去看上季度、上个月或去年的销售总额,你便会对他们更加有策略。

再次,进行更加深入的战略讨论,问诸如此类的问题:

◇你们公司的战略计划是什么?

◇你们公司今年率先开展的业务是什么?

◇对你们来说什么才是重要的?

◇你们生意所面临的最富有挑战性的问题是什么?

◇你们承受着哪些业务所带来的令你们担忧的竞争压力？

◇你们行业贸易的具体报告所揭示的哪些问题是你们当前应该考虑的？

真正从战略上去找寻出什么对客户来说是重要的，以及你们公司如何能够跟上脚步。客户回顾的另一部分是探索新的其他需求。问诸如此类的问题：

◇是否存在这样一些地区，因为要与一个商人接触而能够让你在凌晨3点醒来大声尖叫？

◇我们如何能更好地为你服务？

不进行反对竞争的演说和对你自己产品或优质服务的独白，你可能会发现你在向素食主义者卖肉。很显然那是不奏效的。为什么不问一下客户？那就是客户回顾的第三部分所要探索新的其他需求的原因。问客户开放性的问题。

最后，你应该提出新的观点。给客户显示你公司将要努力的方向，以及让他们知道你正在做的那些令人兴奋的希望维持或增长业务量的事情。你还得告诉他们可以为他们创造使用你们产品或服务的新方法。举例说明怎么样能够节省时间，使作业按流水线进行，减少错误，减少令人烦恼之事的发生或在他们的底线上为他们增加利润。并且，因为前期在讨论中你已经花了大量时间谈论他们的需求，他们便乐于听取你公司里的新事物。

这是客户回顾的本质，销售人员做到这点是至关重要的。

培养长期顾客

一、了解顾客发展阶段，培养顾客的忠诚

企业若想将新顾客培养成购买量更大且更为忠诚的顾客，必须要了解顾客要历经的阶段。根据科特勒的看法，顾客发展阶段主要包括如下几个：首度惠顾顾客、续购顾客、客户、大力提倡者、会员、合伙人和部分持有

人，这几个阶段是层层递进的。科特勒认为企业需要做的就是设法把顾客从前一个阶段推向后一个阶段。

1. 首度惠顾顾客

首度惠顾顾客——无论是购买网球拍、汽车、法律服务还是投宿旅馆，都会对此笔交易与供应者形成一种感受。在交易发生前，由于朋友等人的告知、卖方的承诺以及过去相似交易的一般经验，顾客会产生某种期待。科特勒认为，在交易发生后，顾客会体验到5种满意度中的一种：极为满意、满意、没感觉、不满意、非常不满意。

科特勒发现，新顾客是否会再次与供应商交易，与他初次购买的满意度的关系很大。根据公司的报告，完全满意的顾客在一年半后再度购买该产品的机会是满意顾客的6倍之多。因此，如果企业想要吸引顾客再度上门，就必须定期对顾客满意度进行调查。最理想的结果是，顾客满足度指标显示大部分的顾客都感到满意或极为满意，但这种情况很少发生。如果顾客满意度指标显示感到不满的顾客人数众多，科特勒认为企业应该反省，找出其中的原因，有一种可能是该公司的业务员得寸进尺试图说服顾客购买他们不需要的产品，另一种可能是业务员过分夸张产品或服务，结果顾客大感失望而产生不满。

科特勒指出，感到不满的顾客所造成的损害，远不止这些顾客的终身消费金额。他警告企业千万不可低估愤怒的顾客所产生的力量。"技术性协助研究计划"（TARP）的研究发现，一位非常不满的顾客会向其他的11位朋友诉说其失望感，而这11人又会再告诉其他人，最后听过此公司不良事迹的潜在顾客人数会呈指数型增加。

为了有效挽回这批顾客，企业应该建立起某些机制，使得感到不满的顾客能轻易地与公司取得联系，如果有顾客投诉，应该快速有效地解决问题。科特勒发现了一个有趣的现象，即提出抱怨但得到满意解决的顾客比起那些从未感到失望的顾客有更高的忠诚度。

迪士尼公司建立了一种对顾客投诉"马上解决"的体系，这要求所有的员工在与顾客打交道时，公司授予他们一定的权力，并且让他们依情况决定该怎样做。在英国航空公司，所有员工都被赋予这样的权力：可以自行处理价值5000美元以内的投诉案，并且有一个包括了12种可供挑选礼物的清单。

Grandvision，一家光学与冲印摄影制品公司，在15个国家拥有800间零售店，宣称员工十大权利的一部分是"无论什么，只要让顾客满意，你都有权去做"。迪士尼和Grandvision的做法为他们的企业获得了大批忠诚的顾客。

2. 续购顾客

对于企业来说，首度惠顾顾客所带来的利益各不相同。有些顾客会大量采购，并且有财力与兴趣购买更多的东西；有些人的采购金额并不大，而且以后可能也不会再度采购。因此，营销人员必须把重心放在首度惠顾的顾客上，并想方设法将他们转变为续购顾客。

企业发现，在公司购物越久的顾客越具有获利性。科特勒指出老主顾具获利性的因素有4个方面：

（1）假如高度满意的话，留下来的顾客会随着时间增加而购买更多的物品。一旦顾客与卖方建立起购买关系，他们便会持续地向同一卖方采购，部分原因是由于顾客懒得另寻其他供应商。假如需求增长，顾客便会购买更多。

（2）用于服务老顾客的成本，会随着时间的增加而递减。续购顾客的交易行为会变成例行公事，许多事情不必签署一大堆文件，双方也能互相了解。信赖感一旦建立，可为双方省下大量的时间与成本。

（3）高度满意的顾客，经常会把卖方推荐给其他的潜在顾客。

（4）在面对卖方合理的价格调涨时，老顾客对价格的反应会相对弱一些。

3. 客户

一个拥有许多顾客的企业，开始将顾客视为客户，并以"客户"的方式对待他们，那么，顾客和客户之间有什么不同？

（1）专业性事务所的成员，更了解他们的客户。

（2）他们付出更多的时间，以协助并满足客户。

（3）他们与客户之间的关系更有持续性，并因此对客户更加熟悉，更能为客户着想。

4.大力提倡者

如果客户对某家公司十分欣赏，他就愈加赞美它，无论在主动还是邀请的情况下都一样。"满意的客户便是最佳的广告。"依据帕克-汉尼芬公司首席执行官杜安·柯林斯的说法："满意的顾客会变成你的信徒。"许多公司把目标放在创造出狂热者，而非顾客。人们对朋友与相识者意见的信赖，远超过他们在媒体上所看到的广告或是代言人对产品的大肆宣传。真正的问题在于，企业是否能采取额外的措施，以刺激正面口碑的产生。

5.会员

厂商为了维护客户，也许会推出享有特殊优惠权利的会员计划。此创意的高明之处在于假如会员享有足够的特殊利益，他们便不愿意转换品牌，以免失去原来享有的权利。

6.合伙人

有些公司更进一步地将顾客视为合伙人，请顾客对新产品的设计提供协助，对该公司的服务提出改善的建议，或邀请顾客担任顾客小组成员，科特勒非常赞赏这种做法。很明显，这样做有利于赢得顾客的认同，从而为企业培养更多的忠诚顾客。

7.部分持有人

让顾客变得忠诚的最高境界便是让顾客成为股东，也就是公司的部分持有人。事实上，在某些企业中，顾客便是其法律上的持有人。如有一种相互保险公司便是由顾客持有（相互保险公司未必对投保顾客特别殷勤，但原则上如此），消费合作社的顾客，同时也就是该合作社的持有人。在由批发商出资成立的合作社中，零售商也持有该合作社的股份。零售商通过合作社采购物品，所收到的股利便是基于当初的采购金额而定。在消费合作社中，消费者对合作社的政策拥有发言权，并以消费的程度来决定股利所得的多寡。

对主要顾客发展阶段进行深入思考可以帮助企业终身维系顾客，针对不同程度、不同阶段的顾客制订优惠方案。

二、如何长期维护老顾客

科特勒指出，企业最容易犯的一个错误是认为最大的顾客就是能为企业带来最多利润的顾客。事实上，中型顾客为企业所带来的投资回报率常常比最大的顾客还高。

顾客是企业生存和发展的基础，市场竞争的实质是一场争取顾客资源的竞争，因此，任何企业都必须依赖于顾客。

经过潜在顾客的挖掘和首度惠顾之后，企业可以将这些顾客全部归为老顾客的行列。

据研究发现，吸引一位新的消费者所花的费用是保留一位老顾客的5倍以上。

美国《哈佛商业评论》发表的一项研究报告指出：再次光临的顾客可为公司带来25%~85%的利润，吸引他们再来的因素中，首先是服务质量的好坏，其次是产品的本身，最后才是价格。

另据美国汽车业的调查：一个满意的顾客会引发8笔潜在的生意，其中至少有1笔成交；一个不满意的顾客会影响25个人的意愿。争取一位新顾客所花的成本是保住一个老顾客的费用的6倍。

美国可口可乐公司称，一听可口可乐才0.5美元，而锁定一个顾客买10年（假定该顾客平均每天消费3听可口可乐），即代表了5000多美元的销售额。

由上可以看出，如果今天的公司仍采用传统的营销方法，将重点放在吸引新的消费者上面，而忽视老顾客的利益，这必然导致公司利润的下降与市场份额占有率的降低。

因此，竞争所导致的争取新顾客的难度和成本的上升，使越来越多的企业把重点转向保持现有的顾客。建立与顾客的长期友好关系，并把这种关系视为企业最宝贵的资产，成为现代市场营销的一个重要趋势。

简单地说，没有稳定的顾客，就没有稳定的财源；竞争越是激烈，越要保持与顾客的联系；找到顾客并不难，难的是维系顾客。

要维系一个老顾客，使之长期忠诚于企业，科特勒建议企业从3个方面下手：

1. 发现老顾客的期望

如果企业把行销的重点放在最重要的老顾客身上，就要找出企业心目中的优质服务与他们的期望差距何在。在做这项工作时，要从开放式问题以及所选定的一群人开始着手，然后转向比较正式的研究方法——前后都要注意"精确地观察"，而非一味寻求一大堆可能具有误导作用的正确数字。

企业要研究什么呢？要研究竞争对手所采取的行销策略，设法了解其处在服务生命周期中的阶段。然后如何有针对性地一举超越他们，以及如何抓住他们的弱点，削弱他们的优势，避免自己陷入恶性的服务循环中。据一项权威的调查研究显示，在"老顾客为何转向竞争对手"的项目里，大约只有15%的老顾客是由于"其他公司有更好的商品"。另有大约15%的老顾客是由于发现"还有其他比较便宜的商品"。但是，70%的老顾客并不是因为产品因素而是因为其他原因转向竞争对手。其中，自己不被公司重视占20%，服务质量差占45%。可见，导致顾客流失的罪魁祸首是企业的服务。

一般而言，企业留住老顾客的首要条件是不断地向他们提供优质产品。但除此之外，现在的顾客，更看重的是企业是否能提供优质服务和满足他们的特殊要求，如一系列的售后服务维修保养、贷款支付方式及交货时间等。假如现有顾客所期望的各种服务在某种程度上获得满足，那么可以预期他们会继续购买企业的产品，成为企业的顾客。但是，现在有的企业，尤其是那些供不应求、产销形势乐观的企业，把这些服务看作是额外不合理的要求予以拒绝。但是他们想错了，即使是你的产品在市场中存在某些优势或已经形成卖方市场，但这也是暂时的，因为一旦产品有利可图，竞争者就会蜂拥而来，与你争夺顾客。你满足不了顾客的需求自然有人能满足，或者是顾客仅仅由于对你的反感也会转向其他新企业，这样你的顾客就会在不知不觉中流失。

现实中，顾客对企业的服务抱怨是难免的，因为即使是再好的企业也不可能做到十全十美，问题在于怎样对待这些抱怨。事实上，"顾客抱怨就是商机"，只要抓住机会，赢得顾客的满意和忠诚，才能留住更多的老顾客。

科特勒指出，顾客的抱怨，尤其是老顾客的抱怨，说明他心中比较看重他所得到的服务，企业就应把握机会，请顾客特别是老顾客说明如何做才能让其满意，才能弥补现在的不足。只要顾客感到自己被重视，他们就会诚恳地告诉企业一些改进之道。这比请任何管理顾问都有效，因为顾客是直接使用者、直接受益人或直接受害者，一般的顾问只是旁观而已，他们缺乏亲身的体验。

其实，请顾客特别是老顾客帮助改善，不仅可以提高服务质量，还可以为企业节约管理成本，提高顾客的信心，增进顾客对企业产品和服务的认同。这样，顾客的满意度、忠诚度将随之提高，便会在留住老顾客的同时，迎来更多的新顾客。

2.设定老顾客的期望值

科特勒认为，企业在拟订服务策略时，一个非常重要的步骤是设法影响老顾客的期望，使老顾客所期望的服务水准稍低于企业所能提供的水准。如果老顾客的期望超过企业提供的服务标准时，他们会感到不满；当服务标准超出老顾客的期望时，他们必然会喜出望外，深感满意。假如企业可以在接到通知之后18小时内提供服务，就不要承诺保证18小时内提供服务，而只应保证24小时之内提供服务；如果维修人员能接到电话后2小时内赶到，那么就承诺3个小时之内赶到。

芝加哥大学的一位行销专家曾研究过15家使老顾客感到满意的企业，发现这些企业都严格控制广告和行销对老顾客的承诺，不使老顾客产生过高的期望。然而，这些服务领先的企业所提供的服务却超过了老顾客的期望。对此，老顾客当然会成为企业的忠诚顾客了。

由此可知，设定并控制老顾客的期望值是企业应当好好研究的大学问。

3. 超越老顾客的期望值

科特勒发现，许多优秀企业的实践证明，成功的服务都符合两项标准：一是要使企业有别于竞争者，而且是以独特的方式；二是要引导顾客特别是老顾客对服务的期望，使其"稍低于"企业所能提供的服务水准。例如，数年之前，艾维斯租车公司把自己定位为租车市场的第二名，并强调自己会努力做得更好。到了今天，它仍采用同一策略，把自己描绘成一家勤奋不懈的租车公司，原因是这家公司是员工自己的。又如，梅泰公司把所生产的洗衣机定位为十分可靠的产品，以致维修人员闲着没事，打起瞌睡；苹果公司则强调它的"麦金塔"电话远比IBM个人计算机容易使用。这些企业实际提供的产品质量或服务都超过了老顾客的期望值，当然也就深受他们的欢迎。

服务定位的关键之处在于，不要把老顾客对服务的期望值升高到超过企业所能提供的水准。当老顾客逐渐有了经验，竞争也日趋激烈时，顾客的期望必然会逐渐升高。例如在计算机业，售后服务在近几年有很大的改进，但由于顾客期望值日益提升，心中的不满也随之提高。

三、让渡顾客价值，达到顾客满意

由于社会的不断发展，商品生产能力极大提高，如今的消费者面临着纷繁复杂的商品和品牌选择，这就使企业必须关注顾客是如何作出选择的。显然，从经济学的观点看，消费者既然是社会经济的参与者和商品价值的实现者，他必然按"有限理性者"行事，亦即顾客是按所提供的最大价值进行估价的，因而，现代营销理论的前提是买方将从企业购买他们认为能提供最高顾客让渡价值的商品或服务。而所谓顾客让渡价值是指整体顾客价值与整体顾客成本之间的差额部分。

科特勒指出：顾客让渡价值就是顾客拥有和使用某种产品所获得的利益与为此所需成本之间的差额。如联邦快递的顾客获得的利益是快速而且可靠的递送服务。同时科特勒也指出，顾客常常是根据他们的感知价值来衡量自己获得的价值，因为顾客并不能很精确地分析某种产品的价值和成本。还拿联邦快递说，很少有顾客能回答这样的问题："联邦快递的服务真的是快速而且准确吗？"即便如此，他们的服务值得我们花费这么多的代价吗？所以顾客让渡价值挑战的就是要改变顾客的感知价值。

1.顾客让渡价值内涵

科特勒将整体顾客价值分解为产品价值、服务价值、人员价值和形象价值。同时，整体顾客成本优势由货币成本、时间成本、体力成本和精神成本四部分组成。

整体顾客价值是指顾客从给定产品和期望得到的全部利益，是基于感知利得与感知利失的权衡或对产品效用的综合评价之上的。从顾客价值的概念中，我们不难总结出顾客价值的几个基本特征：

（1）顾客价值是顾客对产品或服务的一种感知，是与产品和服务相挂钩的，它基于顾客的个人主观判断。

（2）顾客感知价值的核心是顾客所获得的感知利益与因获得和享用该产品或服务而付出的感知代价之间的权衡，即利得与利失之间的权衡。

（3）顾客价值是从产品属性、属性效用到期望的结果，再到客户所期望的目标，具有层次性。

整体顾客成本是指顾客为了购买产品或服务而付出的一系列成本，包括货币成本、时间成本、精神成本和体力成本。顾客是价值最大化的追求者，在购买产品时，总希望用最低的成本获得最大的收益，以使自己的需要得到最大限度的满足。

我们可以用一个例子来解释顾客让渡价值。

某顾客欲购买一台200升左右的冰箱,现该顾客在A品牌和B品牌之间作选择。假设他比较了这两种冰箱,并根据款式、工艺及主要性能(节能、保鲜等),压缩机的COP(制冷系统性能系数)、噪声等指标作出判断——B品牌具有较高的产品价值。他也发觉了在与B品牌人员沟通时,促销导购介绍产品耐心,知识丰富,并有较强的责任心及敬业精神,结论是,在人员价值方面,B品牌较好。但在顾客的印象中,A品牌的价值及知名度、整体形象等方面优于B品牌,同时A品牌售后服务、承诺等服务价值也高于B品牌。最后他权衡了产品、服务、人员、形象4个方面,得出了A品牌的总顾客价值高于B品牌(假设该顾客偏重于品牌及服务)。

那么,他就一定会购买A品牌吗?不一定,他还要将两个品牌交易时产生的总顾客成本相比较,总顾客成本不仅指货币成本(产品价格),正如亚当·斯密曾说过的"任何东西的真实价格就是获得它的辛劳和麻烦",它包括购者预期的时间、体力和精神费用。购者将这些费用与货币价格加在一起,就构成了总顾客成本。

这位顾客要考虑的是,相对于A品牌的总顾客价值,其总顾客成本是否太高,如果太高,他就不会购买A品牌产品,我们就认为其让渡价值小。反之,相对于B品牌的总顾客价值,若其总顾客成本较小,则这位顾客就可能会购买B品牌产品,我们就说其让渡价值大。通常情况下,理性的顾客总会购买让渡价值大的产品,这就是顾客让渡价值理论的意义。

假设该顾客对B品牌冰箱进行了分析,认为B品牌冰箱总顾客价值为2150元(顾客认为此冰箱至少能值这个价),再进一步假设其净厂供价为1850元,除商场合理利润100元外,若零售标价为1950元,则顾客购买这台冰箱获得了200元的附加值(让渡价值)。

同样对A品牌冰箱分析认为,该冰箱的总顾客价值为2300元,净厂供价为2200元,除商场合理利润100元外,若零售标价为2300元,则顾客购买此冰箱将无任何附加值（即让渡价值为0元）。

若顾客是理智的，则不难在A品牌与B品牌之间作出选择。

正常情况下，顾客都是成熟的、理性的，若某种产品的让渡价值大，则该产品对顾客的吸引力就大，购买该产品的可能性就越大。当然，让渡价值越大，顾客得到的实惠就越多，但提供产品的公司利润就会减少，故根据市场及竞争产品情况，合理定出供价至关重要，遵循的前提就是，既要保证有吸引顾客的让渡价值，又要兼顾公司的利润。

顾客价值与顾客成本共同决定了交换能否进行。当顾客价值大于顾客成本时，顾客才愿意进行交换。否则，交换不可能进行。

顾客让渡价值概念的提出为企业决定经营的方向提供了一种全面的分析思路。

首先，企业要让自己的商品能为顾客接受，必须全方位、全过程、纵深地改善生产管理和经营。企业经营绩效的提高不是一种行为的结果，而是多种行为的函数，以往我们强调营销只是侧重于产品、价格、分销、促销等一些具体的经营性的要素，而让渡价值却认为顾客价值的实现不仅包含了物质的因素，还包含了非物质的因素，不仅需要有经营的改善，而且还必须在管理上适应市场的变化。

其次，企业在生产经营中创造良好的整体顾客价值只是企业取得竞争优势、成功经营的前提，一个企业不仅要着力创造价值，还必须关注消费者在购买商品和服务中所倾注的全部成本。由于顾客在购买商品和服务时，总希望把有关成本，包括货币、时间、体力和精神降到最低限度，而同时又希望从中获得更多实际利益。

因此，企业还必须通过降低生产与销售成本，减少顾客购买商品的时间、体力与精神耗费，从而降低货币非货币成本。显然，充分认识顾客让渡价值的含义，对于指导工商企业如何在市场经营中全面设计与评价自己产品的价值，使顾客获得最大限度的满意，进而提高企业竞争力具有重要意义。

2.顾客满意

有一种感知效果与顾客的期望密切相关,科特勒称这种感知效果为顾客满意,它主要取决于产品的感知使用效果。一般而言,顾客满意是顾客对企业和员工提供的产品和服务的直接性综合评价,是顾客对企业、产品、服务和员工的认可。顾客根据他们的价值判断来评价产品和服务,因此,科特勒认为,"满意是一种人的感觉状态的水平,它来源于对一件产品所设想的绩效或产出与人们的期望所进行的比较"。从企业的角度来说,顾客服务的目标并不仅仅止于使顾客满意,使顾客感到满意只是营销管理的第一步。美国维特化学品公司总裁威廉姆·泰勒认为:"我们的兴趣不仅仅在于让顾客获得满意感,我们要挖掘那些被顾客认为能增进我们之间关系的有价值的东西。"在企业与顾客建立长期的伙伴关系的过程中,企业向顾客提供超过其期望的"顾客价值",使顾客在每一次的购买过程和购后体验中都能获得满意。每一次的满意都会增强顾客对企业的信任,从而使企业能够获得长期的赢利与发展。对于企业来说,如果对企业的产品和服务感到满意,顾客也会将他们的消费感受通过口碑传播给其他的顾客,扩大产品的知名度,提高企业的形象,为企业的长远发展不断地注入新的动力。

顾客满意程度与产品和服务的质量密切相关。科特勒举了摩托罗拉某位副总经理的话来说明什么样的质量可以达到顾客满意,"我们对缺陷的定义就是顾客如果不喜欢产品的某一点,那么这点就是缺陷"。因此,科特勒认为当代全面质量管理的基本目标已经变成实现顾客的全面满意。他说:"除了满足顾客以外,企业还要取悦他们。"我国著名家电巨头海尔认为,决定市场竞争胜负的关键在于顾客满意度,只有不断提高顾客的满意度,才能建立起消费者对海尔品牌的忠诚度,海尔才能具有长久的竞争力。而在产品同质化的今天,提高顾客满意度的主要方法就是努力提高服务质量。在这种战略思想的指导下,海尔在顾客服务方面实行了一系列创造性的做法,达到了中国家电业的一个高峰,在消费者中间建立起了"海尔服务"的良好口碑。海尔星级服务的宗旨是：用户永远是对的。海尔的服务承诺是：服务热线，在您身边，只要您拨打一个电话，剩下的事由海尔做。

四、并不是所有的顾客都值得保留

"所有的顾客都值得保留吗？答案是：否！"这是科特勒给出的理论。

尽管维系顾客的意义如此重要，但科特勒仍然提醒企业，并不是所有的顾客都值得保留。企业必须分析"顾客获致成本"与是否能被"顾客终身受益"所抵消。科特勒认为企业可以通过以下4个步骤来测定维系老顾客的成本：

1.测定老顾客的维系率

企业应测定老顾客的维系率。对于一本杂志而言，维系率就是再订阅率；对于一所大学而言，维系率就是班级的升级率或毕业率；对于一个企业而言，则是发生重复购买的顾客比率。

2.找出老顾客流失的原因

企业必须找出造成老顾客流失的各种原因，并且计算流失的老顾客的比率。如可以指定一种频率分布统计表以反映由各种原因造成老顾客流失的百分比。其中不包括那些离开了所在区域或脱离了所经营业务范围的顾客。但是对于那些对产品、价格、服务等方面意见很大的老顾客，企业应明确今后工作中加以改进的措施，尽力让他们感到满意。

3.计算老顾客流失的损失

企业应当计算出由于老顾客的流失，企业的利润将损失多少。这一利润其实就是老顾客生命周期价值的总和。例如，针对流失的老顾客群，一家大型的交通企业对企业失去老顾客的损失进行如下估算：企业拥有64000个老顾客，由于劣质服务等原因，企业将损失5%的老顾客，即3200（0.05×64000）个老顾客。平均每个老顾客流失给企业收入造成的损失达4000元，因此企业老顾客的流失损失了1280万元的收益。企业的平均边际利润是10%，因此企业将损失128万元的利润，而这都是由于企业自身的原因造成的不必要损失。

4.支付维系老顾客的费用

企业维系老顾客的成本只要小于损失的利润，企业就应当支付降低老顾客损失率的费用。亦即，如果这家交通运输企业能以小于损失128万元的费用保留住所有的老顾客，这些老顾客就值得维系。

企业应仔细计算个别用户为企业提供的利润贡献来决定顾客是否值得保留。依据20/80/30法则，20%的顾客贡献企业80%的利润，最差的30%的顾客使企业的利润减半，因此只有能为公司带来利润的顾客才值得保留。

业务拓展

一、为什么现在拓展新业务比过去更加重要

在一个组织中，没有谁比那些能够成功找到客户、赢得客户并且能够很好维护客户的人更重要。没有人比他们更重要！如今这一点比以往任何时候都更重要。拓展新业务是任何人或公司都在探求的要求最高、最有价值、最受欢迎的技能。

为什么呢？下面让我们分析一下其中的原因。

1.客户忠诚度的下降

在过去，客户更看重对供应商的忠诚。长期的关系是一种准则，获取信息也不像今天这么容易，技术的影响范围也不及今天宽广。现在不同了。许多客户曾经说，长期的业务关系由于种种因素而消失得无影无踪了——互联网的使用，新买主为建立业务关系而付出的持续的努力，市场全球化，生产商调拨人员到自己的销售网络中将货物直接出售给最终用户，卖主维持哪怕是非常小的价格优势的趋势——原因列起来几乎是无穷尽的。

我们生活在一个节奏很快却又遍地是黄金的时代，人们经常四处走动，流

动性很强。公司可以随意扩大或缩小规模,以及重新组合职员和他们的工作职责。一切都加快了,计算机更快了,运动员更快了,电子游戏更快了。我们喜欢快速的电子游戏、快速的计算机,以及快速地解决问题。过去的慢节奏已经一去不复返了。

2. 过度竞争

今天,大家都在激烈竞争,依靠固定业务渠道经销产品或服务的时代已经一去不复返了。金融机构收购会计公司;持有巨大购买优势的大零销商试图取代主流产业;公司试图涉足竞争对手的领域;利用生产线和客户群来提高市场占有率。由于互联网、国内外电话销售、直接邮寄、全球竞争、大公司和小个体并存,竞争将变得空前激烈。

3. 暂时的竞争优势法则

在过去,一个竞争优势能够维持和发展数年。而如今,如果某项产品或服务在市场中展现出了竞争优势,那么竞争对手就会立即或在几天内进入那个市场。因此要使我们在产业中永远处于一流地位的竞争优势是很困难的。

最近有一个流行的电视广告,在广告中,时装设计师在巴黎的飞机跑道上展示她的新款女装系列,在炫目的灯光中,其中一个摄影师独自从多角度抢拍了最流行的服装,几分钟后,画面切换成了那个摄影师正把拍摄的图像上传到手提计算机上,并通过互联网发送到千里之外的一家工厂。片刻工夫,这些图像在厂方的计算机屏幕上被巧妙处理的时候,厂方也制定出了服装的规格。随着广告的结束,一辆卡车便开向廉价商场,数百万件同一款式的服装被卸下来准备向大众市场销售,难以置信吧?

4. 产品和服务生命周期的缩短

产品和服务的生命周期比以往大大缩短了。在过去,较长的产品周期为现有供货商提供了超越竞争对手的优势,因为在通常情况下把钱花在评估新卖主的长期运营上不符合客户的利益,现有供货商拥有一个优势——规模经济使得他们的花费更具实效性。

就在生产占主导的今天，毫无例外，规格的变化给新的竞争者提供了一个在新的机遇中与客户重新建立关系的机会。了解客户需求，拥有生产、销售、原料以及信息系统正常运作的优势消失了。每个潜在的供货商大多从白手起家，正如我们买的多数产品，一打开盒子就成旧的一样，客户的喜好就像天气一样易变。短的产品生命周期成了准则，长期运作产品生命周期的时代业已结束。

5. 目标客户缩小和市场分化

我们生活在一个专门化的时代。丹·阿克罗伊开了一家商店专门经营透明胶带。当客户接二连三地进入这家商店询问有没有自动胶带器、遮蔽胶带等一切不同于透明胶带的物品时，他的回答都是相同的：没有自动胶带器，没有遮蔽胶带，没有胶水，我们卖的是带自动分割器的3/4×650英尺的透明胶带卷，别的什么也没有。人们笑着离开了他的商店，都说他真是个怪人。

现在它不再那么可笑了，许多商店专卖电池，许多商店专卖辣番茄酱，或只卖布绒的动物熊和磁铁，也有公司只经营一个特别型号的轴承或某些电子产品。

6. 互联网

总而言之，互联网改变了一切。与以前专业销售中所见到的一些现象相比，互联网给我们的商业活动带来了更大的变化。很显然，在商业活动中，互联网及其所带来的一切都具有强大的影响力。发订单、跟单、查看说明、答疑、检查交付情况以及议价等，客户都可通过点击鼠标来完成。现在信息共享实际上就是瞬间的事。

7. 市场准入壁垒的降低

所有或者说大多数资本密集型企业，进入大多数市场的壁垒都大大降低了。小企业主可以和大企业集团竞争，但是大企业集团可以迅速运营业务，而且通常资本雄厚，贷方愿意冒更大的风险，因此成为一个竞争者比以往任何时候变得更简单了。

由于对所有的公司而言，任何领域都充满着竞争，所以越来越多的经营良好而传统上与参与我们行业的公司正意识到他们必须进入新市场以求得发展。地域保护的时代已经过去，生产商可以毫无负罪感地在市场空隙中建立额外的销售渠道。有足够业务量进行平均分配的时代过去了，这给许多不同的公司提供了涉入我们行业的机会，再加上公众市场愿意将更多的资金投资给膨胀中的公开招股公司这一事实，不同的竞争者将从你最好的客户入手，给你一个釜底抽薪，你就会很快陷入进退维谷的危险之中。

例如，有一个公司从事大型建筑设备租赁业务，为了发展，这个公司决定向新领域扩展，该领域涉及小型工具和消费品的销售和服务。无论如何，许多从事小型工具领域的公司感到这家有公款支持的国字号公司的威胁。这家公司从原来所从事的业务突然转向涉足小型工具和销售品的销售和服务领域，这无异于在某种程度上威胁到许许多多从事小型工具领域公司的生计。这是一个很能说明你所保护的市场并不像你想象的那样能够得到很好保护的例子，其他许许多多资本雄厚有实力的公司会伺机以牺牲你的利益来拓展他们的业务。

8.竞争对手的并购

有时我们失去业务完全不是我们的错误。在那种情况下，失去客户仅仅是购得者决定提供什么样的服务及你与被购得者之间合作的问题。有好多次并购热潮主导了我们的经济。我们公司的业务看似有所增长，使公开投资方相信他们的生意处于积极上升的势头，而在那时，兼并和收购就盛行起来。

发生并购现象的另一个原因是两个相似的公司合并可以节约经营开支。因此把我们努力的重心放在引进新业务上通常是一个好方法。你永远不会知道当你最好的客户被别人争取过去时，你的客户已经不再需要你。

9.企业倒闭和搬迁（重新布置）

如今公司宣布破产比以往更容易了，在快速运转的经济部门，承认曾经破产过一两次几乎成了有勇气的标志。

这可能是双重的严重打击，因为不仅那些宣布破产的公司不再有购买我们产品的能力，而且我们有时会发现我们为收不回钱承担了全部责任，因为通常我们是无担保债权人（随便提一下，谨防你的新客户，打电话给你什么也不问，就迫不及待地要买货，没有提出什么异议，对你的定价也不感兴趣，这种情况下，一般建议你跑得越快越好，你很可能重蹈你竞争对手的信用问题的覆辙）。

公司的破产，有时是因为非竞争性导致的，有时则是由于管理不善，或者仅仅是运气不好而出现在错误的时间和错误的地点所致。那样的公司非常值得同情，但卖给他们产品和服务的公司和销售人员更值得同情，因为他们不仅失去了业务，而且通常还要承担损失应收账款的责任。

获得业务和经营业务都是非常简单的，这使得业务至上的销售人员能够维持成功，但赢利的业务变得日益困难。地方之间正在为境内的企业重新布置而激烈地竞争着，凡是你想得到的，如税收鼓励基金区、自由保税区、规划好的城市经济技术开发区等。市政府、城市、州都会引诱企业从一个地方搬迁到另一个地方，其手段是如此之多。我们可能什么也没有做错就失去大量业务，如果我们的客户决定在我们的交易区外重新安置的话。即使他们仍然和我们公司保持联系，我们也会意识到我们必须发展新的业务，因为受地理因素的限制，我们很难和公司所在地区之外的公司签订合约。

二、注意环境因素

有时由于宏观经济因素的影响，我们的业务受到威胁或者减少，突发的或未知的消费者信心的下降，全国性的灾难，或者一场自然灾害都能给我们的业务以毁灭性的打击。如果我们不集中精力开拓新的业务，就很难或不能从环境因素的打击中恢复过来。

鉴于以上原因，对于企业和销售员来说，掌握引进新业务的能力是极为重要的。如果我们停止寻找新业务，我们就会破产。但很多人好像就是不明白这个道理。

三、在危机中拓展业务

许多时候，你要做的事情就是拿起报纸去了解许多企业由于危机而受到的打击。航空公司、宾馆、零售店、股市等，只要是你能够想到的，都陷入了危机。于是乎，当看到所有的坏消息时，人们会说："现在是时候跑向山顶了。"

其实，我们和市场总是反应过度。市场对好消息或坏消息都反应过度；作为人类的我们对上升趋势反应过度——从高兴到极度兴奋，我们也对下降趋势反应过度——从不快乐到极度绝望。

在危机中拓展业务，要注意"四不要"和"二要"。

2001年世贸中心和五角大楼的爆炸，以及随之而来的我们随时都会遭到恐怖分子袭击的感觉并非打击商业的唯一危机。谨记，不一定要较大程度的危机才能影响我们的销售，仅是提供不完善的服务就可以使我们失去大量业务。

其他的不幸也会发生，正如前面所提到的那样，客户流失且公司被兼并或破产。不管什么危机，当业务开展缓慢下来的时候，当销售收入下降的时候，当利润流失而开支却仍然存在的时候，你的经营就出现了危机。当危机影响到你的业务时，你要考虑到4个"不要"：

◇不要惊慌（保持冷静，关注仍在正常运作的）。

◇不要为改变而改变（大的变化会使你翻船）。

◇不要被孤立或独处（和你头脑冷静的同事谈论你的情况）。

◇不要往复（滚石不生苔）。

危机中积极的一面还是有的。有两件事件可以帮你重新回到轨道上来（这就是"二要"）。首先是要积极主动。如果没有人打电话给我们，那是因为他们被吓昏了头，那么我们的工作就是拿起电话主动给他们打电话。把你的客户按收益或忠诚度的高低分成3类，排在前面10%的客户是你的A级客户，接下的20%是你的B级客户，再接下来的70%是你的C级客户。你需要把你70%的时间花在与你的A级客户和B级客户的业务联系上。

给他们打电话，与他们交谈，询问他们的想法，必须让他们知道你很关心他们的事情。你打电话给他们是为了和他们再接触，你甚至不用谈及业务上的事，只是与你的客户再接触。如果状况良好，话题谈到业务上，尽一切办法，谈论当前及未来的机会，努力寻求别人介绍的业务、附加的业务和新的业务。主导思想和主要理念是：积极主动地打电话。

其次，要做的是集中你的竞争优势，弄清楚是什么让你能够有今天。万万不可贸然涉足那些你完全陌生的领域。你是否应该进入一个全新的商业领域或者为客户提供一些新的产品或服务呢？很显然，你应该继续从事现在所拥有的业务。也就是说，与带你来到现在所处地方的马一路前行。

弄清楚"我的强项是什么"，是客户服务？是我跟客户打交道的方式？还是信息或技术？

现在不是在不相关的领域进行多样化投资的时候，而是回到核心竞争力上的时候，你到底擅长什么？那才是你应该做的——专注于你的竞争优势。

因为危机的出现，许多公司和销售人员都认为他们应该袖手旁观。因此越是在这时候，我们的工作就越应该继续下去。我们应该给那些曾经拒绝过我们的客户打电话联系业务，给那些曾经说过以下话语的客户打电话联系业务。

"不，我们真的不需要这种技术。"

"不，我们正打算去度假。"

"不，我们刚度假回来。"

"不，我们现在什么也不需要。"

"不，我们已经和客户安排好了。"

"不，我们对此不感兴趣。"

"不，我们正在开会。"

"不，我们真的很忙。"

现在是跟所有曾经拒绝过你的人联系的时候了，因为你所提供的产品和服务销路很好。

我们所需要攻克的最好的客户就是那些曾经给我们带来很多次不同障碍、耽搁和阻力的客户。现在我们要比竞争对手更加执着、更加果断地给客户打电话，要么给同一个公司打5次电话，要么分别给5个新的公司各打一个电话，坚持不懈地拓展业务，持之以恒与客户加强联系。当我们深陷危机之中的时候，也就是我们最应该加强有望成功的业务联系的时候。

四、引进新业务

众所周知，许多业务主管和销售经理都一直想知道哪里会有新业务。可是，亲爱的读者，您知道吗？其实很少有人是引进新业务的专家。

那些引进新业务的人——人工造雨者，就像是为部落的生存而四处奔波觅食的猎人。他们是销售组织中最有价值的人。当然那些信守诺言、为公司尽力服务的员工也是相当重要的。现在讨论的是另一种标准，即那些敢于面对拒绝的员工，他们才是公司最有价值的员工。

这是为什么呢？拓展新业务是任何一个销售人员都曾被要求去做的最棘手的事。考虑一下，如果你联络你的现有客户，他们会记住你，甚至可能会喜欢你。是的，有问题，你能解决，接着你就能言归正传：今天好吗？你还需要什么？当前的产品性能如何？我有个新的建议给你，通常打这样的电话是很容易的。

棘手的新业务电话应该怎样打呢？我们要省出时间，计算一下我们需要打多少电话，并跟踪进展情况。这听起来很简单，但你有可能不知道有多少人曾经有多少次被那个谚语所欺骗，即"通往地狱的道路是好心铺成的"。"我本打算给那些人打电话的，我也打算今天拿起电话进行业务联系。但……但……但是一个好客户打来电话给我，必须要处理，我得去追加他的订单，所以就不得不取消那些计划，另外我还得上网浏览并查收邮件。"

当一天工作结束时，你会意识到你没有联系到任何新业务，你至少会有一半或80%的时间遭到了拒绝。早上醒来你会这样说吗？"噢，今天我要给我的客户打4个小时的电话，可能会有3小时52分都会被人拒绝。"显然没有人喜欢这样。我们要做的就是安排好时间打客户电话。

一个客户曾说："你看，这其实很简单，你只要在早上10点钟之前打10个电话，想想看，如果你每个工作日都能在10点钟之前打10个电话，那么你成功的可能和你的客户群就会以令人惊奇的速度增加了。"

如果你跟踪与客户进行业务联系的进展情况，你发现打了10个电话只联系上一个客户，那么你就需要调整你在电话中说话的内容，或者是因为你没有联系到决策者，或者是因为你是在一天中并不合适的时间给客户打了电话，或者是因为你与客户打交道的方式不是很有效。这就是给客户打电话进行业务联系和跟踪业务进展为什么如此重要的原因。

五、如何成功建立业务关系人际网

每个人都能够学会成功地建立业务关系人际网的技巧。无论你是想维护现有客户还是寻找新客户，通过引进新业务都是你拓展业务的最佳方法。

1. 轻松建立业务关系人际网的艺术

让我们马上讨论一下重要细节吧。我们怎样才能成功建立销售业务关系人际网呢？第一要务是"重要的事情先做"。我们必须懂得在得到我们想要的东西之前要帮助别人得到他们想要的东西。当你在建立业务关系时，首先弄清对方的需求并在业务上帮助他们。对其他客户开放你的业务关系人际网并找出你能够为他们提供服务的方法，这样做通常会事半功倍。

2. 具体化

成功建立销售业务关系人际网的关键之一是具体化。许多人尝试建立人际关系网但并不奏效。为什么呢？因为他这样说："你知道谁在寻找一份好的保险吗？""你知道谁想投资这个新建工程吗？"问题在于我们有太多的名字浮现在脑海。据说我们成年以后，我们的记忆中储存了2000多个名字和面孔。如果有人走过来只是简单地问我们知道谁吗？我们的回答通常是："对不起，我想不起任何人。"所以具体化很重要，我们要按行业、区位、公司类型、收入规模、公司名称，甚至具体的人名来询问。

3.一个接一个

如果我们在大的集团公司工作，我们将能够与许多人建立紧密的人际关系，因为每个人都想与对方建立业务关系。只不过我们必须每次只专注于与其中的一个人建立业务关系。万万不可尝试在你所在的10人工作组中同时挖掘介绍人或者人际关系网（假如该组有10个人）。在几个星期内专注于一个人，看你能否在这几周内成为他业务的支持者。然后换下一个人，接着再换下一个，以此类推。

4.收集

怎样把所有的都收集起来？答案是：通过计划。我们必须知道我们的业务是什么以及我们最好的销售对象是谁。我们必须明白自己追求的东西是什么，并且能够使我们希望与之建立销售业务关系的人也同样明白。其次，我们必须愿意采取行动。我们很渴望拥有一些业务介绍人。然而要拥有业务介绍人，我们就必须采取行动。这就是为什么"积极主动"的概念如此有力的原因，这也是"去做吧"会在全世界引起共鸣的原因。如果我们要把销售业务关系人际网建立起来，我们就必须拿起电话，打给一个你认识的人并约他出来吃一顿午饭，以此开始建立自己的销售业务关系人际网，并推动它向前发展。

有这样一个会计公司，他们在建立销售业务关系人际网方面的实践非常成功。他们的公司有着大量的客户跟踪记录，以至于他们的许多客户都想挖走他们公司的专业会计师。结果10多年后，在美国该公司的上百位专业会计师工作于各个地方。为了公司的信誉，他们十分了解建立销售业务关系人际网这个概念的精髓。

每年他们都邀请所有业已毕业的校友进行为期3天的盛大庆祝。他们将就他们所在的工作领域最新或最热门的事项举办各种再教育申请、研讨会以及成立各种工作组等。在早上、午后和晚间，他们还将获取建立业务关系人际网的机会——那些曾在公司工作过的人员可以与现在仍在公司上班的员工进行交流。

你对那些仍在公司工作的人的议程有何看法？很显然，他们是想了解其他公司的内部运作情况。尽管许多公司仍是他们的客户，但他们当中有许多别的客户是这家会计公司所没有的。这种销售业务关系人际网逐渐演变成为这家会计公司拓展业务关系的最有效工具。

如何建立业务关系人际网，怎样与同一房间的其他人员打交道？你肯定认为这很容易。难道不是每一个人都知道怎样去做吗？答案是否定的。

第四章

世界上最伟大的推销员的销售秘诀

奥格·曼狄诺教你怎样成为最伟大的推销员

一、用全心的爱迎接今天

爱心是一宗大财产，爱心的力量是伟大的，它是使你拥有成功的最珍贵的东西。对一个推销员来说，爱是一支很好的利箭。

1. 爱心是一笔很大的财富

在《世界上最伟大的推销员》一书中，作者讲述了一位名叫海菲的少年，一心想要推销掉一件上好的袍子，好有机会成为伟大的商人，和自己心爱的女孩在一起，可是最终他却把这样一件对自己意义重大、十分珍贵的袍子送给了一个在山洞中冻得发抖的婴孩。

正是少年这种善良的本性感动了上苍，他最终得到了10张珍贵的羊皮卷，上面写着关于推销艺术的所有秘诀，使这位少年最终成为世界上最伟大的推销员，并建立起了显赫一世的商业王国。

这就是爱的力量，唯有爱才是幸福的根源，唯有爱才是令你成功的最深层的动力。为此，神说，你若想追求幸福，就请慷慨地向人间遍洒你的普世之爱吧。

在"羊皮卷"中这样写道：

"我要用全身心的爱迎接今天。"

"因为，这是一切成功的最大秘诀。武力能够劈开一块盾牌，甚至毁掉生命，唯有爱才具有无与伦比的力量，使人们敞开心灵。在拥有爱的艺术之前，我只是商场上的无名小卒。我要让爱成为我最重要的武器，没有人能抗拒它的威力。

"我的观点，你们也许反对；我的话语，你们也许怀疑；我的穿着，你们也许不赞成；我的长相，你们也许不喜欢；甚至我廉价出售的商品都可能使你们将信将疑，然而我的爱心一定能温暖你们，就像太阳的光热能融化冰冷的大地。

"我将怎样面对遇到的每一个人呢？只有一种办法，我将在心里深深地为你祝福。这无言的爱会涌动在我的心中，流露在我的眼神里，令我嘴角挂上微笑，在我的声音里引起共鸣。在这无声的爱意里，你的心扉向我敞开了，你不再拒绝我推销的货物。"

这便是爱的力量，它是使你拥有成功的最珍贵的东西。

世界不能没有爱，爱对于我们就像空气、阳光和水。爱是一宗大财产，是一笔宝贵的资源，拥有了这种财产和资源，人生就会变得富有、幸福，人生就会步入成功的顶峰。

一颗善良的心，一种爱人的性情，一种坦率、诚恳、忠厚、宽恕的精神，可以说是一宗财产。百万富翁的区区财产，若与这种丰富的财产相比较，便不足挂齿了。怀着这种好心情、好精神的人，虽然没有一分钱可以施舍与人，但是他能比那些慷慨解囊的富翁行更多的善事。

假使一个人能够大彻大悟，能尽心尽力地为他人服务，为他人付出爱心，他的生命一定能获得事实上的发展。最有助于人的生命发展的，莫过于从早年起，就培养爱心以及懂得爱人的习惯了。

尽管大量地给予他人以爱心、同情、鼓励、扶助，然而那些东西，在我们本身是不会因"给予"而有所减少的，反而会由于给人越多，我们自己也越多。我们把爱心、善意、同情、扶助给人越多，则我们所能收回的爱心、善意、同情、扶助也越多。

人生一世，所能得到的成绩和结果常常微乎其微。此中原因，就是在爱心的给予上显然不够大方。我们不轻易给予他人以我们的爱心与扶助，因此，别人也"以我们之道，还治我们之身"，以致我们也不能轻易获得他人的爱心与扶助。

常常向别人说亲热的话，常常注意别人的好处，说别人的好话，能养成这种习惯是十分有益的。人类的短处，就在彼此误解、彼此指责、彼此猜忌，我们总是因他人的不好、缺憾、错误的地方而批评他人。假使人类能够减少或克服这种误解、指责、猜忌，彼此能相互亲爱、同情、扶助，那么梦寐以求的欢乐世界，就能够盼望了。

有一次，一位哲学家问他的一些学生："人生在世，最需要的是什么？"答案有许多，但最后一个学生说："一颗爱心！"那位哲学家说："在'爱心'这两个字中，包含了别人所说的一切话。因为有爱心的人，对于自己则能自安自足，能去做一切与己适宜的事；对于他人，他则是一个良好的伴侣和可亲的朋友。"

我们大多数人都是因为贪得无厌、自私自利的心理，以及无情、冷酷的商业行为之故，以至于目光被蒙蔽，以致只能看到别人身上的坏处，而看不到他们的好处。假使我们真能改变态度，不要一味去指责他人的缺点，而多注意一些他们的好处，则于己于人均有益处。因为由于我们的发现，他人也能感觉到他们的好处，因此感到兴奋并获得自尊，从而更加努力。假使人们彼此间都有互爱的精神，这种氛围一定可以使世界充满爱和阳光。

2.乐于助人，爱心用行动体现

在宾夕法尼亚州，有一段时间，当地人们最痛恨的就是洛克菲勒。被他打败的竞争者将他的人像吊在树上泄恨，充满火药味的信件如雪花般涌进他的办公室，威胁要取他的性命。他雇用了许多保镖，防止遭人杀害。他试图忽视这些仇视怒潮，有一次曾以讽刺的口吻说："你尽管踢我骂我，但我还是按照我自己的方式行事。"

但他最后还是发现自己毕竟也是凡人，无法忍受人们对他的仇视，也受不了忧虑的侵蚀。他的身体开始不行了，疾病从内部向他发动攻击，这令他措手不及、疑惑不安。

起初，"他试图对自己偶尔的不适保持秘密"，但是，失眠、消化不良、掉头发、忧郁等病症却是无法隐瞒的。最后，他的医生把实情坦白地告诉他。他只有两种选择：财富和烦恼——或是性命。医生警告他：必须在退休和死亡之间作出抉择。

他选择退休。但在退休之前，烦恼、贪婪、恐惧已彻底破坏了他的健康。美国最著名的女传记作家伊达·塔贝见到他时吓坏了。她写道："他脸上所显示的是可怕的衰老，我从未见过像他那样苍老的人。"

医生们开始挽救洛克菲勒的生命，他们为他立下三条规则——这是他以后奉行不渝的三条规则：

避免烦恼，在任何情况下绝不为任何事烦恼。

放松心情，多在户外做适当运动。

注意节食，随时保持半饥饿状态。

洛克菲勒遵守这三条规则，因此而挽救了自己的性命。退休后，他学习打高尔夫球、整理庭院，和邻居聊天、打牌、唱歌等。

但他同时也做别的事。温克勒说："在那段痛苦至极的夜晚里，洛克菲勒终于有时间自我反省。"他开始为他人着想，他曾经一度停止去想他能赚多少钱，开始思索那笔钱能换取多少人类的幸福。

简而言之，洛克菲勒开始考虑把数百万的金钱捐出去。有时候，做件事可真不容易，当他向一座教堂捐献时，全国各地的传教士齐声发出怒吼："腐败的金钱！"

但他继续捐献。在获知密歇根湖岸的一家学院因为抵押而被迫关闭时，他立刻展开援助行动，捐出数百万美元去援助那家学院，将它建设成为目前举世闻名的芝加哥大学。

他也尽力帮助黑人，帮助完成黑人教育家华盛顿·卡文的志愿。当著名的十二指肠虫专家史太尔博士说:"只要价值五角钱的药品就可以为一个人治愈这种病——但谁会捐出这五角钱呢?"洛克菲勒捐出数百万美元消除十二指肠虫,消除了这种疾病。然后,他又采取更进一步的行动,成立了一个庞大的国际性基金会——洛克菲勒基金会,致力于消灭全世界各地的疾病、扫除文盲等工作。

洛克菲勒的善举不仅平息了人们对他的憎恨,而且产生了更为神奇的效果:许多人开始赞扬他、敬仰他,有的受了他恩惠的人甚至对他感激涕零。

其实,你我都应该感谢约翰·D.洛克菲勒,因为在他的资助下,科学家发明了青霉素以及其他多种新药。他使我们的孩子不再因患脑膜炎而死亡;他使我们有能力克服疟疾、肺结核、流行性感冒、白喉和其他目前仍危害世界各地人们的疾病。

洛克菲勒把钱捐出去之后,他最后终于感到满足了。

幸福的产生与否就在于一个人的心态如何,那种善良的心、仁慈的爱能产生巨大的威力,迎来盼望的幸福。在这个地球上,只有充满着爱心的角落、家庭,才能得到幸福的光线照耀。

世界著名的精神医学家亚弗烈德·阿德勒曾经发表过一篇令人惊奇的研究报告。他常对那些孤独者和忧郁症患者说:"只要你按照我这个处方去做,14天内你的孤独、忧郁症一定可以痊愈。这个处方是——每天想想,怎样才能使别人快乐?让别人感到人世间的爱心力量。"

在漫漫的人生道路上,你如果觉得自己孤寂,或者觉得道路艰难,那你就照着阿德勒的话去做,只要心中有一盏温暖的灯,就将照亮你黯淡的心灵,获得温暖,度过寒冷的冬季,跨过每一道障碍。这样你会逢凶化吉、因祸得福、获得快乐,使你远离精神科医生。因为爱的表现是无条件的付出、奉献,而最终结果是自己得到了最大的报偿。

3.善良是爱的初始

一家餐馆里,一位老太太买了一碗汤,在餐桌前坐下,突然想起忘记取面包。

她起身取回面包，重返餐桌。然而令她惊讶的是，自己的座位上坐着一位黑皮肤的男子，正在喝着自己的那碗汤。

这个无赖，他为什么喝我的汤？老太太气呼呼地想，可是，也许他太穷了，太饿了，还是一声不吭算了，不过，也不能让他一个人把汤全喝了。

于是，老太太装着若无其事的样子，与黑人同桌，面对面地坐下，拿起汤匙，不声不响地喝起了汤。

就这样，一碗汤被两个人共同喝着，你喝一口，我喝一口。两个人互相看看，都默默无语。

这时，黑人突然站起身，端来一大盘面条，放在老太太面前，面条上插着两把叉子。

两个人继续吃着，吃完后，各自直起身，准备离去。"再见！"老太太友好地说。"再见！"黑人热情地回答。他显得特别愉快，感到非常欣慰，因为他自认为今天做了一件好事，帮助了一位穷困的老人。黑人走后，老太太这才发现，旁边的一张饭桌上，放着一碗无人喝的汤，正是她自己的那一碗。

生活就是这样纷繁复杂，人与人之间的误会、隔阂，乃至怨恨，都会时常发生。只要心地善良、互谅互让，误会、怨恨也能变成令人感动和怀念的往事。

善良是一种能力，一种洞察人性中的恶的能力。善良是一种胸怀，拥有善良，就会拥有一颗平和的心，能以平和、宽容的心态去面对你所遇到的人和事。

善良不是善恶不辨、是非不分，不是对坏人坏事一味放纵、宽容、无原则的愚善，而是一种洞察世事的智慧。

善良，会让天地更宽广，万物更明丽，人生更丰盈。

一座城市来了一个马戏团。8个12岁以下的孩子穿着干净的衣裳，手牵着手排队在父母的身后，等候买票。他们不停地谈论着上演的节目，好像他们就要骑上大象在舞台上表演似的。

终于轮到他们了，售票员问要多少张票，父亲神气地回答："请给我8张小孩的、两张大人的。"

售票员说出了价格。

母亲的心颤了一下，转过头把脸垂了下来。父亲咬了咬唇，又问："你刚才说的是多少钱？"

售票员又报了一次价。

父亲眼里透着痛楚的目光，他实在不忍心告诉他身旁兴致勃勃的孩子们："我们的钱不够！"

一位排队买票的男士目睹了这一切。他悄悄地把手伸进口袋，把一张20元的钞票拉出来，让它掉到地上。然后，他蹲下去，捡起钞票，拍拍那个父亲的肩膀说："对不起，先生，你掉了钱。"

父亲回过头，明白了原因。他眼眶一热，紧紧地握住男士的手。因为这位男士在他心碎、困窘的时刻帮了他的忙："谢谢，先生。这对我和我的家庭意义重大。"

有时候，一个发自仁慈与爱的小小善行，会铸就大爱的人生舞台。

善待社会，善待他人，并不是一件复杂、困难的事，只要心中常怀善念，生活中的小小善行，不过是举手之劳，却能给予别人很大帮助，何乐而不为呢？给迷途者指路，向落难者伸出援手，真心祝贺他的成功，真诚鼓励失意的朋友，等等，看似微不足道的举动，却能给别人带去力量，给自己带来付出的快乐和良心的安宁。

如果人人都能以善心待人，世间便会少很多纷争，多很多关爱。

4.爱让推销无往不胜

推销是和人打交道的工作，推销员必须具有爱心，才能得到顾客的认可，推销成功。

如果成为客户信任的推销员，你就会受到客户的喜爱、信赖，甚至能够和客户成为亲密的朋友关系。一旦形成这种人际关系，有时客户会只因照顾你的情面，自然而然地购买商品。而要形成这种关系，就要求推销员具有爱心，注意一些寻常小事。

有位推销员去拜访客户时，正逢天空乌云密布，眼瞅着暴风雨就要来临了，这时他突然看见被访者的邻居有床棉被晒在外面，女主人却忘了出来收。那位推销员便大声喊道："要下雨啦，快把棉被收起来呀！"他的这句话对这家女主人无疑是一种至上的服务，这位女主人非常感激他，他要拜访的客户也因此十分热情地接待了他。

翰森搬家后不久，还不满4岁的儿子波利在一天傍晚突然失踪了。全家人分头去寻找，找遍了大街小巷，依然毫无结果。他们的恐惧感越来越深，于是，他们给警察局打了电话，几分钟后，警察也配合他们一起寻找。

翰森开着车子到商店街去寻找，所到之处，他不断地打开车窗呼唤波利的名字。附近的人们注意到他的这种行为，也纷纷加入寻找行列。

为了看波利是否已经回家，翰森不得不多次赶回家去。有一次回家看时，他突然遇到了地区警备公司的人。翰森恳求说："我儿子失踪了，能否请您和我一起去找找看？"此时却发生了完全难以令人置信的事情——那个人竟然做起了巡回服务推销表演！尽管翰森气得目瞪口呆，但那人还是照旧表演。几分钟后，翰森总算打断了那人的话，他怒不可遏地对那人说："你如果给我找到儿子，我就会和你谈巡回服务的问题。"

波利终于被找着了，但那位推销员的推销却未成功。倘若那个人当时能主动帮助翰森寻找孩子，20分钟后，他就能够得到推销史上最容易得到的交易。

有的推销员认为爱心对推销无关紧要，这是错误的观点，正是因为你的爱心，客户才可能信任你，进而买你的产品，使你的推销成功。

因此，朋友们，请从现在起用全身心的爱来迎接明天，感谢生活吧。用爱心打开人们的心扉，让爱化作你商场上的护身符，爱会使你孤独时变得平静；绝望时变得振作。有了爱，你将成为伟大的推销员；有了爱，你将迈出成为优秀人士的第一步。

二、坚持不懈直到成功

俗话说，坚持就是胜利，贵在持之以恒。每个人都有梦想，追求梦想需要不懈地努力。只有坚持不懈，成功才不再遥远。

1.坚持不懈是最基本的品质

"羊皮卷"故事中的少年海菲接受了主人的10张羊皮卷的商业秘诀之后，孤身一人骑着驴子来到了大马士革城，沿着喧哗的街道，他心中充满了疑虑和恐惧，尤其是曾经在伯利恒那个小镇上推销袍子的挫败感笼罩在他的心底，突然他想放弃自己的理想，他想大声地哭泣。但此刻，他的耳畔响起了主人的声音："只要决心成功，失败永远不会把你击垮。"

于是，他大声呐喊："我要坚持不懈，直到成功。"

他想起了"羊皮卷"中的箴言：

"我不是注定为了失败才来到这个世界上的，我的血脉里也没有失败的血脉在流动。我不是任人鞭打的羔羊，我是猛虎，不与羊群为伍。我不想听失败者的哭泣、抱怨者的牢骚，这是羊群中的性情，我不能被它传染。失败者的屠宰场不是我人生的归宿。

"从今往后，我每天的奋斗就如同对参天大树的一次砍击，前几刀可能留不下痕迹，每一击似乎微不足道，然而，积累起来，巨树终将倒下。这正如我今天的努力。

"如同冲洗高山的雨滴、吞噬猛虎的蝼蚁、照亮大地的星辰、建造金字塔的奴隶，我也要一石一瓦地建造起自己的城堡，因为我深知水滴石穿的道理，只要持之以恒，什么都可以做到。

"我要坚持，坚持，再坚持。障碍是我成功路上的弯路，我迎接这项挑战。我要像水手一样，乘风破浪。"

坚持是一种神奇的力量，因为它几乎能够战胜一切，让你得到任何想要的东西。

开学第一天，苏格拉底对学生们说："今天我们只学一件最简单也是最容易的事儿。每人把胳膊尽量往前甩，然后再尽量往后甩。"说着，苏格拉底示范了一遍。"从今天开始，每天做300下。大家能做到吗？"

学生们都笑了，这么简单的事，有什么做不到的？过了一个月，苏格拉底问学生们："每天甩手300下，哪些同学在坚持着？"有90%的同学骄傲地举起了手。又过了一个月，苏格拉底又问，这回，坚持下来的学生只剩下八成。

一年过后，苏格拉底再一次问大家："请告诉我，最简单的甩手运动，还有哪几位同学坚持着？"这时，整个教室里，只有一人举起了手，这个学生就是后来的古希腊另一位大哲学家柏拉图。

世间最容易的事常常也是最难做的，最难的事也是最容易做的。说它容易，是因为只要愿意做，人人都能做到；说它难，是因为真正能做到并持之以恒的，终究只是极少数人。

半途而废者经常会说"那已足够了""这不值""事情可能会变坏""这样做毫无意义"。而能够持之以恒者会说"做到最好""尽全力""再坚持一下"。

巨大的成功靠的不是力量而是韧性，竞争常常是持久力的竞争。有恒心者往往是笑在最后、笑得最好的胜利者。

一次拍卖会上，有大批的自行车出售。当第一辆自行车开始竞拍时，站在最前面的一个不到12岁的男孩抢先出价："5块钱。"可惜，这辆车被出价更高的人买走了。

稍后，另一辆自行车开拍。这位小男孩又出价5元钱。接下来，他每次都出这个价，而且不再加价。不过，5元钱的确太少了。那些自行车都卖到35元或40元钱，有的甚至卖到100元以上。暂停休息时，拍卖员问小男孩为什么不出较高价竞争。小男孩说，他只有5元钱。

拍卖继续，小男孩还是给每辆自行车出5元钱。他的这一举动引起了所有人的注意。人们交头接耳地议论着他。

经过漫长的一个半小时后，拍卖快要结束了，只剩下最后一辆自行车，而且是非常棒的一辆，车身光亮如新，令小男孩怦然心动。拍卖员问："有谁出价吗？"

这时，小男孩依然抢先出价说："5元钱。"

拍卖员停止唱价，静静地站在那里。其他人也默不作声，没有人举手喊价。静待片刻后，拍卖员说："成交！5元钱卖给那个穿短裤、白球鞋的小伙子。"

其他人纷纷鼓掌。

小男孩脸上洋溢着幸福的光芒，拿出握在汗湿的手心里揉皱了的5元钱，买下了那辆无疑是世界上最漂亮的自行车。

好的梦想，是未来人生道路上美满成功的预示。梦想能给我们带来希望，激发我们内在的潜能，并激励我们不断为实现目标而努力。

但是，仅有梦想是不够的，还要有实现梦想的毅力和决心，把梦想变成现实要依靠不懈的努力。

执着地追求梦想和成全他人的梦想，都是人间至美的事情。

2. 坚持不懈才能成功

多年以前，美国曾有一家报纸刊登了一则某园艺所重金征求纯白金盏花的启事，在当地轰动一时。高额的奖金让许多心动不已，但在千姿百态的自然界中，金盏花除了金色的就是棕色的，能培植出白色的，不是一件易事。所以许多人一阵热血沸腾之后，就把那则启事抛到九霄云外去了。

一晃就是20年，一天，那家园艺所意外地收到了一封热情的应征信和一粒纯白金盏花的种子。当天，这件事就不胫而走，引起轩然大波。

寄种子的原来是一个年已古稀的老人。老人是一个地地道道的爱花人。20年前当她偶然看到那则启事后，便怦然心动。她不顾8个儿女的一致反对，义无反顾地干了下去。她撒下了一些最普通的种子，精心侍弄。一年之后，金盏花开了，她从那些金色的、棕色的花中挑选了一朵颜色最淡的，任其自然枯萎，以取得最好的种子。次年，她又把它种下去。然后，再从这些花中挑选出颜色最淡的花种栽种……日复一日，年复一年。终于，20年后的一天，她在那片花园中看到一朵金盏花，它不是近乎白色，也并非类似白色，而是如银如雪的白。一个连专家都解决不了的问题，在这位不懂遗传学的老人手中迎刃而解，这难道是奇迹吗？

一个做事没有耐心、没有恒心的人是很难成功的。因为任何一件事的成功都不是偶然的，它需要你耐心的等待。同样，一个人做事不坚持，他就很难看到成功，因为他在成功到来之前就放弃了。

一个人的毅力决定了我们在面对困难、失败、挫折、打击时，是倒下去还是屹立不动。一个人如果想把任何事进行到底，单单靠着"一时的冲劲"是不行的，还需要毅力方能成事。具有毅力的人，不达目标绝不中止。

世界潜能大师博恩·崔西曾说过："现在世界上大部分的人都处在不耐心的状态下，有许多人做行销、推销有一个非常奇怪的习惯：东边一只兔子，去追；西边有一只兔子，也去追；南边有一只兔子，去追；北边有一只兔子，还去追；追来追去，一只兔子也追不到。所以，成功永远只是耐心不耐心的问题，要成功就要坚持只去追一只兔子。"

有位国际著名的推销大师，即将告别他的推销生涯，应行业协会和社会各界的邀请，他将在该城中最大的体育馆作告别职业生涯的演说。

那天，会场座无虚席，人们在热切地等待着那位当代最伟大的推销员作精彩的演讲。当大幕徐徐拉开，6个彪形大汉抬着一个巨大的铁球走到舞台的中央。

一位老者在人们热烈的掌声中走了出来，站在铁球的一边，他就是那位今天将要演讲的推销大师。

人们惊奇地望着他，不知道他要做出什么举动。

这时，两位工作人员抬着一个大铁锤，放在老者的面前。

老人请两个年轻力壮的人用这个大铁锤去敲打那个铁球，直到它滚动起来。

一个年轻人抢着铁锤，全力向铁球砸去，一声震耳的响声过后，那铁球动也没动。他用大铁锤接二连三地搞了一段时间后，很快就气喘吁吁了。

另一个人也不甘示弱，接过大铁锤把铁球敲得叮当响，可是铁球仍旧一动不动。

台下逐渐没了呐喊声，观众好像认定那是没用的，铁锤是敲不动铁球的。他们在等着老人作出什么解释。

会场恢复了平静，老人从上衣口袋里掏出一个小锤，然后认真地面对着那个巨大的铁球。他用小锤对着铁球"咚"敲了一下，然后停顿一下，再一次用小锤"咚"敲一下，停顿一下，然后"咚"敲一下……就这样持续地用小锤敲打着。

10分钟过去了，20分钟过去了，会场早已开始骚动，有的人干脆叫骂起来，人们用各种声音和动作发泄着他们的不满。老人好像什么也没听见，仍然一小锤一小锤地工作着。人们开始愤然离去，会场上出现了大块大块的空缺。

大概在老人进行到40分钟的时候，坐在前面的一个妇女突然尖叫一声："球动了！"霎时间会场立即鸦雀无声，人们聚精会神地看着那个铁球。那球以很小的幅度真的动了起来。老人仍旧一小锤一小锤地敲着。铁球在老人一锤一锤的敲打中越动越快，最后滚动起来了，场上终于爆发出一阵阵热烈的掌声。在掌声中，老人转过身来，说："当成功来临的时候，你挡都挡不住。"

每个人生命中的每一天都要接受很多的考验。如果能够坚忍不拔，勇往直前，迎接挑战，那么你一定会成功。

希望你坚持不懈，直到成功。要相信自己天生就是为了成功而降临世界，自己的身体中只有成功的血液在流淌。你不是任人鞭打的耕牛，而是不与懦夫为伍的猛兽。千万不要被那些懦夫的哭泣和失意的抱怨所感染，你和他们不一样，你要意志坚定地做你的猛兽，才能笑傲在自己的领域！

希望你坚持不懈，直到成功。要相信生命的奖赏只会高悬在旅途的终点。你永远不可能在起点附近找到属于自己的钻石。也许你不知道还要走多久才能成功，就算当你走到一多半的时候，仍然可能遭到失败。但成功也许就藏在拐角后面，除非拐了弯，否则你永远看不到成功近在咫尺的景象。所以，要不停地向前，再前进一步，如果不行，就再向前一步。事实上，每次进步一点点并不太难。或许你这次考试只得了50分，而你的目标是90分，那么要求下一次就得到90分，显得不现实而且太残酷了，但是如果要求你得到55分或者60分，并不是太难。你每次只需要比上一次好一点点，那么成功就会越来越近。

希望你坚持不懈，直到成功。从现在开始，你要承认自己每天的奋斗就像一滴水，或许明天还看不到它的用处，但是总有一天，滴水穿石。你每一天奋斗不止，就好似蚂蚁吞噬猛虎，只要持之以恒，什么都可以做到。不要小看那些仿佛微不足道的努力，没有它们，就没有你最后的辉煌。

希望你坚持不懈，直到成功。每个人都必然会面临失败，但是在勇者的字典里不允许有"放弃""不可能""办不到""没法子""行不通""没希望"……这类悲观的字眼。你可以失败，也可以失望，但是如果真的还想成为优秀的推销员的话，请记住：你已经不再有绝望的权利！为什么要绝望，想想自己是多么的独一无二！你需要辛勤耕耘，或许必须忍受苦楚，但是请你放眼未来，勇往直前，不用太在意脚下的障碍，在哪里跌倒，就在哪里爬起来。要相信阳光总在风雨后。

希望你坚持不懈，直到成功。你应该牢牢记住那个流传已久的平衡法则，不断鼓励自己坚持下去，因为每一次的失败都会增加下一次成功的机会。这一刻顾客的拒绝就是下一刻顾客的赞同。命运是公平的，你所经受的苦难和你将会获得的幸福是一样多的。今天的不幸，往往预示着明天的好运。深夜时分，当你回想今天的一切，你是否心存感激？要知道，或许命运就是这样，你一定要失败多次才能成功。

希望你坚持不懈，直到成功。你需要不断地尝试、尝试、再尝试。无论什么样的挑战，只要你敢面对，就有战胜的希望，因为你的潜能无限。

希望你坚持不懈，直到成功。你应该借鉴别人成功的秘诀。把过去的那些荣耀或者失败都抛到脑后。只需要抱定一个信念——明天会更好。当你筋疲力竭时，你是否可以抵制睡眠的诱惑？再试一次，坚持就是胜利，争取每一天的成功，避免以失败收场。当别人停滞不前时，你不可以放纵自己，你要继续拼搏，因为只要你的付出比别人多一点点，有一天你就会丰收。

希望你坚持不懈，直到成功！

三、相信自己是自然界伟大的奇迹

如果把自己看成是伟人的化身，然后像伟人一样行动，那你的生命自会精彩得无与伦比。要想得到别人的重视，首先要自己重视自己，自信让你战无不胜。

1.自信是成功的第一秘诀

每当海菲在推销商品的过程中遇到挫折时，他会想：我是世界上独一无二的，我是上帝创造的杰作和奇迹，即使当我屡被拒绝。而且上天将这神灵的羊皮卷赐予我，我就是自然界伟大的奇迹，我将永远不再自怜自贱，而且从今天起，我要加倍重视自己的价值。

因为他坚信"羊皮卷"中的箴言乃是神的谕旨，于是他毫无顾忌地大声诵读起来：

"我相信，我是自然界最伟大的奇迹。

"我不是随意来到这个世间的。我生来应为高山，而非草芥。从今天起，我要倾尽全力成为群峰之巅，发挥出最大的潜能。

"我要汲取前人的经验，了解自己以及手中的货物，这样才能更大程度地增加销量。我要斟酌词句，反复推敲推销时用的语言，因为这关系到事业的成败。我知道，许多成功的推销员，其实只有一套说辞，却能使他们无往不利。我还要不断改进自己的仪表和风度，因为这是最能吸引别人的关键。

◇营销圣经

"从今天起,我永远不再自怜自贱。"

有一个法国人,42岁时仍一事无成,他自己也认为自己简直倒霉透了:离婚、破产、失业……他不知道自己的生存价值和人生意义何在。他对自己非常不满,变得古怪、易怒,同时又十分脆弱。有一天,一个吉普赛人在巴黎街头算命,他上前一试。

吉普赛人看过他的手相之后,说:

"您是一个伟人,您很了不起!"

"什么?"他大吃一惊,"我是个伟人,你不是在开玩笑吧?"

吉普赛人平静地说:

"您知道您是谁吗?"

我是谁?他暗想,是个倒霉鬼,是个穷光蛋,我是个被生活抛弃的人!

但他仍然故作镇静地问:

"我是谁呢?"

"您是伟人,"吉普赛人说,"您知道吗?您是拿破仑转世!您身上流的血、您的勇气和智慧,都是拿破仑的啊!先生,难道您真的没有发觉,您的面貌也很像拿破仑吗?"

"不会吧,"他迟疑地说,"我离婚了,我破产了,我失业了,我几乎无家可归。"

"嗨,那是您的过去,"吉普赛人只好说,"您的未来可不得了!如果先生您不相信,就不用给钱好了。不过,5年后,您将是法国最成功的人啊!因为您就是拿破仑的化身!"

他表面装作极不相信地离开了,但心里却有了一种从未有过的伟大感觉。他对拿破仑产生了浓厚的兴趣。回家后,就想方设法找拿破仑有关的一切书籍著述来学习,渐渐地,他发现周围的环境开始改变了:朋友、家人、同事、老板,都换了另一种眼光、另一种表情对他。事情开始顺利起来。13年以后,也就是在他55岁的时候,他成了法国赫赫有名的亿万富翁。

真正的自信不是孤芳自赏,也不是夜郎自大,更不是得意忘形、自以为是和盲目乐观；真正的自信就是看到自己的强项或者说好的一面来加以肯定、展示或表达。它是内在实力和实际能力的一种体现，能够清楚地预见并把握事情的正确性和发展趋势，引导自己做得最好或更好。

自信是每一个成功人士最为重要的特质之一。

信心是我们获得财富、争取自由的出发点。有句谚语说得好："必须具有信心，才能真正拥有。"

世界酒店大王希尔顿，用200美元创业起家，有人问他成功的秘诀，他说："信心。"

拿破仑·希尔说："有方向感的自信心，令我们每一个意念都充满力量。当你有强大的自信心去推动你的致富巨轮时，你就可以平步青云。"

美国前总统里根在接受《成功》杂志采访时说："创业者若抱有无比的信心，就可以缔造一个美好的未来。"

自信可以让我们成为所希望的那样，自信可以让我们心想事成。

只有先相信自己，别人才会相信你，多诺阿索说："你需要推销的首先就是你的自信，你越是自信，就越能表现出自信的品质。"一个人一旦在自己心中把自己的形象提升之后，其走路的姿势、言谈、举止，无不显示出自信、轻松和愉快，从气势上表现出可以自己做主并且冲劲十足、热情高涨、热心助人。

一个冲劲十足、热情高涨、热心助人的人绝对拥有成功的资本。

"信者"为"储"，不信者即无储，不自信就自卑，自卑就会恐惧……缺乏自信带来的后果是非常可怕的。

如果没有坚定的自信去勇于面对责难和嘲讽，去不断地尝试着动摇传统和挑战权威，那么爱迪生不可能发明电灯，莫尔斯不可能发明电报，贝尔不可能发明电话……

居里夫人说："我们的生活多不容易，但是，那有什么关系？我们必须有恒心，尤其要有自信心，我们的天赋是用来做某件事情的，无论代价多么大，这件事情必须做到。"

汤姆·邓普西生下来的时候只有半只左脚和一只畸形的右手，父母从不让他因为自己的残疾而感到不安。结果，他能做到任何健全男孩所能做的事：如果童子军团行军10千米，汤姆也同样可以走完10千米。

后来他学踢橄榄球，他发现：自己能把球踢得比在一起玩的男孩子都远。他请人为他专门设计了一只鞋子，参加了踢球测验，并且得到了冲锋队的一份合约。

但是教练却尽量婉转地告诉他，说他"不具备做职业橄榄球员的条件"，劝他去试试其他的事业。最后他申请加入新奥尔良圣徒球队，并且请求教练给他一次机会。教练虽然心存怀疑，但是看到这个男子这么自信，对他有了好感，因此就留下了他。

两个星期之后，教练对他的好感加深了，因为他在一次友谊赛中踢出了55码并且为本队得了分。这使他获得了专为圣徒队踢球的工作，而且在那一季中为他的球队得了99分。

他一生中最伟大的时刻到来了。那天，球场上坐了6.6万名球迷。球是在28码线上，比赛只剩下几秒钟。这时球队把球推进到45码线上。"汤姆，进场踢球！"教练大声说。

当汤姆进场时，他知道他的队距离得分线有45码远。球传接得很好，汤姆一脚全力踢在球身上，球笔直地向前飞去。但是踢得够远吗？6.6万名球迷屏住气观看，球在球门横杆之上几英寸的地方越过，接着终端得分线上的裁判举起了双手，表示得了3分，汤姆的球队以19比17获胜。球迷们疯狂地叫着，为踢得最远的一球而兴奋，因为这是只有半只左脚和一只畸形的手的球员踢出来的！

"真令人难以相信！"有人感叹道，但是汤姆只是微笑。他想起他的父母，他们一直告诉他的是他能做什么，而不是他不能做什么。他之所以创造了这么了不起的纪录，正如他自己说的："他们从来没有告诉我，我有什么不能做的。"

这就是自信！

2.自信心能打开你内心的宝藏

著名的心理学家阿德勒博士在小时候有过一次体验,通过他的例子,完全可以说明一个人的自信心对其行为和能力会产生多大的影响。

阿德勒刚开始上学时算术很糟,老师深信他"数学脑子迟钝",并把这一"事实"告诉了他的父母,让他们不要对儿子期望过高。他的父母也信以为真。阿德勒被动地接受了他们对自己的评价,而且他的算术成绩似乎也证明他们是对的。但是有一天,他心里闪过一个念头,觉得自己忽然解出了老师在黑板上出的一道其他人都不能解答的难题。他就把自己的想法对老师说了,老师和全班学生哄堂大笑。于是他愤愤不平地几步跨到黑板前面,把问题解了出来,使在场的人目瞪口呆。这件事情以后,阿德勒认识到自己完全可以学好算术,对自己的能力有了自信,后来他终于成为一个数学成绩出类拔萃的学生。

有一位企业家,他想在公开演说中取得成功,因为他在一个很有难度的领域有重大突破,想让大家知道这个消息。他的嗓音很好,演讲的话题也很吸引人,但他不能在陌生人面前讲话。阻碍他的原因是他的自信心不足,他认为自己讲话讲得不好,不会给听众留下好印象,仅仅是因为他不具备引人注目的外表,他"不像一个成功的企业经理人"。这种不良心理在他心上烙下了深深的痕迹。所以,每次他站在人群面前开始说话时,便受到这种心理的阻碍。他错误地得出结论:如果他能动一次手术整一下容,改善外表,他就会产生自信。

整容手术其实并不一定能够解决问题,肉体的变化并不能绝对保证个性的改变。一旦他相信正是自己的消极信念妨碍了他发表这个重要消息时,他的问题也就解决了。他成功地把消极的信念换成了积极而肯定的信念,认为他有一个极其重要的消息,而这则消息只有自己才能告诉大家,不管自己的外表如何。从那时起,他成为企业界最难得的演说家之一。而他唯一的改变只是增强自信。

每个人的内心都有一座宝藏,只有找到开启宝藏的钥匙,才能把潜能开发出来，而自信，是唯一一把开启你内心宝藏的钥匙。

艾尔墨·惠勒受某公司之聘担任推销顾问，负责销售的经理让他注意一件令人感到非常奇怪的事：有一位推销员，不管被公司派到什么地方，也不管给他定多少佣金，他平均所得总是挣够5000美元，不多也不少。

因为这个推销员在一个比较小的推销区干得不错，公司就派他到一个更大、更理想的地区。可是第二年他抽得的佣金数同在小区域干的时候完全一样——5000美元。第三年公司提高了所有推销员的佣金比例，但这位推销员还是只挣了5000美元。公司又派他到一个最不理想的地方，他照样拿到5000美元。

惠勒跟这个推销员谈过话后发现，问题的症结不在于推销区域，而在于他的自我评价。他认为自己是个"每年赚5000美元"的人。有了这个概念之后，外在环境似乎对他就没有什么影响了。

他被派到不理想的地区时，他会为5000美元而努力工作；被派到条件好的地区时，只要达到5000美元，他就有各种借口停步不前了。有一次，目标达到之后，他就生了病，那一年什么工作也没有再干。医生并没有找到生病的原因，而且，第二年一开始，他又奇迹般地恢复了健康。

所以，不管你是什么人，不管你自认为多么失败，你本身仍然具有才能和力量去做使自己快乐而成功的事。开启自身宝藏大门的金钥匙就在你自己的掌握之中。你现在就有力量做你从来不敢梦想的事，只要你能改变自己的否定信念，你马上就能得到这种力量。你要尽快地从"我不能""我不配"和"我不应该得到"等自我限制的观念所施行的催眠中清醒过来。以充沛的自信发掘你的成功人生。

约翰·摩根是美国的银行大王，也是哈佛人生哲学中多次引用"以自信创造成功自我"的实践者。

摩根幼年时，他父亲还是个小商人。后来家境渐渐富裕起来，他在波士顿中学毕业后，被送到德国留学。

摩根毕业回国时，他父亲已经拥有巨资，可以提携他做生意。但是少年摩根性喜独立，决心不依靠父亲。21岁的摩根，已经时常说："不错，我是乔爱斯·摩根的儿子，但我并不想借此而站立在世界上，我要成为一个独立的男子汉。"

就是由于这份自信，摩根不凭父荫，进入纽约的达卡西玛银行实习，从底层做起，掌握了国际间的复杂贸易关系和世界金融的微妙趋势。

摩根最为人乐道的事迹，就是在1900年12月12日接受查理斯·舒瓦的建议，说服铁路大王卡内基将他的公司出售，又和7家制钢公司订立合同，成立了工业史上最庞大的钢铁托拉斯，支配足足25万工人。

一个人的潜能就像水蒸气一样，其形其势无拘无束，谁都无法用有固定形状的瓶子来装它。而要把这种潜能充分地发挥出来，就一定要有坚定的自信力。

3.对自己充满信心

推销人员的自信心，就是在推销过程中，相信自己一定能够取得成功，如果你没有这份信心，我想你就不用做推销人员了。

乔·坝多尔弗说："信心是推销人员胜利的法宝。在推销过程的每一个环节，自信心都是必要的成分。"

说明白一点儿，推销就是与形形色色的人打交道的工作。既然是形形色色的人，就肯定会有财大气粗、权位显赫的人物，也会有博学多才、经验丰富的客户，推销人员在与这些人打交道的时候，难免会把自己与他们进行比较，可那又何苦呢？他们还是需要我们，需要我们向他推销产品。你只有树立强烈的自信心，才能最大程度地发挥自己的才能，赢得他们的信任和欣赏，说服他们，最后使他们心甘情愿地掏腰包。

推销是最容易受到客户拒绝的工作，如果你不敢面对它，没有战胜它的自信，那你肯定得不到成绩，你也将永远被客户拒绝。面对客户的拒绝，你只有抱着"说不定什么时候，我一定会成功"的坚定自信——即使客户横眉冷对，表示厌烦，也信心不减，坚持不懈地拜访他，肯定会有所收获。

同时，推销是需要你四处奔波的工作。并且，如果你整天忙忙碌碌，说破了嘴皮还是没有取得成效，而其他的推销人员成绩斐然，自己除了一身臭汗什么都没有，就往往会对自己失去信心，殊不知，你离成功只有那么一丁点儿的距离了。

坚持，就是有信心，对自己说："我一定能成功，我就是一名出色的推销人员。"

有一位顶尖的杂技高手，一次，他参加了一个极具挑战的演出，这次演出的主题是在两座山之间的悬崖上架一条钢丝，而他的表演节目是从钢丝的这边走到另一边。杂技高手走到悬在山上钢丝的一头，然后注视着前方的目标，并伸开双臂，慢慢地挪动着步子，终于顺利地走了过去。这时，整座山响起了热烈的掌声和欢呼声。

"我要再表演一次，这次我要绑住我的双手走到另一边，你们相信我可以做到吗？"杂技高手对所有的人说。我们知道，走钢丝靠的是双手的平衡，而他竟然要把双手绑上！但是，因为大家都想知道结果，所以都说："我们相信你，你是最棒的！"杂技高手真的用绳子绑住了双手，然后用同样的方式，一步、两步……终于又走了过去。"太棒了，太不可思议了！"所有的人都报以热烈的掌声。但没想到的是，杂技高手又对所有的人说："我再表演一次，这次我同样绑住双手，然后再把眼睛蒙上，你们相信我可以走过去吗？"所有的人都说："我们相信你！你是最棒的！你一定可以做到！"

杂技高手从身上拿出一块黑布蒙住了眼睛，用脚慢慢地摸索到钢丝，然后一步一步地往前走，所有的人都屏住呼吸，为他捏一把汗。终于，他走过去了！表演好像还没有结束，只见杂技高手从人群中找到一个孩子，然后对所有的人说："这是我的儿子，我要把他放到我的肩膀上，我同样还是绑住双手、蒙住眼睛走到钢丝的另一边，你们相信我吗？"所有的人都说："我们相信你！你是最棒的！你一定可以走过去的！"

"真的相信我吗？"杂技高手问道。

"相信你！真的相信你！"所有人都这样说。

"我再问一次，你们真的相信我吗？"

"相信！绝对相信你！你是最棒的！"所有的人都大声回答。

"那好，既然你们都相信我，那我把我的儿子放下来，换上你们的孩子，有愿意的吗？"杂技高手说。

这时，整座山上鸦雀无声，再也没有人敢说相信了。

现实中，许多人说："我相信我自己，我是最棒的！"当我们在喊这些口号时，我们是否真的相信自己？我们会不会一出门或遇到一点困难，就忘掉刚才所喊的这句话呢？

自信是一种可贵的心理品质，它一方面需要培养，另一方面也要依赖知识、体能、技能的储备。

在培养自信时，要注意以下两点：

一是注重暗示的作用。"暗示"是一个心理学名词，主要指人的主观感受、主观意识对人的行为的一种引导、控制作用。在做一件事情之前，心中默念"我能干好"或"我能行"之类的话，这样可使自己从心理上放松，久而久之也逐渐地培养了自信的品质。

二是从行为方式上给人以自信的印象。行为方式是人的思想品质的外在体现，如果行动上畏畏缩缩，或者不知所措，很难令人把你同自信联系起来。与人谈话时，要看着对方的眼睛（当然不能死死地盯着），不躲避对方的目光；说话时要尽量清晰而有条理地表达，不让声音憋在嗓子里。如果对要表述的内容心中没底，就预演一番，这样心里就有把握了。

知识、技能的储备是自信的基础，具备了足够的知识和实际能力，自信就会发自内心，不必强装。否则，越是显得自信，就越是不自信。

只有自己真的相信自己，才能让别人相信你。

四、永远沐浴在热情之中

真正的热情意味着你相信你所干的一切是有目的的。你坚定不移地去实现你的目的,你有火一样燃烧的愿望,它驱使你去达到你的目标,直到你如愿以偿。

1.热情是行动的信仰

当海菲凭借他的自信、他的坚持,赢得了人生无数的胜利之后,他对于推销这一工作充满了热爱,他不再怀疑自己当初是否适合做一名推销员。现在,他确信自己很适合这份工作,而且凭借他的能力,他一定会成为"世界上最伟大的推销员"。

为此,他总是满怀热情的迎接人生的每一天。

他感到自己的变化,他用快乐与自信代替了自怜与恐惧。

当他迈进新的一天时,他有了三个新伙伴:自信、自尊和热情。自信使他能够应付任何挑战,自尊使他表现出色,而热情是自信和自尊的根源。

历史上任何伟大的成就都可以称为热情的胜利。没有热情,不可能成就任何伟业,因为无论多么恐惧、多么艰难的挑战,热情都赋予它新的含义。没有热情,人注定要在平庸中度过一生;而有了热情,人将会创造奇迹。

在海菲的心中,热情是世界上最大的财富。它的潜在价值远远超过金钱与权势。热情摧毁偏见与敌意,摒弃懒惰,扫除障碍。他认识到:热情是行动的信仰,有了这种信仰,人们就会无往不胜。

英格兰一个小镇上竖立着一座雕像,用来纪念英式橄榄球的起源。雕像是一个年轻男孩,急切地弯腰捡起地上的足球。雕像底座刻着一句铭文:"他不顾规则,捡起球来拼命向前跑。"

这是一个真实发生的故事。两所高中正进行一场激烈的足球竞赛,离终场只剩几分钟,一名没有经验的男孩首次被换上球场。他求胜心切,忘记不可用手触摸足球的规定,他弯腰捡起球,铆足劲往对方球门猛冲。裁判和其他球员都惊讶地愣在原地,观众却被这男孩的精神感动,起立鼓掌欢呼。

这件偶发事件就是橄榄球运动的起源。显然这项新式运动并不是经过长久讨论研究而创生的，而是因为一个热情男孩的错误而诞生的。

一个人热情的能力来自于一种内在的精神特质。你唱歌，因为你很快乐，而在唱歌的同时你又变得更快乐。热情就像微笑一样，是会传染的。

一个人对于生活没有热情，没有激情，他的生活是枯燥无趣的。

一个人对于工作没有热情，没有激情，他的工作是没有效率的。

一个人没有热情，没有激情，他的人际关系是很糟糕的，没有人愿意跟一个没有任何激情的人在一起。激情会带来力量，激情会感染别人。

2.热忱是助你成功的神奇力量

俄亥俄州克里夫兰市的史坦·诺瓦克下班回到家里，发现他最小的儿子提姆又哭又叫地猛踢客厅的墙壁。小提姆第二天就要开始上幼儿园了，他不愿意去，就这样子以示抗议。按照史坦平时的作风，他会把孩子赶回自己的卧室去，让孩子一个人在里面，并且告诉孩子他最好还是听话去上幼儿园。由于已了解了这种做法并不能使孩子欢欢喜喜地去幼儿园，史坦决定运用刚学到的知识：热忱是一种重要的力量。

他坐下来想：如果我是提姆的话，我怎么样才会乐意去上幼儿园？他和太太列出所有提姆在幼儿园里可能会做的趣事，例如画画、唱歌、交新朋友，等等。然后他们就开始行动，史坦对这次行动作了生动的描绘："我们都在饭厅桌子上画起画来，我太太、另一个儿子鲍勃和我自己，都觉得很有趣。没有多久，提姆就来偷看我们究竟在做什么事，接着表示他也要画。'不行，你得先上幼儿园去学习怎样画。'我以我所能鼓起的全部热忱，以他能够听懂的话，说出他在幼儿园中可能会得到的乐趣。第二天早晨，我一起床就下楼，却发现提姆坐在客厅的椅子上睡着。'你怎么睡在这里呢？'我问。'我等着去上幼儿园，我不要迟到。'我们全家的热忱已经鼓起了提姆内心里对上幼儿园的渴望，而这一点是讨论或威胁、责骂都不可能做到的。"

热忱并不是一个空洞的名词，它是一种重要的力量。也许你的精力不是那么充沛，也许你的个性不是那么坚强，但是一旦你有了热忱，并好好地利用它，所有的这一切都可以克服。你也许很幸运地天生即拥有热忱，或者不太走运，必须通过努力才能获得。但是，没有关系，因为发展热忱的过程十分简单——从事自己喜欢的工作。如果你现在仍在感叹自己是多么讨厌推销员这份差事的话，那么还有两个办法让你拥有热忱：你现在是否正在从事自己的理想职业？你可以把它作为你的目标，但是不要忘了，你想从事的任何其他工作的前提是你拥有一个成功的基础，那就是你先要做一个成功的推销员。只有这样，你所梦想的那些高层工作才会向你招手。或者你现在依然是浑浑噩噩，你甚至不知道自己喜欢什么样的工作，那么还有一个办法，很简单，那就是你完全可以让自己爱上这份工作！想想看，你为什么讨厌它，或许你根本没有发现你所从事的工作的本质。

热忱是一种状态，夸张地说就是你24小时不断地思考一件事，甚至在睡梦中仍念念不忘。当然，如果真的这样你会神经衰弱的。然而，这种专注对你的梦想实现来说却很重要。它可以使你的欲望进到潜意识中，使你无论是清醒或是昏睡，都时时刻刻专注自己的目标，使你有获得成功的坚强意志。热忱可使你释放出潜意识的巨大力量。通常来讲，在认知的层次，一个普通人是无法和天才竞争的。但是，大多数的心理学家都赞同这样一个观点：潜意识的力量要比有意识的大得多。也许你已经毕业奋斗了好几年，还是一个小角色，但是请相信自己：一旦将潜意识的力量挖掘，你就可以创造奇迹。

如果你现在仍旧可能不时地受到怯懦、自卑或恐惧的袭击，甚至被这些不正常心理所击倒，那么只能说明你还没有发现和感受到热忱的放射力量。其实在每个人身上都有强大的潜力，只是并非每个人都知道和了解，所以很多人的潜力只是未被发现和利用罢了。你若经常或多或少有自卑感，常常低估自己，对自己失去信心，缺少热忱，那么请尝试相信自己的健康、精力与忍耐力，尝试相信自己具有强大的潜在力量，这种自信将会给予你极大的热忱。请记住：热爱自己就会帮助自己成功。

热忱可以使人成功，使人解决似乎难以解决的难题；同理，没有热忱就不会成功，很多活生生的例子就说明了这一点。

"十分钱连锁商店"的创办人查尔斯·华尔渥兹说过："只有对工作毫无热忱的人才会到处碰壁。"查尔斯·史考伯则说："对任何事都没有热忱的人，做任何事都不会成功。"

当然，这是不能一概而论的，譬如一个毫无音乐才气的人，不论如何热忱和努力，都不可能变成一位音乐界的名家。但凡是具有必需的才气，有着可能实现的目标，并且具有极大热忱的人，做任何事都会有所收获，不论物质上或精神上都是一样。

关于这点，我们可以引用著名的人寿保险推销员法兰克·贝特格的一些话加以说明。以下是贝特格在他的著作中所列出的一些经验之谈：

"当时是1907年，我刚转入职业棒球界不久，就遭到有生以来最大的打击，因为我被开除了。我的动作无力，因此球队的经理有意要我走人。他对我说：'你这样慢吞吞的，哪像是在球场混了20年。法兰克，离开这里之后，无论你到哪里做任何事，若不提起精神来，你将永远不会有出路。'

"本来我的月薪是175美元，离开之后，我参加了亚特兰斯克球队，月薪减为25美元。薪水这么少，我做事当然没有热情，但我决心努力试一试。待了大约10天之后，一位名叫丁尼·密亨的老队员把我介绍到新凡去。在新凡的第一天，我的一生有了一个重要的转变。

"因为在那个地方没有人知道我过去的情形，我就决心变成新英格兰最具热忱的球员。为了实现这点，当然必须采取行动才行。

"我一上场，就好像全身带电。我强力地投出高速球，使接球的人双手都麻木了。记得有一次，我以强烈的气势冲入三垒，那位三垒手吓呆了，球漏接，我就盗垒成功了。当时气温高达华氏100度，我在球场奔来跑去，极可能中暑而倒下去。

"这种热忱所带来的结果，真令人吃惊——

"我心中所有的恐惧都消失了，发挥出意想不到的技能；

"由于我的热忱，其他的队员跟着热忱起来；

"我不但没有中暑,在比赛中和比赛后,还感到从没有如此健康过。

"第二天早晨,我读报的时候,兴奋得无以复加。报上说:'那位新加进来的贝特格,无异是一个霹雳球,全队的人受到他的影响,都充满了活力。他们不但赢了,而且是本季最精彩的一场比赛。'

"由于热忱的态度,我的月薪由25美元提高为185美元,多了6倍。

"在往后的2年里,我一直担任三垒手,薪水加到30倍之多。为什么呢?就是因为一股热忱,没有别的原因。"

后来贝特格的手臂受了伤,不得不放弃打棒球。接着,他到菲特列人寿保险公司当保险员,整整一年多都没有什么成绩,因此很苦闷。但后来他又变得热忱起来,就像当年打棒球那样。

再后来,他成了人寿保险界的大红人。不但有人请他撰稿,还有人请他演讲自己的经验。他说:"我从事推销已经30年了。我见到许多人,由于对工作抱着热忱的态度,使他们的收入成倍数地增加起来。我也见到另一些人,由于缺乏热忱而走投无路。我深信,唯有热忱的态度,才是成功推销的最重要因素。"

如果热忱对任何人都能产生这么惊人的效果,对你我也应该有同样的功效。

所以,可以得出如下的结论:热忱的态度,是做任何事必需的条件。我们都应该深信此点。任何人,只要具备这个条件,都能获得成功,他的事业,必会飞黄腾达。

五、在困境中寻找机遇

困境是一所培养人才的学校,人生路上的磨难能成就辉煌人生。逆风飞行需要勇气,要时时调整心态,积极走出困境。

1.困境让你更坚强

拥有"羊皮卷"的海菲,人生之路也并非一帆风顺。在事业当中,无论付出多大的代价,做出多少的努力,如何坚持不懈、拥有激情,失败和挫折一样会降临到他的头上，这似乎是上天刻意的安排。但是已经事业有成，人到中年的海菲已有了丰富的阅历，他已经知道该如何对抗逆境，想办法扭转局面走出困境。

因为，他总在每一次困境中，寻找成功的萌芽。

他是这样来看待所谓的"逆境"：

逆境是人生中一所最好的学校。每一次失败，每一次挫折，每一次磨难，都孕育着成功的萌芽。这一切都教会他在下一次的表现中更为出色。他不会对失败耿耿于怀，不会逃避现实，不会拒绝从以往的错误中吸取教训。教训是来自苦难的精华，生活中最可怕的事情是不断重复同样的错误。每个人都要避免发生这样的事情，逆境往往是通向真理的重要路径。为了改变处境，他随时准备学习所需要的一切知识。

无论何时，当他被可怕的失败击倒，在每一次的痛苦过去之后，他要想方设法将失败变成好事。人生的机遇就在这一刻闪现，这苦涩的根脉必将迎来满园的花团锦簇。

困境对我们每个人都是一种考验，面对逆境，不同的人会有不同的表现。勇敢地面对它，并努力去解决它，困境会让你更坚强。

2.磨难成就辉煌人生

深山里有两块石头，第一块石头对第二块石头说：

"去经一经路途的艰险坎坷和世事的磕磕碰碰吧，能够搏一搏，不枉来此世一遭。"

"不，何苦呢？"第二块石头嗤之以鼻，"安坐高处一览众山小，周围花团锦簇，谁会那么愚蠢地在享乐和磨难之间选择后者，再说，那路途的艰险会让我粉身碎骨的！"

于是，第一块石头随山溪滚涌而下，历尽了风雨和大自然的磨难，它依然执着地在自己的路途上奔波。第二块石头讥讽地笑了，它在高山上享受着安逸和幸福，享受着周围花草簇拥的畅意抒怀。

许多年以后，饱经风霜、历尽尘世千锤百炼的第一块石头和它的家族已经成了世间的珍品、石艺的奇葩，被千万人赞美称颂。第二块石头知道后，有些后悔当初，现在它想投入到世间风尘的洗礼中，然后得到像第一块石头那样的成功和高贵，可是一想到要经历那么多的坎坷和磨难，甚至疮痍满目、伤痕累累，还有粉身碎骨的危险，便又退缩了。

一天，人们为了更好地珍存那石艺的奇葩，准备修建一座精美别致、气势雄伟的博物馆，建造材料全部用石头。于是，他们来到高山上，把第二块石头粉了身、碎了骨，给第一块石头盖起了房子。

孟子云："生于忧患，死于安乐。"忧患和安逸同样是一种生活方式，但一个可以培育信念，一个只能播种平庸。

动物学家的实验表明：狼群的存在使羚羊变得强健，而没有狼群的威胁，羚羊在舒适的环境下变得弱不禁风，一旦遭遇狼群，只有被吃掉的下场。这一现象同样适用于人类，真正的人生需要磨难。遇到逆境就一味消沉的人是肤浅的；一有不顺心的事就惶惶不可终日的人是脆弱的。一个人不懂得人生的艰辛，就容易傲慢和骄纵；未尝过人生苦难的人，也往往难当重任。

爱伦·坡是一位浪漫、神秘的天才诗人、小说家。他给后世留下了很多不朽的诗歌，最脍炙人口的诗歌是《乌鸦》：

那只乌鸦总不飞去，老是栖息着，老是栖息着；在我房门上方那苍白的帕拉斯半身雕像上。它眼中流露的神情，看上去就好像梦中的一个恶魔。在它头顶上倾泻着的灯光将它的阴影投射在地板上。

爱伦·坡将这首诗写了又改，改了又写，一直断断续续地写了10年。然而在当时的情况下，他却被迫将它廉价出卖，仅仅得到了10美元的稿费——这相当于他一年的工作仅合一美元。

历史是公正的。当时只得了10美元的诗，它的原稿最近却卖了几万美金的高价。

这样一位天才诗人，一生都在穷困中度过，他大部分时间付不起房租，尽管房子简陋。他的妻子患有肺痨，因为没有钱寻医问药，只有终日缠绵病榻。他们没有钱买食物，有时候，他们一连好几天都没有一点东西可吃。当车前草在院子里开花的时候，他们就把它摘下来，用水煮熟了当饭吃，有一段时间几乎天天如此。

3.积极心态帮你走出困境

美国从事个性分析的专家罗伯特·菲利浦有一次在办公室接待了一个因自己开办的企业倒闭而负债累累，离开妻女到处为家的流浪者。那人进门打招呼说："我来这儿，是想见见这本书的作者。"说着，他从口袋中拿出一本名为《自信心》的书，那是罗伯特许多年前写的。流浪者继续说："一定是命运之神在昨天下午把这本书放入我的口袋中的，因为我当时决定跳到密歇根湖，了却此生。我已经看破一切，认为一切已经绝望，所有的人（包括上帝在内）已经抛弃了我，但还好，我看到了这本书，使我产生新的看法，为我带来了勇气及希望，并支持我度过昨天晚上。我已下定决心：只要我能见到这本书的作者，他一定能协助我再度站起来。现在，我来了，我想知道你能替我这样的人做些什么。"

在他说话的时候，罗伯特从头到脚打量流浪者，发现他茫然的眼神、沮丧的皱纹、十几天未刮的胡须以及紧张的神态，这一切都显示：他已经无可救药了。但罗伯特不忍心对他这样说，因此，请他坐下，要他把他的故事完完整整地说出来。

听完流浪汉的故事，罗伯特想了想，说："虽然我没有办法帮助你，但如果你愿意的话，我可以介绍你去见本大楼的一个人，他可以帮助你赚回你所损失的钱，并且协助你东山再起。"罗伯特刚说完，流浪汉立刻跳了起来，抓住他的手，说道："看在上天的份儿上，请带我去见这个人。"

他会为了"上天的份儿上"而做此要求，显示他心中仍然存在着一丝希望。所以，罗伯特拉着他的手，引导他来到从事个性分析的心理实验室里，和他一起站在一块窗帘布之前。罗伯特把窗帘布拉开，露出一面高大的镜子，罗伯特指着镜子里的流浪汉说："就是这个人。在这世界上，只有一个人能够使你东山再起，除非你坐下来，彻底认识这个人——当作你从前并未认识他——否则，你只能跳进密歇根湖里，因为在你对这个人作充分的认识之前，对于你自己或这个世界来说，这都将是一个没有任何价值的废物。"

流浪汉朝着镜子走了几步，用手摸摸他长满胡须的脸孔，对着镜子里的人从头到脚打量了几分钟，然后后退几步，低下头，开始哭泣起来。过了一会儿后，罗伯特领他走出电梯间，送他离去。

几天后，罗伯特在街上碰到了这个人，他不再是一个流浪汉形象，而是西装革履，步伐轻快有力，头抬得高高的，原来那种衰老、不安、紧张的姿态已经消失不见。他说他感谢罗伯特先生，让他找回了自己，很快找到了工作。

后来，那个人真的东山再起，成为芝加哥的富翁。

挫折，是一面镜子，能照见人的污浊；挫折，也是一副清醒剂，是条鞭子，可以使你在抽打中清醒。

挫折，会使你冷静地反思自责，正视自己的缺点和弱项，努力克服不足，以求一搏；挫折，会使人细细品味人生，反复咀嚼人生甘苦，培养自身悟性，不断完善自己；挫折，不是一束鲜花，而是一丛荆棘，鲜花虽令人怡情，但常使人失去警惕；荆棘虽叫人心悸，却使人头脑清醒。

面对挫折，不能丧志，要重新调整自己的心态和情绪，校正人生的坐标和航线，重新寻找和把握机会，找到自己的位置，发出自己的光芒。

有一个男孩在报上看到应征启事，正好是适合他的工作。第二天早上，当他准时前往应征地点时，发现应征队伍中已有20个男孩在排队。

如果换成另一个意志薄弱、不太聪明的男孩，可能会因此而打退堂鼓。但是这个年轻人却完全不一样。他认为自己应该动动脑筋，运用自身的智慧想办法解决困难。他不往消极面思考，而是认真用脑子去想，看看是否有办法解决。

他拿出一张纸，写了几行字，然后走出行列，并要求后面的男孩为他保留位子。他走到负责招聘的女秘书面前，很有礼貌地说："小姐，请你把这张纸交给老板,这件事很重要,谢谢你。"

这位秘书对他的印象很深刻,因为他看起来神情愉悦,文质彬彬,有一股强有力的吸引力,令人难以忘记。所以,她将这张纸交给了老板。

老板打开纸条,见上面写着这样一句话:

"先生,我是排在第21号的男孩。请不要在见到我之前作出任何决定。"

你可以预料到,最后的结果是这个年轻人被顺利录取。

因此,人生不必害怕困境,只要调整心态,勇于迎接挑战,加之勤动脑,运用智慧去积极地解决问题,相信任何的困境都将成为你成功的一个机遇,这时,你也许会由衷地感激这些人生中的逆境,正是因为它们的存在,让你的人生充满了挑战、机遇和更大的成功。

贝特格的无敌推销术

一、听到"不"时要振作

贝特格说:"成功不是用你一生所取得的地位来衡量的,而是用你克服的障碍来衡量的。"任何一次推销,推销员都要做好被拒绝的心理准备,面对拒绝要坚持不懈,把坚忍不拔当成一种习惯。

1.做好被拒绝的准备

推销员可以说是与"拒绝"打交道的人,战胜拒绝的人,才称得上是推销高手。在战场上,有两种人是必败无疑的:一种是幼稚的乐观主义者,他们满怀豪情,奔赴战场,硬冲蛮打,全然不知敌人的强大,结果不是深陷敌人的圈套,便是惨遭敌人的毒手;另一种是胆小怕死的懦夫,一听到枪炮声便捂起耳朵,一看见敌人就闭上眼睛,东躲西藏,畏缩不前,甚至后退,一旦被敌人发现也是死路一条。这是战场上的原则和规律,但也同样适用于商场和商战。

一个朋友告诉贝特格说,纽约一个制造商正寻找合适的保险公司,想为自己买一份金额是25万美元的财产保险。听到这个消息，贝特格立即请这位朋友帮他安排一次会面的机会。

两天后，会面的时间已经安排好，次日上午10时45分。贝特格为第二天的会面积极地准备着。

第二天早晨他踏上了前往纽约的火车。

为给自己多一些压力，他一下火车就给纽约最大的一家体检中心打了一个电话，预约好了体检时间。

贝特格很顺利地走进总裁的办公室。

"你好，贝特格先生，请坐。"他说，"贝特格先生，真不好意思，我想你这一次又白跑一趟了。"

"为什么这么说呢？"听到这儿，贝特格有些意外，但并不感到沮丧。

"我已经把我想投保财产保险的计划送交给了一些保险公司，它们都是纽约比较大而且很有名气的公司，其中3个保险公司是我朋友开的，并且有一个公司的老总还是我最好的朋友，我们经常会在周末一起打高尔夫球，他们的公司无论规模还是形象都是一流的。"博恩先生指着他面前办公桌上的一摞文件说。

"没错，这几家公司的确很优秀，像这样的公司在世界上都是不多见的。"贝特格说。

"情况大致就是如此，贝特格先生。我今年是46岁，假如你仍要坚持向我提供人寿保险的方案，你可以按我的年龄，做一个25万美元的方案并把它寄给我，我想我会和那些已有的方案做一个比较加以考虑的。如果你的方案能让我满意，而且价格又低的话，那么就是你了。不过我想，你如果这样做很可能是在浪费我的时间，同时也是在浪费你的时间。希望你慎重考虑。"博恩先生说。

一般情况下，推销员听到这些会就此放弃，但贝特格却没有。他说："博恩先生，如果您相信我，那么我就对您说真话。"

"我是做保险这一行的，如果您是我的亲兄弟，我会让您赶快把那些所谓的方案扔进废纸篓里去。"贝特格冷静而坚守地说道。

"只有真正的保险统计员才能明白无误地了解那些投保方案，而一个合格的保险统计员大概要学习7年左右的时间，假如您现在选择的保险公司价格低廉，那么，5年后，价格最高的公司就可能是它，这是历史发展的规律，也是经济发展的必然趋势。没错，这些公司都是世界上最好的保险公司，可您现在还没有作出决定，博恩先生，如果您能给我一次机会，我将帮助您在这些最好的公司里作出满意的选择，我可以问您一些问题吗？"

"你将了解到你所想知道的所有信息。"

"在您的事业蒸蒸日上的时候，您可以信任那些公司，可假如有一天您离开了这个世界，您的公司就不一定像您这样信任他们，难道不是吗？"

"对，可能性还是有的。"

"那么我是不是可以这样想，当您申请的这个保险生效时，您的生命财产安全也就转移到了保险公司一方？可以想象一下，如果有一天，您半夜醒来，突然想到您的保险昨天就到期了，那么，您第二天早晨的第一件事，是不是会立即打电话给您的保险经纪人，要求继续交纳保险费？"

"当然了！"

"可是，您只打算购买财产保险而没有购买人寿保险，难道您不觉得人的生命是第一位的，应该把它的风险降到最低吗？"

博恩先生说："这个我还没有认真考虑过，但是我想我会很快考虑的。"

"如果您没有购买这样的人寿保险，我觉得您的经济损失是无可估量的，同时也影响了您的很多生意。"

"今天早上我已和纽约著名的卡克雷勒医生约好了，他所做的体检结果是所有保险公司都认可的。只有他的检验结果才能适用于25万美元的保险单。"

"其他保险代理不能做这些吗？"

"当然，但我想今天早晨他们是不可以了。博恩先生，您应该很清楚地认识到这次体检的重要性，虽然其他保险代理也可以做，但那样会耽搁您很多时间，您想一下，当医院知道检查的结果要冒25万美元的风险时，他们就会作第二次具有权威性的检查，这意味着时间在一天天拖延，您干吗要这样拖延一周，哪怕是一天呢？"

"我想我还是再考虑一下吧！"博恩先生开始犹豫了。

贝特格继续说道："博恩先生，假如您明天觉得身体不舒服，比如说喉咙痛或者感冒的话，那么，就得休息至少一个星期，等到完全康复再去检查，保险公司就会因为您的这个小小的病史而附加一个条件，即观察三四个月，以便证明您的病症是急性还是慢性，这样一来您还得等下去，直到进行最后的检查，博恩先生，您说我的话有道理吗？"

"博恩先生，现在是11时10分，如果我们现在出发去检查身体，您和卡克雷勒先生11时30分的约会还不至于耽误。您今天的状态非常不错，如果体检也没什么问题，您所购买的保险将在48小时后生效。我相信您现在的感觉一定很好。"

就这样，贝特格做成了这笔生意，他又发掘了一个大客户。

被拒绝是很正常的事，一次、两次、三次，但是30次以上还有耐心拜访的人恐怕没有几个，对顾客的拒绝做好心理准备，把被拒绝的客户都当作没有拜访过的客户，订单自然会源源不断。

愚勇和怯懦都将导致失败。怎样才能在推销中获胜呢？孙子曰："知己知彼，百战不殆。"所谓知己，对推销员来说便是知道商品的优劣特点及自己的体力、智力、口才等，并在推销中加以适当发挥。所谓知彼，就是要了解顾客的需要和困难是什么，掌握了这些推销规律和技巧才不怕被顾客拒绝。

有些推销新手缺少被顾客拒绝的经验教训，盲目地认为："我的产品物美价廉，推销一定会一帆风顺。""这家不会让我吃闭门羹！"净往顺利的方面想，根本没有接受拒绝的心理准备，这样推销时一旦交锋，便会被顾客的"拒绝"打个措手不及、仓皇而逃。

推销员必须具备顽强的奋斗精神，不能因顾客的拒绝一蹶不振、垂头丧气，而应该有被拒绝的心理准备，心理上要能做到坦然接受拒绝，并视每一次拒绝为一个新的开始，最后达到推销成功。

贝特格说，推销员与其逃避拒绝，不如抱着被拒绝的心理准备去争取一下。推销前好好研究应对策略，如：顾客可能怎样拒绝、为什么要拒绝、如何对付拒绝等问题。那么你就能反败为胜，获得成功。

2.顺着拒绝者的观点开始推销

一个五六岁的孩子因为父母吵架，就撑着一把雨伞蹲在墙角，父母又求又哄，但孩子不理不睬。两天过去了，孩子的体力极度衰竭，最后，他们请来著名的心理治疗大师狄克森先生。狄克森也要了一把雨伞在孩子的跟前蹲下了，他面对孩子，注视着孩子的双眼，向孩子投去关切的目光。终于，孩子从恍惚中震了一下，像沉睡中被闪电惊醒的人，狄克森继续与孩子对视。

孩子突然问："你是什么？"

狄克森反问："你是什么？"

孩子："蘑菇好，刮风下雨听不到。"

狄克森："是的，蘑菇好，蘑菇听不到爸爸、妈妈的吵闹声。"这时，孩子流泪了。

狄克森："做蘑菇好是好，但是蹲久了又饿又累，我要吃巧克力。"他掏出块巧克力，送到孩子鼻子前让他闻一闻，然后放进自己嘴里大嚼起来。

孩子："我也要吃巧克力。"狄克森给了孩子一块巧克力，孩子吃了一半。

狄克森："吃了巧克力太渴，我要去喝水。"说着，他丢掉了雨伞，站了起来，孩子也跟着站起来。

这是一个从学步入手取得信任，然后起步治疗心理障碍的经典案例。其实，克服推销障碍与克服心理障碍的原理是一样的。

每个推销员都会遇到推销被质疑的困扰。

有位做了4年的保险推销顾问，经常面对"保险是欺骗，你是骗子"的责难，他怎么办呢？他难道与客户辩论吗？显然不行，他说："您认为我是骗子吗?"

对方答:"是啊。你难道不是骗子吗?"

他说:"我也经常疑惑,尤其在像您这样的人指责我的时候,我有时真不想干保险了,可就是一直下不了决心。"

对方说:"不想干就别干,怎么还下不了决心呢?"

他说:"因为我在4年时间里已经同500多个投保户结成了好朋友,他们一听说我不想继续干下去了,就都不同意,要我为他们提供续保服务。尤其是13位理赔的客户,听说我动摇了,都打电话不让我走。"

对方惊讶地问:"还有这事?你们真的给投保户赔偿?"

他说:"是的,这是我经手的第一桩理赔案……"就这样,他一次又一次战胜了对保险推销的偏见和拒绝,当场改变了对立者的观点,做成了一笔又一笔的业务。

要想推销成功,面对顾客拒绝时首先要接受顾客的观点,然后从顾客的观点出发与顾客沟通,最后沿着共同认可的方向努力,以促成成交。

想成为一名成功的推销人员,你就得学会如何应对客户的拒绝。但这并不保证你学会以后就能一帆风顺,有时碰到难缠的客户,你也只好放弃。总而言之,不妨把挫折当成是磨炼自己的机会,从中学习克服拒绝的技巧,找到被拒绝的症结所在,你就能应对自如了。

3.不因拒绝止步不前

有位很认真的保险推销员,当客户拒绝他时,他站起来,拎着公文包向门口走去,突然,他转过身来,向客户深深地鞠了一躬,说:"谢谢您,您让我向成功又迈进了一步。"

客户觉得很意外,心想:我把他拒绝得那么干脆,他怎么还要谢我呢?好奇心驱使他追出门去,叫住那位小伙子,问他,"为什么被拒绝了还要说谢谢?"

那位推销员一本正经地说:"我的主管告诉我,当我遭到40个人的拒绝时,下一个就会签单了。您是拒绝我的第39个人,再多一个,我就成功了。所以，我当然要谢谢您。您给了我一次机会，帮我加快了迈向成功的步伐。"

那位客户很欣赏小伙子积极乐观的心态，马上决定向他投保，还给他介绍了好几位客户。

作为一个推销员，被客户拒绝是难免的，对新手来说也是比较难以接受的。但是再成功的推销员也会遭到客户的拒绝。问题在于优秀的推销员认为被拒绝是常事，并养成了习惯吃闭门羹的气度，他们经常抱着被拒绝的心理准备，并且怀着征服客户拒绝的自信，以极短的时间完成推销。即使失败了，他们也会冷静地分析客户的拒绝方式，找出应付这种拒绝的方法，当下次再遇到这类拒绝时，就会胸有成竹了。这样长此下去，所遇到的真正拒绝就会越来越少，成功率也会越来越高。其实，要想真正取得推销的成功，就得有在客户拒绝面前从容不迫的气魄和勇气，不管遭到怎样不客气的拒绝，推销员都应该保持彬彬有礼的服务态度，不管在什么样的拒绝下都应毫不气馁。

面对客户的拒绝，我们可以选择执着，也可以选择以退为进。

首先，把打开的资料合起来，将工具一一收拾好。这时候动作一定要缓慢，除了极特殊的一些人之外，大多数人不会催你，您已经顺从他或她的意志了嘛。一边收拾，一边轻声叹息："太遗憾了，这么好的东西（方案），您不要……"显示你对商品（方案）的强烈信心，对对方未能拥有商品（方案）表示惋惜。

其次，再把收拾好的资料、工具一一放进包（箱）中，继续说："现在不要，以后还不一定能要呢！您现在不马上决定，真是太可惜了……"这时候的语速稍微加快，声音也稍稍提高，又一次表达你对商品的信心的同时，制造一种紧迫感，强调此时不要，以后不一定能要成，进行一次强力促成。

如果对方仍无动于衷，就把包（箱）放到左手边，摆出一副立即要中止商谈的架势，趁对方略微放松的一瞬间，突然换一个角度，说："我给您讲一个故事吧。"讲述一个简短而感人的故事，再进行一次情感触动。

若是还不见效，就要真的中止商谈了。把笔插进口袋，站起身，向对方伸出右手（如果你在别人的地盘上，这时候左手拎起包或箱），微笑着说："跟您交谈，真是一件愉快的事情。下次再好好谈一谈，弥补这次的遗憾。"充分显示你并没有把商谈的成败得失放在心上，而是喜欢和对方这个"人"打交道。同时，又争取到了下次面谈的机会。有些高手甚至能做到当场敲定下次面谈的时间。

握手告别后，如果你在别人的地盘上，需要离开商谈场所，转身的动作要干脆利落，与前面的慢声细语形成鲜明的对照，给人留下深刻的印象。转身后别忘记挺胸抬头，使脊背直起来，给对方留下一个美丽的背影，垂头丧气是万万要不得的。

4.教你避免被拒绝

顾客回绝的理由是你必须克服的障碍。在各类交谈中，都会遇到对方的回绝。只要有可能，就要设法将对方的回绝变成对你有利的因素。但是一定要摸准对方的心理。贝特格教你战胜别人拒绝的方法：

步骤1：重复对方回绝的话。

这样做具有双重意义。首先，可以有时间考虑；其次，让顾客自己听到他回绝你的话，而且是在完全脱离顾客自己的态度及所讲的话的上下文的情况下听到的。

步骤2：设法排除其他回绝的理由。

用一种干脆的提问方式十分有效。"您只有这一个顾虑吗？"或是用一种较为含蓄的方式。"恐怕我还没完全听明白您的话，您能再详细解释一下吗？"

步骤3：就对方提出的回绝理由向对方进行说服。

完成这项工作有多种方式。

回敬法：将顾客回绝的理由作为你对产品宣传的着眼点，以此为基础提出你的新观点。

如果客户说:"我不太喜欢这种后开门的车型。"

你可以说:"根据全国的统计数字来看,这种车今年最为畅销。"

通过这种方式,你不仅反驳了对方的理由,而且还给对方吃了定心丸。

同有竞争能力的产品进行比较:将产品的优点与其他有竞争能力的产品进行比较,用实例说明自己的产品优于其他同类产品。

还有一种是紧逼法:说明对方回绝的理由是不成立的,以获取对方肯定的回答。

顾客:"这种壶的颜色似乎不太好,我喜欢红色的。"

供应商:"我敢肯定可以给您提供红色的壶。假如我能做到的话,您是否要?"

顾客:"这种我不太喜欢,我希望有皮垫子。"

家具商:"如果我能为您提供带皮垫的安乐椅,您是否会买?"

这种方法极其有效。如果将所有回绝理由都摸清并排除的话,最后一个问题一解决就使对方失去了退路。如果这种方法仍行不通,说明你没能完全把握对方的心理,没能弄清对方的真正用意。

总之,面对顾客的拒绝,你不要后退,再艰难你也要勇敢地闯过去。面对顾客的拒绝,开动脑筋,化不利为有利。任何一个推销员只要做好这个方面的工作,就是一个优秀的推销员。

二、最重要的销售秘诀

任何事情要想成功,都有捷径,销售也不例外。从顾客的喜好入手,适时制造紧张气氛,找到对手最软弱的地方给予一击,将问题化整为零,等等,这就是贝特格的销售秘诀。知道了销售中的秘诀,你离成功还会远吗?

1.顾客的喜好是你的出发点

顾客一般都喜欢和别人谈他的得意之处,推销员一定要找好出发点,从顾客的喜好入手。

顾客见到推销员时一般都有紧张和戒备心理的，如果直奔主题将很难成功，只有从顾客的喜好出发，调动顾客的积极性才是制胜之道。

美国心理学家弗里德曼和他的助手曾做过这样一项经典实验：让两位大学生访问郊区的一些家庭主妇。其中一位首先请求家庭主妇将一个小标签贴在窗户或在一份关于美化加州或安全驾驶的请愿书上签名，这是一个小的、无害的要求。两周后，另一位大学生再次访问家庭主妇，要求她们在今后的两周时间内，在院中竖立一块呼吁安全驾驶的大招牌，该招牌立在院中很不美观，这是一个大要求。结果答应了第一项请求的人中有55%的人接受了这项要求，而那些第一次没被访问的家庭主妇中只有17%的人接受了该要求。

这种现象被心理学上称之为"登门槛效应"。

一下子向别人提出一个较大的要求，人们一般很难接受，而如果逐步提出要求，不断缩小差距，人们就比较容易接受，这主要是由于人们在不断满足小要求的过程中已经逐渐适应，意识不到逐渐提高的要求已经大大偏离了自己的初衷；并且人们都有保持自己形象一致的愿望，都希望给别人留下前后一致的好印象，不希望别人把自己看作"喜怒无常"的人，因而，在接受了别人的第一个小要求之后，再面对第二个要求时，就比较难以拒绝了，如果这种要求给自己造成的损失并不大的话，人们往往会有一种"反正都已经帮了，再帮一次又何妨"的心理。于是"登门槛效应"就发生作用了，一只脚都进去了，又何必在乎整个身子都要进去呢？

所以，当顾客选购衣服时，精明的售货员为打消顾客的顾虑，"慷慨"地让顾客试一试，当顾客将衣服穿在身上时，他称赞该衣服很合适，并周到地为你服务，在这种情况下，当他劝你买下时，很多顾客难以拒绝。

做父母的望子成龙，但人才的培养只能循序渐进而不能揠苗助长。尤其是对于年龄较小的孩子，可先提出较低的要求，待他按要求做了，予以肯定、表扬乃至奖励，然后逐渐提高要求，逐渐实现他的人生目标。

2. 把问题大而化小

问题不过是一个"结果",在它发生之前,必有潜在原因,只要能找出原因,想出正确的对策,然后付诸行动,那么问题就不可怕了。找出原因并消除它,问题必能获得解决,同时也可避免日后再度发生同样的问题。

从推销业绩的好坏来看,我们不难发现:普通的推销员与顶级的推销员,在对问题的看法上显然有所不同。不用说,前者属于"逃避问题型",后者则属于"改善问题型"。而所谓的"顶级推销员",通常都是先逐一解决影响销售成绩的问题,然后才能取得优良的销售业绩,其间的艰辛也是可想而知的。

优秀的销售员发现问题的能力较强,除了平日上司考核的绩效数字,或是最近发生的问题之外,他们还会进一步地发掘问题,并向问题挑战,这样,才会觉得有成就感。优秀的推销员会把"问题"看成宝藏,因此会采取积极的行动,努力去挖掘它。但是,一般的推销员却并非如此,他们碰到问题时,常常会畏缩不前,一味地逃避,刻意"绕道而行",但最后却被问题绊住了脚,屈服于问题之下。他们的销售业绩为何无法提升,原因就在这里。

总而言之,想要使业绩不断提高,当务之急是改变对问题的看法或想法,积极地面对问题,逐步改善问题,这便是推销员或营业部门的首要工作。

大多数的人只看问题的表面,因而容易感到困惑,这样一来,当问题变得复杂时,便很难找到解决的方法。正确的做法是,当问题发生时,将大问题分解为小问题。因为大问题是由小问题累积而成的,如果能让小问题逐一解决,便可有效地改善大问题。小问题的构成分子,是引起大问题的因素;大问题是"结果",小问题是"原因",两者的因果关系十分明显。

只有将问题层层剖析,寻出最初的根源,运用"化整为零"的思考方法,才能透视问题的本质。而且,这种"化整为零"的方法,不仅可以分析问题,而且在确立对策及实际上也是不可或缺的。

当我们发现某一问题时,谁都会提醒自己:"绝不能再如此下去!"可是,如果问题接二连三地出现,许多人的反应便是束手无策。

在任何情况下,当务之急就是采用重点管理的方法,换句话说,问题固然繁杂,对策也有很多,只要将它们分出轻、重、缓、急,从优先顺序中找出最重要的问题先下手,逐项解决,一切问题便可迎刃而解。

3.引起对方的好奇心

英国的十大推销高手之一约翰·凡顿的名片与众不同,每一张上面都印着一个大大的25%,下面写的是约翰·凡顿,英国××公司。当他把名片递给客户的时候,几乎所有人的第一反应都是相同的:"25%,什么意思?"约翰·凡顿就告诉他们:"如果使用我们的机器设备,您的成本就将会降低25%。"这一下子就引起了客户的兴趣。约翰·凡顿还在名片的背面写了这么一句话:"如果您有兴趣,请拨打电话××××××",然后将这名片装在信封里,寄给全国各地的客户。结果把许多人的好奇心都激发出来了,客户纷纷打电话过来咨询。

人人都有好奇心,推销员如果能够巧妙地激发客户的好奇心,就迈出了成功推销的第一步。

推销中引起顾客的好奇心,让他愿意和你交往下去是第一步,找到顾客最软弱的地方给予"致命一击",则是你接下来要做的工作。

这是一个发生在巴黎一家夜总会的真实故事:

为招徕顾客,这家夜总会找了一位身壮如牛的大汉,顾客可随便击打他的肚子。不少人都一试身手,可那个身壮如牛的家伙竟然毫发无损。一天晚上,夜总会来了一位美国人,他一句法语也不懂。人们怂恿他去试试,主持人最终用打手势的办法让那个美国人明白了他该做什么。美国人走了过去,脱下外套,挽起袖子,挨打的大个子挺起胸脯深吸一口气,准备接受那一拳。可那个美国人并没往他肚子上打,而是照着他下巴狠揍了一拳,挨打的大汉当时就倒在了地上。

显然那个美国人是由于误解而打倒了对手,但他的举动恰好符合推销中的一条重要原则——找到对手最软弱的地方给予致命一击。

几年前在匹兹堡举行过一个全国性的推销员大会,会议期间,雪佛兰汽车公司的公关经理威廉先生讲了一个故事。威廉说,一次他想买幢房子,找了一位房地产商。这个地产商可谓聪明绝顶,他先和威廉闲聊,不久他就摸清了威廉想付的佣金,还知道了威廉想买一幢带树林的房子。然后,他开车带着威廉来到一所房子的后院。这幢房子很漂亮,紧挨着一片树林。他对威廉说:"看看院子里这些树吧,一共有18棵呢!"威廉夸了几句那些树,开始问房子的价格,地产商回答道:"价格是个未知数。"威廉一再问价格,可那个商人总是含糊其辞。威廉先生一问到价格,那个商人就开始数那些树"一棵、两棵、三棵"。最后威廉和那个房地产商成交了,价格自然不菲,因为有那18棵树。

讲完这个故事,威廉说:"这就是推销!他听我说,找到了我到底想要什么,然后很漂亮地向我做了推销。"

只有知道了顾客真正想要的是什么,你就找到了让对手购买的"致命点"。

好好把握,成功推销很快就能实现了。

三、极短时间内达成销售

贝特格说,每个人都是你的客户,尊重每一个客户,对不同的客户要具体问题具体分析,适时制造紧张气氛,如果有人情在,你的销售就更容易成功了。

1.重视你的每一位顾客

一个炎热的下午,有位穿着汗衫,满身汗味的老农,伸手推开厚重的汽车展示中心的玻璃门,他一进入,迎面立刻走来一位笑容可掬的汽车推销员,很客气地询问老农:"大爷,我能为您做些什么吗?"

老农有点不好意思地说:"不,只是外面天气热,我刚好路过这里,想进来吹吹冷气,马上就走了。"

推销员听完后亲切地说:"就是啊,今天实在很热,气象局说有34℃呢,您一定热坏了,让我帮您倒杯冰水吧。"接着便请老农坐在柔软豪华的沙发上休息。

"可是,我们种田人衣服不太干净,怕会弄脏你们的沙发。"

推销员边倒水边笑着说:"有什么关系,沙发就是给客人坐的,否则,买它干什么?"

喝完冰凉的茶水,老农闲着没事便走向展示中心内的新货车东瞧瞧、西看看。

这时,推销员又走了过来:"大爷,这款车很有力哦,要不要我帮您介绍一下?"

"不要!不要!"老农连忙说,"我可没有钱买,种田人也用不到这种车。"

"不买没关系,以后有机会您还是可以帮我们介绍啊。"然后推销员便详细耐心地将货车的性能逐一解说给老农听。

听完后,老农突然从口袋中拿出一张皱巴巴的白纸,交给这位汽车推销员,并说:"这些是我要订的车型和数量,请你帮我处理一下。"

推销员有点诧异地接过来一看,这位老农一次要订12台货车,连忙紧张地说:"大爷,您一下订这么多车,我们经理不在,我必须找他回来和您谈,同时也要安排您先试车。"

老农这时语气平稳地说:"不用找你们经理了,我本来是种田的,后来和人投资了货运生意,需要进一批货车,但我对车子外行,买车简单,最担心的是车子的售后服务及维修,因此我儿子教我用这个笨方法来试探每一家汽车公司。这几天我走了好几家,每当我穿着旧汗衫,进到汽车销售行,同时表明我没有钱买车时,常常会受到冷落,让我有点难过,而只有你们公司知道我不是你们的客户,还那么热心地接待我,为我服务,对于一个不是你们客户的人尚且如此,更何况是成为你们的客户……"

重视每一位客户说起来很容易，可是做起来却很难。推销员每天面对那么多人，况且人的情绪也有阴晴不定的时候。抓住每一位顾客的心很难，可是，只有你尊重你的每一位顾客，你才会有机会抓住尽可能多的顾客。

2.善于制造紧张气氛

玛丽·柯蒂奇是美国"21世纪米尔第一公司"的房地产经纪人，1993年，玛丽的销售额是2000万美元，在全美国排名第四。下面是玛丽的一个经典案例，她在30分钟之内卖出了价值55万美元的房子。

玛丽的公司在佛罗里达州海滨，这里位于美国的最南部，每年冬天，都有许多北方人来这里度假。

1993年12月13日，玛丽正在一处新转到她名下的房屋里参观。当时，他们公司有几个业务员与她在一起，参观完这间房屋之后，他们还将去参观别的房子。

就在他们在房屋里进进出出的时候，看见一对夫妇也在参观房子。这时，房主对玛丽说："玛丽，你看看他们，去和他们聊聊。"

"他们是谁？"

"我也不知道。起初我还以为他们是你们公司的人呢，因为你们进来的时候，他们也跟着进来了。后来我才看出，他们并不是。"

"好。"玛丽走到那一对夫妇面前，露出微笑，伸出手说：

"嗨，我是玛丽·柯蒂奇。"

"我是彼特，这是我太太陶丝。"那名男子回答，"我们在海边散步，看见有房子参观，就进来看看，我们不知道是否冒昧了？"

"非常欢迎。"玛丽说，"我是这房子的经纪人。"

"我们的车子就放在门口。我们从西弗吉尼亚来度假。过一会儿我们就要回家去了。"

"没关系，你们一样可以参观这房子。"玛丽说着，顺手把一份资料递给了彼特。

陶丝望着大海，对玛丽说："这儿真美！这儿真好！"

彼特说："可是我们必须回去了，要回到冰天雪地里去，真是一件令人难受的事情。"

他们在一起交谈了几分钟，彼特掏出自己的名片递给了玛丽，说："这是我的名片。我会给你打电话的。"

玛丽正要掏出自己的名片给彼特时，忽然停下了手："听着，我有一个好主意，我们为什么不到我的办公室谈谈呢？非常近，只要几分钟就能到。你们出门往右，过第一个红绿灯，左转……"

玛丽不等他们回答好还是不好，就抄近路走到自己的车前，并对那一对夫妇喊："办公室见！"

车上坐了玛丽的两名同事，他们正等着玛丽呢。玛丽给他们讲了刚才的事情。没有人相信他们将在办公室看见那对夫妇。

等他们的车子停稳，他们发现停车场上有一辆卡迪拉克轿车，车上装满了行李，车牌明明白白显示出：这辆车来自西弗吉尼亚！

在办公室，彼特开始提出一系列的问题。

"这间房子上市有多久了？"

"在别的经纪人名下6个月，但今天刚刚转到我的名下。房主现在降价求售。我想应该很快就会成交。"玛丽回答。她看了看陶丝，然后盯着彼特说："很快就会成交。"

这时候，陶丝说："我们喜欢海边的房子。这样，我们就可以经常到海边散步了。"

"所以，你们早就想要一个海边的家了！"

"嗯，彼特是股票经纪人，他的工作非常辛苦。我希望他能够多休息休息，这就是我们每年都来佛罗里达的原因。"

"如果你们在这里有一间自己的房子，就更会经常来这里，并且还会更舒服一些。我认为，这样一来，不但对你们的身体有利，你们的生活质量也将会大大提高。"

"我完全同意。"

说完了这话，彼特就沉默了，他陷入了思考。玛丽也不说话，她等着彼特开口。

"房主是否坚持他的要价？"

"这房子会很快就卖掉的。"

"你为什么这么肯定？"

"因为这所房子能够眺望海景，并且，它刚刚降价。"

"可是，市场上的房子很多。"

"是很多。我相信你也看了很多。我想你也注意到了，这所房子是很少拥有车库的房子之一。你只要把车开进车库，就等于回到了家。你只要登上楼梯，就可以喝上热腾腾的咖啡。并且，这所房子离几个很好的餐馆很近，走路几分钟就到。"

彼特考虑了一会儿，拿了一枝铅笔在纸上写了一个数字，递给玛丽："这是我愿意支付的价钱，一分钱都不能再多了。不用担心付款的问题，我可以付现金。如果房主愿意接受，我感到很高兴。"

玛丽一看，只比房主的要价少一万美元。

玛丽说："我需要你拿一万美元作为定金。"

"没问题。我马上给你写一张支票。"

"请你在这里签名。"玛丽把合同递给彼特。

整个交易的完成，从玛丽见到这对夫妇，到签好合约，时间还不到30分钟。

适时地制造紧张气氛，让顾客觉得他的选择绝对是十分正确的，如果现在不买，以后也就没有机会了。你只要能调动客户，让他产生这样的心情，不怕他不与你签约。

3.利用人情这把利器

日本推销专家甘道夫曾对378名推销员作了如下调查："推销员访问客户时，是如何被拒绝的？"

70%的人都没有什么明确的拒绝理由，只是单纯地反感推销员的打扰，随便找个借口就把推销员打发走，可以说拒绝推销的人之中有2/3以上的人在说谎。

作为一个推销员，你可以仔细回顾一下你受到的拒绝，根据以往经验把顾客的拒绝理由加以分析和归类，结果会在很大程度上与上述统计数字接近。

一般人说了谎都会有一些良心的不安，这是人之常情，也是问题的要害，抓住这个要害，就为你以后的推销成功奠定了基础。

顾客没有明确的拒绝理由，便是"自欺欺人"，这就好比在其心上扎了一针，使良心不得安宁。假如推销员能抓住这个要害，抱着"不卖商品卖人情"的信念，那么，只要顾客接受你这份人情，就会买下你的商品，回报你的人情。

"人情"是推销员推销的利器，也是所有工商企业人士的利器，要想做成生意，少不了人情。

一位推销员说起他的一次利用人情推销成功的经验："我下决心黏住他不放，连续两次静静地在他家门口等待，而且等了很长时间，第三天他让我进门了。这个顾客买下了我的人情。生意成交后，他的太太不无感慨地说：'你来了，我说我先生不在，你却说没关系你等他，而且就在门口等，我们在家里看着实在不好意思。'"这种人情推销谁好意思拒绝呢？

利用好人情这把利器，推销时使用它，你一定能快刀斩乱麻，顺利走向成交。

四、必须学会的销售技巧

贝特格告诉我们，销售中也要学会欲擒故纵、出其不意等招数，利用各种资源为推销铺路，尽量从满意的顾客处发展新的业务，不失时机地亮出你的底牌也是很关键的制胜之道。

1. 欲擒故纵

在推销生涯早期，推销大师威尔克斯先生平时衣衫不整，就连领带也是皱皱巴巴的。他当时的工资很少，佣金不多，除了供给家人衣食外，所剩无几。但他却告诉了后来成为推销大师的库尔曼一个神奇的推销技巧。

威尔克斯当时面临的最大困难就是推销失败。与客户第一次接触后，他常常得到这样的答复："你所说的我会考虑，请你下周再来。"到了下周，他准时去见客户，得到的回答是："我已仔细地考虑过你的建议，我想还是明年再谈吧。"

他感到十分沮丧。第一次见面时他已把话说尽，第二次会谈时实在想不出还要说些什么。有一天，他突发奇想，想到一个办法。第二次会谈竟然旗开得胜。

他把这个神奇的办法告诉库尔曼，库尔曼将信将疑，但还是决定试一试。次日早晨，库尔曼给一位建筑商打电话，约了第二次会谈的时间。此前一周，库尔曼与他会谈过，结果是两周以后再说。

库尔曼按照威尔克斯先生所讲的严格去做。会谈之前，他把本该由客户填的表格填好，包括姓名、住址、职业等。他还填好了客户认可的保险金额，然后在客户签名栏做上重重的标记。

库尔曼按时来到建筑商的办公室。秘书不在，门开着，可以看到建筑商坐在桌前。他认出库尔曼，说："再见吧，我不想考虑你的建议。"

库尔曼装作没听见，大步走了过去。建筑商坚定地说："我现在不会买你的保险，你先放放这事儿，过半年再来吧。"

在他说话的时候，库尔曼一边走近他，一边拿出早已准备好的表格，把表格不由分说地放在他面前。按照威尔克斯先生的指导，库尔曼说："这样可以吧，先生？"

他不由自主地瞥了一眼表格。库尔曼趁机拿出钢笔，平静地等着。

"这是一份申请表吗？"他抬头问道。

"不是。"

"明明是，为什么说不是？"

"在您签名之前算不上一份申请表。"说着库尔曼把钢笔递给他，用手指着做出标记的地方。

真如威尔克斯先生所说，他下意识地接过笔，更加认真地看着表格，后来慢慢地起身，一边看一边踱到窗前，一连5分钟，室内悄无声息。最后，他回到桌前，一边拿笔签名，一边说："我最好还是签个名吧，如果以后真有麻烦呢。"

"您愿意交半年呢还是交一年？"库尔曼抑制着内心的激动。

"一年多少钱？"

"只有500美元。"

"那就交一年吧。"

当他把支票和钢笔同时递过来时，库尔曼激动得差点跳起来。

欲擒故纵还有一种表现形式，就是在和顾客谈生意的时候不要太心急，如果太心急，只会引起顾客的不信任，把握好结束推销的方法也是促成成交的一种手法。

有一天，一个推销员在一个城市兜售一种炊具。他敲了公园巡逻员凯特先生家的门，凯特的妻子开门请推销员进去。凯特太太说："我的先生和隔壁的华安先生正在后院，不过，我和华安太太愿意看看你的炊具。"推销员说："请你们的丈夫也到屋子里来吧！我保证，他们也会喜欢我对产品的介绍。"于是，两位太太"硬逼"着他们的丈夫也进来了。推销员做了一次极其认真的烹调表演。他用他所要推销的那一套炊具，用文火不加水煮苹果，然后又用凯特太太家的炊具煮。这给两对夫妇留下深刻的印象。但是男人们显然装出一副毫无兴趣的样子。

一般的推销员，看到两位主妇有买的意思，一定会趁热打铁，鼓动她们买。如果那样，还真不一定能推销出去，因为越是容易得到的东西，人们往往觉得它没有什么珍贵的，而得不到的才是好东西。聪明的推销员深知人们的心理，他决定用"欲擒故纵"的推销术。他洗净炊具，包装起来，放回到样品盒里，然后对两对夫妇说："嗯，多谢你们让我做了这次表演。我很希望能够在今天向你们提供炊具，但今天我只带了样品，你们将来再买它吧。"说着，推销员起身准备离去。这时两位丈夫立刻对那套炊具表现出了极大的兴趣，他们都站了起来，想要知道什么时候能买得到。

凯特先生说："请问，现在能向你购买吗？我现在确实有点喜欢那套炊具了。"

华安先生也说道："是啊，你现在能提供货品吗？"

推销员真诚地说："两位先生，实在抱歉，我今天确实只带了样品，而且什么时候发货，我也无法知道确切的日期。不过请你们放心，等能发货时，我一定把你们的要求放在心里。凯特先生坚持说："唷，也许你会把我们忘了，谁知道啊？"

这时，推销员感到时机已到，就自然而然地提到了订货事宜。

于是，推销员说："噢，也许……为保险起见，你们最好还是付定金买一套吧。一旦公司能发货就给你们送来。这可能要等待一个月，甚至可能要两个月。"

适时吊吊客户的胃口，人们往往钟爱得不到的东西，聪明的推销员都会使用这一方法，但是在你没有把握的时候千万不要使用，否则就会弄巧成拙。

2. 亮出自己的底牌

曾经有一位动物学家发现，狼攻击对手时，对手若是腹部朝天，表示投降，狼就停止攻击。为了证实这一点，这位科学家躺到狼面前，手脚伸展，袒露腹部。果然，狼只是闻了他几下就走开了。这位科学家没有被咬死，但"差点被吓死"。

秦朝末年，谋士陈平有一次坐船过河，船夫见他白净高大，衣着光鲜，便不怀好意地瞄着他。陈平见状，就把上衣脱下，光着膀子去帮船夫摇橹。船夫看到他身上没什么财物，就打消了恶念。

袒露不易，之所以不易，一方面是因为需要极大的勇气和超绝的智慧，另一方面是因为要找准对象。如果对一条狗或一个傻船夫玩袒露的把戏，后果还用说吗？

日常推销工作中，常常可能遇到一些固执的客户，这些人脾气古怪而执拗，对什么都听不进去，始终坚持自己的主张。面对这种执迷不悟的情况，推销员千万不要丧失信心，草草收兵，只要仍存一丝希望，就要做出最后的努力。一般来说，这种最后的努力还是开诚布公的好，索性把牌摊开来打。这种以诚相待的推销手法能够修补已经破裂的成交气氛，当面摊牌则可能使客户重新产生兴趣。

有位推销员很善于揣摩客户的心理活动，一次上门访问，他碰到一位平日十分苛刻的商人，按照常规对方会把自己拒之门外的。这位推销员灵机一动，仔细分析了双方的具体情况，想出一条推销妙计，然后登门求见那位客户。

双方一见面，还没等坐定，推销员便很有礼貌地说："我早知道您是个很有主见的人，对我今天上门拜访您肯定会提出不少异议，我很想听听您的高见。"他一边说着，一边把事先准备好的18张纸卡摊在客户的面前："请随便抽一张吧！"对方从推销员手中随意抽出一张纸片，见卡片上写的正是客户对推销产品所提的异议。

当客户把18张写有客户异议的卡片逐个读完之后，推销员接着说道："请您再把卡片纸反过来读一遍，原来每张纸片的背后都标明了推销员对每条异议的辩解理由。"客户一言未发，认真看完了纸片上的每行字，最后忍不住露出了平时少见的微笑。面对这位办事认真又经验老练的推销员，客户开口了："我认了，请开个价吧！"

摊开底牌是一种非常微妙的计谋，不像其他一些计谋那样可以经常使用，除非你决心一直以坦荡、诚实、胸无城府的形象出现，但这几乎是不可能的。因此，偶尔用一次就够了，可一而不可再二。

尤其注意不要在同一个人面前反复使用，对方会想：这家伙怎么老没什么长进啊？偶尔为之，下不为例。

五、如何确保顾客的信任

贝特格说:"赢得客户的信任,你才能源源不断地得到客户,只有保证顾客对你的信任,你才能稳住你的老客户。"

1.首先要赢得顾客的信任

艾丽斯长得很漂亮,从事推销工作没多久时间。她知道电话推销是最快捷、最经济的推销方式之一,也知道打电话的技巧和方法。她几乎用60%的时间去打电话、约访顾客。她努力去做了,可遗憾的是业绩还是不够理想。

她自认为自己的声音柔美、态度诚恳、谈吐优雅,可就是约访不到顾客。

一天,她心生一计。她想到打电话最大的弊端是看不到对方的人,不知道对方长什么样子,缺乏信赖感。为什么不想方设法让对方看到自己呢?

于是,她从影集里找出一张最具美感和信赖感的照片,然后把照片扫描到计算机里去,以电子邮件的形式发给顾客,当然会加一些文字介绍。同时,她又把照片通过手机发到不方便接收电子邮件的顾客手机上去。

一般情况下,她打电话给顾客之前,先要告诉对方刚才收到的邮件或短信上的照片就是她。当顾客打开邮件或短信看到她美丽的照片时,感觉立即就不一样了,对她多了几分亲近,多了几分信赖。从此,她的业绩扶摇直上。

赢得顾客的信任,你才能成功地完成销售工作。如果你不能获得顾客的信任,怎么能让人和你成交呢?顾客买你的产品,同时买的也是对你的信任。

贝特格认识一位客户,她是一位高高兴兴的小老太太。她对任何陌生人都持有戒心,之所以同意与贝特格见面,纯粹是因为她的律师做了引荐。

她一个人住,对任何一个她不认识的人都不放心。贝特格在路上时,给她家里打了一个电话,然后抵达时又打了一个电话。她告诉贝特格律师还未到，不过她可以先和他谈谈。这是因为之前贝特格和她说了几次话，让她放松了下来。当这位律师真正到来时，他的在场已经变得无关紧要了。

贝特格第二次见到这位准客户时，发现她因为什么事情而心神不宁。原来，她申请了一部"急救电话"，这样当她有病时，就可以寻求到帮助。社会保障部门已经批准了她的申请，但一直没有安装。贝特格马上给社会保障部门打电话，当天下午就装好了这部"急救电话"，贝特格一直在她家里守候到整个事情做完。

从那时起，这位客户对贝特格言听计从——给予了他彻底的信任，因为贝特格看到了困扰她的真正事情。现在，她相信贝特格有能力满足她的欲求和需要。这个"额外"的帮忙好像使得贝特格的投资建议几乎变得多余。这些投资建议是贝特格当初出现在她面前的主要原因，虽然那时她对此并无多大兴趣。贝特格说："信任有许多源头。有时候，它赖以建立的物质基础和你的商业的建议没有任何关系，而是因为你作为一名推销员做了一些额外的小事。恰恰是这点小事，可以为你带来意想不到的收获。"

得到别人如此的信任也是一份不小的荣耀。想必很多人都有这么一个体会：信任会因最奇怪的事情建立，也会被最无关紧要的事情摧毁。忠诚会带来明日的生意和高度的工作满足感。

人们购买的是对你的信任，而非产品或服务。一个推销员所拥有价值最高的东西是客户的信任。成功的推销是感情的交流，而不只是商品。

2.取得客户信任的方法

多年来，推销大师贝特格经手了很多保险合同，投保人在保险单上签字，他都复印一份，放在文件夹里。他相信，那些材料对新客户一定有很强的说服力。

与客户的会谈末尾，他会补充说："先生，我很希望您能买这份保险。也许我的话有失偏颇，您可以与一位和我的推销完全无关的人谈一谈。能借用电话吗？"然后，他会接通一位"证人"的电话，让客户与"证人"交谈。"证人"是他从复印材料里挑出来的，可能是客户的朋友或邻居。

有时两人相隔很远，就要打长途电话，但效果更好。

初次尝试时他担心客户会拒绝，但这事从没发生过。相反，他们非常乐于同"证人"交谈。

无独有偶，一个朋友也讲了他的类似经历。他去买电烤炉，产品介绍像雪片一样飞来，他该选谁？

其中有一份因文字特别而吸引了他："这里有一份我们的客户名单，您的邻居就用我们的烤炉，您可以打电话问问，他们非常喜欢我们的产品。"

朋友就打了电话，邻居都说好。自然，他买了那家公司的烤炉。

取得客户的信任有很多种方法，现代营销充满竞争，产品的价格、品质和服务的差异已经变得越来越小。推销人员也逐步意识到竞争核心正聚焦于自身，懂得"推销产品，首先要推销自我"的道理。要"推销自我"，首先必须赢得客户的信任，没有客户信任，就没有展示自身才华的机会，更无从谈起赢得销售成功的结果。要想取得客户的信任，可以从以下几个方面去努力：

（1）自信+专业。但我们也应该认识到：在推销人员必须具备自信的同时，一味强调自信心显然又是不够的，因为自信的表现和发挥需要一定的基础——"专业"。也就是说，当你和客户交往时，你对交流内容的理解应该力求有"专家"的认识深度，这样让客户在和你沟通中每次都有所收获，进而拉进距离，提升信任度。另一方面，自身专业素养的不断提高，也将有助于自信心的进一步强化，形成良性循环。

（2）坦承细微不足。"金无足赤，人无完人"是至理名言，而现实中的推销人员往往有悖于此。他们面对客户经常造就"超人"形象，及至掩饰自身的不足，对客户提出的问题和建议几乎全部应承，很少说"不行"或"不能"的言语。从表象来看，似乎你的完美将给客户留下信任；但殊不知人毕竟还是现实的，都会有或大或小的毛病，不可能做到面面俱美，你的"完美"宣言恰恰在宣告你的"不真实"。

（3）帮客户买，让客户选。推销人员在详尽阐述自身优势后，不要急于单方面下结论，而是建议客户多方面了解其他信息，并申明：相信客户经过客观评价后会作出正确选择的。这样的沟通方式能让客户感觉到他是拥有主动选择权利的，和你的沟通是轻松的，体会我们所做的一切是帮助他更多地了解信息，并能自主作出购买决策。从而让我们和客户拥有更多的沟通机会，最终建立紧密和信任的关系。

（4）成功案例，强化信心保证。许多企业的销售资料中都有一定篇幅介绍本公司的典型客户，推销人员应该积极借助企业的成功案例，消除客户的疑虑，赢得客户的信任。在借用成功案例向新客户作宣传时，不应只是介绍老客户名称，还应有尽量详细的其他客户的资料和信息，如公司背景、产品使用情况、联系部门、相关人员、联络电话及其他说明等，单纯告知案例名称而不能提供具体细节的情况，会给客户留下诸多疑问。比如，怀疑你所介绍的成功案例是虚假的，甚至根本就不存在。所以细致介绍成功案例，准确答复客户询问非常重要，用好成功案例能在你建立客户信任工作上发挥重要作用——"事实胜于雄辩"。

六、让人们愿意和你交流

贝特格认为，不同的人有不同的性格，对待不同的人，要有不同的方法。交流是很重要的，推销员和客户如果没有交流，就不会有成交这一刻。

1.事先调查，了解对方性格

有一天，贝特格访问某公司总经理。

贝特格拜访客户有一条规则，就是一定会作周密的调查。根据调查显示，这位总经理是个"自高自大"型的人，脾气很怪，没有什么爱好。

这是一般推销员最难对付的人物，不过对这一类人物，贝特格倒是胸有成竹、自有妙计。

贝特格首先向前台小姐自报家门："您好，我是贝特格，已经跟贵公司的总经理约好了，麻烦您通知一声。"

"好的，请等一下。"

接着，贝特格被带到总经理室。总经理正背着门坐在老板椅上看文件。过了好一会儿，他才转过身，看了贝特格一眼，又转身看他的文件。

就在眼光接触的那一瞬间，贝特格有种讲不出的难受。

忽然，贝特格大声地说："总经理，您好，我是贝特格，今天打扰您了，我改天再来拜访。"

总经理转身愣住了。

"你说什么？"

"我告辞了，再见。"

总经理显得有点惊慌失措。贝特格站在门口，转身说："是这样的，刚才我对前台小姐说给我一分钟的时间让我拜访总经理，如今已完成任务，所以向您告辞，谢谢您，改天再来拜访您。再见。"

走出总经理室，贝特格早已浑身是汗。

过了两天，贝特格又硬着头皮去做第二次拜访。

"嘿，你又来啦，前几天怎么一来就走了呢？你这个人蛮有趣的。"

"啊，那一天打扰您了，我早该来向您请教……"

"请坐，不要客气。"

由于贝特格采用"一来就走"的妙招，这位"不可一世"的准客户比上次乖多了。

事先了解你的客户，作了充分调查以后，根据客户的性格特点，制订相应的销售策略，让人们愿意和你交流。如果鲁莽行事，后果会很糟糕。

2. 推销员要练就好口才

推销员的武器是语言，工欲善其事，必先利其器。一个推销员如果没有良好的语言功底，是不可能取得推销的成绩的。

一句话，十样说，就看怎么去琢磨。向客户介绍自己的产品或在商务谈判时，遣词造句是很重要的，它关系着订单签还是不签。

缺乏经验的推销员们似乎并不明白遣词造句所能产生的力量。他们往往对自己的话随意发挥,不是很讲究语言的艺术。

推销员在措辞方面应该注意,他们有时所使用的词语确实没有太多的价值,甚至对于整个推销过程是十分有害的。

在实际推销中,很多平庸的推销员都是凭个人的直觉进行推销,对如何说话更能达到洽谈目的,更能说服顾客并不在意,也很少考虑。但恰恰语言上这些看似微不足道的细节却正是阻碍洽谈成功的重要因素。平庸的推销员在洽谈时经常出现错误的谈话方式。

平庸的推销员洽谈时常用以"我"为中心的词句,不利于与顾客发展正常关系,洽谈气氛冷淡,洽谈成功率低。

聪明的推销员应该多使用"您"字。总之,推销员应该仔细推敲自己的遣词造句,做到对自己的说话方式和技巧有独到的把握,这是成为优秀推销员的必备条件之一。

3.努力克服怯场心理

几乎所有的艺术表演者都怯过场,在出场前都有相同的心理恐惧:一切会正常无误吗?我会不会漏词、忘表情?我能让观众喜欢吗?

贝特格从事推销的头一年收入相当微薄,因此他只得兼职担任史瓦莫尔大学棒球队的教练。有一天,他突然收到一封邀请函,邀请他演讲有关"生活、人格、运动员精神"的题目,可是当时他面对一个人说话时都无法表达清楚,更别说面对一百位听众说话了。

由此贝特格认识到,只有先克服和陌生人说话时的胆怯与恐惧才能有成就,第二天,他向一个社团组织求教,最后得到很大的进步。

这次演讲对贝特格而言是一项空前的成就,它使贝特格克服了懦弱的性格。

推销员的感觉基本上与他们完全一样。无论你称之为"怯场""放不开"还是"害怕",不少推销员很难坦然、轻松地面对客户。很多推销员会在最后签合同的紧要关头突然紧张害怕起来,不少生意就这么被毁了。

从打电话约见面谈时开始,一直到令人满意地签下合同,这条路一直充满惊险。没有人喜欢被赶走,没有人愿意遭受打击,没有人喜欢当"不灵光"的失意人。

有一些推销员,在与客户协商过程中,目标明确、手段灵活,直至签约前都一帆风顺,结果在关键时刻失去了获得工作成果和引导客户签约的勇气。

你会突然产生这种恐惧吗?这其实是害怕自己犯错,害怕被客户发觉错误,害怕丢掉渴望已久的订单。恐惧感一占上风,所有致力于目标的专注心志就会溃散无踪。

在签约的决定性时刻,在整套推销魔法正该大展魅力的时刻,很多推销员却失去了勇气和掌控能力,忘了他们是推销员。

在这个时刻,他们却像等待发成绩单的小学生,心里只有听天由命似的期盼:也许我命好,不至于留级吧。

推销员的心情就此完全改观。前几分钟他还充满信心,情绪高昂,但现在却毫无把握,信心全无了。这种情况,通常都是以丢了生意收场。

客户会突然间感觉到推销员的不稳定心绪,并借机提出某种异议,或干脆拒绝这笔生意。推销员大失所望、身心疲惫,脑子里只有一个念头:快快离开客户,然后心里沮丧得要死。

如何避免这种状况发生呢?无疑只有完全靠内心的自我调节,这种自我调节要基于以下考虑:就好像推销员的商品能够解决客户的问题一样,优秀的推销员应该能帮助客户作出正确的决定。

推销员其实是个帮助人的好角色——那他有什么好害怕的呢?签订合同这个推销努力的辉煌结果,不能被视为(推销员的)胜利,或者(客户的)失败,反过来也是一样,无所谓胜或败,毋宁说是双方都希望达到的一个共同目标,而推销员和客户,本来就不是对立的南北两极。

请你暂且充当一下推销高手的角色吧,我们这样画一张图:

你牵着客户的手,和他一起走向签约之路,带他去签约。客户会觉得你亲切体贴，而他的感激正是对你最好的鼓舞！

在途中，客户几乎连路都不用看（他是被人引导的嘛），只顾着欣赏你带他走过的美妙风景，而你却以亲切动人的体贴心情一路为他指引解说。

"游园"之后，客户会自动与你签约并满怀感激地向你道别。因为，达到目的，也是他一心想往的，何况这趟"郊游之旅"又是如此美妙！

有没有发觉在这里为什么要为你描述这么一幅美好与和谐的图像？因为，你把它转化到内心深处，就一定能毫无畏惧地和客户周旋。

其实，你只要打定主意在整个事件中扮演向导的角色就对了。在推销商谈的一开始，你要抓住客户的手，一路引他走到目的地。

只有你知道带客户走哪一条路最好——而到达目的地时，你要适时说声："我们到了！"在途中，你有的是时间帮客户的忙。因此他会感激你。

正如你已经了解的道理：消极的暗示（如我不害怕）通常不会产生正面的影响力。相反，上面那样一幅正面的、无忧无惧的图像，才会被你的潜意识高高兴兴地接纳吸收，并且加以强化。

而你这位伸出援助之手的人，就当然不会害怕面对客户，一定是信心十足地请客户作决定——拿到你的合同。

推销员的推销成绩与推销次数成正比，持久推销的最好方法是"逐户推销"，推销的原则在于"每户必访"。但是，并不是每一个推销员都能做到这一点。

"我家的生活水平简直无法与此相比"，面对比自己更有能力、比自己更富有、比自己更有本领的人而表现出的自卑感，使某些推销员把"每户必访"的原则变为"视户而访"。他们甩过的都是什么样的门户呢？就是在心理上要躲开那些令人望而生畏的门户，而只去敲易于接近的客户的门。这种心理正是使"每户必访"的原则一下子彻底崩溃的元凶。

莎士比亚说："如此犹豫不决，前思后想的心理就是对自己的背叛，一个人如若惧怕'试试看'的话，他就把握不了自己的一生。"

因此，遇到难访门户不绕行、不逃避，挨家挨户地推销，战胜自己的畏惧心理，推销的前景才会一片光明。

七、不要害怕失败

失败离成功很近，不要害怕失败，要努力挖掘成功潜力。从失败中得到的教训，是最宝贵的资源。

1.用积极心态面对失败

美国推销员协会曾经做过一次调查研究，结果发现：80%销售成功的个案，是推销员连续5次以上的拜访达成的。这证明了推销员不断地挑战失败是推销成功的先决条件。48%的推销员经常在第一次拜访之后，便放弃了继续推销的意志；25%的推销员，拜访了两次之后，也打退堂鼓了；12%的推销员，拜访了3次之后，也退却了；5%的推销员，在拜访过4次之后放弃了；仅有1%的推销员锲而不舍，一而再、再而三地继续登门拜访，结果他们的业绩占了全部销售的80%。

推销员所要面对的拒绝是经常性的，这需要每一位从业人员拥有积极的心态和正确面对失败的观念。

一个人的心理会对他的行为产生微妙的作用，当你有负面的心态时，你所表现出来的行为多半也是负面与消极的。如果你真的想将推销工作当作你的事业，首先必须拥有正面的心态。因此，不要再用"我办不到"这句话来作为你的借口，而要开始付诸行动，告诉自己"我办得到"。

只要你在从事推销工作，无论时间长短、经验多少，失败都是不可避免的。但是，同样是经历风雨，有的人可以获得最后的成功，有的人却一事无成。因为，问题不在于失败，而在于对失败的态度。有些业务人员失败一次，就觉得是自己无能的象征，把失败记录看成是自己能力低下的证明。这种态度才是真正的失败。

如果害怕失败而不敢有所动作，那就是在一开始就放弃了任何成功的可能。当你面对失败的时候，记住：勇敢的战士是屡败屡战，只有注定一生无成的人，才会屡战屡败。

2.从失败中找到成功的希望

在沙漠里，有5只骆驼吃力地行走，它们与主人带领的10只骆驼走散了，前面除了黄沙还是黄沙，一片茫茫，它们只能凭着最有经验的那只老骆驼的感觉往前走。

不一会儿，从它们的右侧方向走出一只筋疲力尽的骆驼。原来它是一周前就走散的另一只骆驼。另外4只骆驼轻蔑地说："看样子它也不是很精明啊，还不如我们呢！"

"是啊，是啊，别理它！免得拖累咱们！"

"咱们就装着没看见，它对我们可没有什么帮助！"

"看那灰头土脸的样子……"

这4只骆驼你一言我一语，都想避开路遇的这只骆驼。老骆驼终于开腔了："它对我们会很有帮助的！"

老骆驼热情地招呼那只落魄的骆驼过来，对它说道："虽然你也迷路了，境遇比我们好不到哪里去，但是我相信你知道往哪个方向是错误的。这就足够了，和我们一起上路吧！有你的帮助我们会成功的！"

我们当然可以嘲笑别人的失败，但如果我们能从别人的失误中提供机遇，从别人的失败中学习经验，那最好不过了。把别人的失败当成对自己的大声忠告，这非常有利于自己的成长。

遭遇拒绝、遭遇失败是人之常情，世上并没有常胜不败的将军。遭遇拒绝、遭遇失败的原因无非是自己还有缺陷，谁不希望得到完美的东西，而会去企求有缺陷的东西呢？当然世上也不可能有毫无缺陷的东西，但是我们应尽量地完善自己，把自己完善到足以让人接受、使人认同的程度。这样，即使遇到困难也能克服，遇到关卡也能越过，也就不至于在遇到挫折时使自己陷入困境不能自拔了。

因此，要想让别人接受你、赞许你，要想成功，你就不能害怕困难和挫折，不能害怕别人的拒绝。相反，你要把拒绝当作你的励志之石，当成你不断完善、走向成功的动力。但是，在现实生活中并非所有的人都懂得这些道理。因此，他们在遇到困难挫折时就采取了完全不同的态度。

高尔文是个身强力壮的爱尔兰农家子弟，充满进取精神。13岁时，他见到别的孩子在火车站月台上卖爆玉米花赚钱，也一头闯了进去。但是，他不懂得，早占住地盘的孩子们并不欢迎有人来竞争。为了帮他懂得这个道理，他们无情地抢走了他的爆玉米花，并把它们全部倒在街上。第一次世界大战以后，高尔文从部队复员回家，他又雄心勃勃地在威斯康星办起了一家公司。可是无论他怎么卖劲折腾，产品始终打不开销路。有一天，高尔文离开厂房去吃午餐，回来只见大门被上了锁，公司被查封，高尔文甚至不能够进去取出他挂在衣架上的大衣。高尔文并没有气馁，积极寻找着下一次机会。

1926年他又跟人合伙做起收音机生意来。当时，全美国估计有3000台收音机，预计两年后将会扩大100倍。但这些收音机都是用电池作能源的。于是他们想发明一种灯丝电源整流器来代替电池。这个想法本身不错，但产品却仍打不开销路。眼看生意一天天走下坡路，他们似乎又要停业关门了。高尔文通过邮购销售的办法招徕了大批客户。他手里一有了钱，就办起专门制造整流器和交流电真空管收音机的公司。可是不到3年，高尔文又破了产。此时他已陷入绝境，只剩下最后一个挣扎的机会了。当时他一心想把收音机装到汽车上，但有许多技术上的困难有待克服。到1930年底，他的制造厂的账面上竟欠了374万美元。在一个周末的晚上，他回到家中，妻子正等着他拿钱来买食物、交房租，可他摸遍全身只有24美元，而且全是赊来的。

然而，经过多年的不懈奋斗，如今的高尔文早已腰缠万贯，他盖起的豪宅就是用他的第一部汽车收音机的牌子命名的。

可以说，在困难面前没有失败就没有成功，失败是成功之母！只遭遇一次失败就失去信念，就不去挑战困难，实际上就等于放弃了人生成功的机会，殊不知机会就隐藏在失败背后。你战胜的困难越多，你人生成功的机会也就越多。这就如同淘金一样，淘掉的沙子越多，得到的金子也就越多。沙子的多少与金子的多少是成正比的，失败与成功的关系就如同沙子与金子的关系。

贝特格指出：要成功，首先不要畏惧困难，不要让困难把你的心态摧垮。其次，要成功还得正视困难、研究困难，从战胜困难中总结经验教训，通过困难磨炼自己的意志品格，练就一身战胜困难的本领。

托德·邓肯告诉你如何成为销售冠军

一、排练法则——排练好销售这幕剧

托德·邓肯认为：决定销售成败的因素很多，在销售前充分考虑好各方面的情况，排练好销售这幕剧至关重要。

1.销售尽量让气氛融洽

在推销洽谈的时候，气氛是相当重要的，它关系到交易的成败。只有当推销员与顾客之间感情融洽时，才可以在和谐的洽谈气氛中推销商品。推销员把顾客的心与自己的心相通称为"沟通"。即使是初次见面的人，也可以由性格、感情的缘故而"沟通"。

那么怎样才能创造融洽的气氛呢？要注意的地方很多，比如时间、地点、场合、环境等。但最重要的一点是：推销员应当处处为顾客着想。

年轻气盛、没有经验的推销员在向顾客推销产品时，往往不愿倾听顾客的意见，自以为是、盛气凌人，不断地同顾客争论，这种争论又往往发展成为争吵，因而妨碍了推销的进展。要知道，在争吵中击败客户的推销员往往会失去达成交易的机会。推销员不是靠同顾客争论来赢得顾客。同时，推销员也知道，顾客要是在争论中输给推销员，就没有兴趣购买推销员的产品了。

没有人喜欢那些自以为是的人，更不会喜欢那些自以为是的推销员。推销员对那些自作聪明者的不友好的建议很反感，就是那些友好的建议，只要它不符合推销员的愿望，有时推销员也同样会感到很反感。所以，有些推销员总是愿意同顾客进行激烈的争论。可能他们忘记了这样一条规则：当某一个人不愿意被别人说服的时候，任何人也说服不了他，更何况是要他掏腰包。

　　托德·邓肯告诉我们：要改变顾客的某些看法，推销员首先必须使顾客意识到改变看法的必要性，让顾客知道你是在为他着想，为他的利益考虑。改变顾客的看法，要通过间接的方法，而不应该直接地影响顾客。要使顾客觉得是他们自己在改变自己的看法，而不是其他人或外部因素强迫他们改变看法。在推销洽谈开始的时候，要避免讨论那些有分歧意见的问题，着重强调双方看法一致的问题。要尽量缩小双方存在的意见分歧，让顾客意识到你同意他的看法，理解他提出的观点。这样，洽谈的双方才会有共同的话题，洽谈的气氛才会融洽。

　　应当尽量赞同顾客的看法。因为你越同意顾客的看法，他对你的印象就越深，推销洽谈的气氛就对你越有利。如果你为顾客着想，顾客也就能比较容易地接受你的建议。有时候必要的妥协有助于彼此互相迁就，有助于加强双方的联系。推销员不应过多地考虑个人的声誉问题，一个过分担心自己的声誉受到损害的推销员很快就不得不担心他的推销。

　　在推销洽谈中即使在不利的情况下也应该努力保持镇静。当顾客说推销员准备向他兜售什么无用的笨货的时候，应当友好地对他笑一笑，并且说："无用的笨货？我怎么会推销那些东西呢？特别是我怎么能向您这样精明的顾客推销那些东西呢？我为什么要和您开那样的玩笑呢？您想一想，还有什么比我们之间的友谊更重要？"

　　有时候，推销洽谈会出现僵局，双方都坚持己见，相持不下。如果出现这种情况，明智的推销员会设法缓和洽谈的气氛，或者改变洽谈的话题，甚至把洽谈中断，待以后再进行。总之，绝不在气氛不佳的情况下进行洽谈。

托德·邓肯认为：在空间上和客户站在同一个高度是使气氛融洽的很好的一个方法。

回想一下你被上级叫去，面对面地站着讲话的情景，大概就可以体会到那种使人发窘的气氛。人是在无意识中受气氛支配的，最能说明问题的事例便是日本的SF经营方法。其方法是等顾客多起来后，运用独特的语言向人们发起进攻，让人觉得如失去这次机会，就不可能在如此优越的条件下买到如此好的东西，抱有此种观点的顾客事后都发现"糊里糊涂地就买了"。这种人太多了。

再次推销时，常常要说："对不起，能否借把椅子坐？"若不是过于笨拙是绝不会被拒绝的。如一边说着"科长前几天谈到的那件事……"一边靠近对方身体，从而进入了同等的"势力范围"，这样做既能从共同的方向一起看资料，又能形成亲密气氛。不久，顾客本人也较快地意识到并增添了双方的亲密感。

空间上的恰当位置是促进人与人之间关系密切的辅助手段，是非常重要的绝不可忽视的手段。

2.学会让顾客尽量说"是"

世界著名推销大师托德·邓肯在推销时，总爱向客户问一些主观答"是"的问题。他发现这种方法很管用，当他问过五六个问题，并且客户都答了"是"，再继续问其他关于购买方面的知识，客户仍然会点头，这个惯性一直保持到成交。

托德·邓肯开始搞不清里面的原因，当他读过心理学上的"惯性"后，终于明白了，原来是惯性化的心理使然。他急忙请了一个内行的心理学专家为自己设计了一连串的问题，而且每一个问题都让自己的准客户答"是"。利用这种方法，托德·邓肯缔结了很多大额保单。

优秀的推销员可以让顾客的疑虑统统消失，秘诀就是尽量避免谈论让对方说"不"的问题。而在谈话之初，就要让他说出"是"。销售时，刚开始的那几句话是很重要的，例如，"有人在家吗？我是××汽车公司派来的。是为了轿车的事情前来拜访的。""轿车？对不起，现在手头紧得很，还不到买的时候"。

很显然，对方的答复是"不"。而一旦客户说出"不"后，要使他改为"是"就很困难了。因此，在拜访客户之前，首先就要准备好让对方说出"是"的话题。

关键是想办法得到对方的第一句"是"。这句本身虽然不具有太大意义，但却是整个销售过程的关键。

"那你一定知道，有车库比较容易保养车子喽？"除非对方存心和你过意不去。否则，他必须同意你的看法。这么一来，你不就得到第二句"是"了吗？

优秀的推销员一开始同客户会面，就留意向客户做些对商品的肯定暗示。

"夫人，您的家里如装饰上本公司的产品，那肯定会成为邻里当中最漂亮的房子！"

当他认为已经到了探询客户购买意愿的最好的时机，就这样说：

"夫人，您刚搬入新建成的高档住宅区，难道不想买些本公司的商品，为您的新居增添几分现代情趣吗？"

优秀的推销员在交易一开始时，利用这个方法给客户一些暗示客户的态度就会变得积极起来。等到进入交易过程中，客户虽对优秀的推销员的暗示仍有印象，但已不认真留意了。当优秀的推销员稍后再试探客户的购买意愿时，他可能会再度想起那个暗示，而且还会认为这是自己思考得来的呢！

客户经过商谈过程中长时间的讨价还价，办理成交又要经过一些琐碎的手续，所有这些都会使得客户在不知不觉中将优秀的推销员预留给他的暗示当作自己所独创的想法，而忽略了它是来自于他人的巧妙暗示。因此，客户的情绪受到鼓励，定会更热情地进行商谈，直到与推销员成交。

"我还要考虑考虑！"这个借口也是可以避免的。一开始商谈，就立即提醒对方应当机立断就行了。

"您有目前的成就，我想，也是经历过不少大风大浪吧！要是在某一个关头稍微一疏忽，就可能没有今天的您了，是不是？"不论是谁，只要他或她有一丁点儿成绩，都不会否定上面的话。等对方同意甚至大发感慨后，优秀的推销员就接着说：

"我听很多成功人士说，有时候，事态逼得你根本没有时间仔细推敲，只能凭经验、直觉而一锤定音。当然，一开始也会犯些错误，但慢慢地判断时间越来越短，决策也越来越准确，这就显示出深厚的功力了。犹豫不决是最要不得的，很可能坏大事呢，是吧？"

即使对方并不是一个果断的人，他或她也会希望自己是那样的人，所以对上述说法点头者多，摇头者少。因此下面的话就顺理成章了：

"好，我也最痛恨那种优柔寡断，成不了大器的人。能够和您这样有决断力的人交谈，真是一件愉快的事情。"这样，你怎么还会听到"我还要考虑考虑"之类的话呢？

任何一种借口、理由，都有办法事先堵住，只要你好好动脑筋，勇敢地说出来。也许，一开始，你运用得不纯熟，会碰上一些小小的挫折。不过不要紧，总结经验教训后，完全可以充满信心地事先消除种种借口，直奔成交，并巩固签约成果。

3.抓住顾客心理促成交易

托德·邓肯讲过这样一个故事：

有两家卖粥的小店。左边小店和右边小店每天的顾客相差不多，都是川流不息、人进人出的。

然而晚上结算的时候，左边小店总是比右边小店多出百十元来，天天如此。

于是一天，我走进了右边那个粥店。

服务小姐微笑着把我迎进去，给我盛好一碗粥，问我："加不加鸡蛋？"我说加。于是她给我加了一个鸡蛋。

每进来一个顾客，服务员都要问一句："加不加鸡蛋？"有说加的，也有说不加的，大概各占一半。

过了一天，我又走进了左边那个小店。

服务小姐同样微笑着把我迎进去，给我盛好一碗粥。问我："加一个鸡蛋，还是加两个鸡蛋？"我笑了，说："加一个。"

再进来一个顾客，服务员又问一句："加一个鸡蛋还是加两个鸡蛋？"爱吃鸡蛋的就要求加两个，不爱吃鸡蛋的就要求加一个。也有要求不加的，但是很少。

一天下来，左边这个小店就要比右边那个小店多卖出很多个鸡蛋。

托德·邓肯发现：给顾客提供较少的选择机会，你就会收到较多的效果，"一"或"二"的选择比"要""不要"的选择范围小了很多。

面对爱挑剔的顾客，也自有推销之道。

一天，商场瓷器柜台前来了一位男人，他在柜台前老是挑来挑去。上等的瓷器他不要，偏偏要那种朴实便宜的青瓷盘，并且还要一件件地开包挑选。这位先生看一件说有瑕疵扔在一边，拿过一件说花纹不精美又扔在一边。而推销员不急不恼、泰然处之。他扔下一件，推销员就随手拾起"啪"的一下将它摔碎。他再扔下一件，推销员又摔一件，就这样连摔了3件。那位先生开口了："摔它干啥？我不要，你可以再卖给别人嘛！"

推销员坚决地回答："不！这是我们公司的规定，绝不把顾客不满意的产品卖给任何一个消费者！"

那位先生愣了一下，像是有意要试试这份承诺的可信度到底有多大，于是就旁若无人地低下头继续挑选。推销员毫不心疼，仍旧是他扔一件摔一件，就这样连续摔了31个青瓷盘。不过这一过程中，推销员脸上始终带着微笑。这时，已有许多人纷纷赶来围观了。

"不要再摔了！不要再摔了！"

"那算什么毛病？他不要卖给我！"

人们开始对这件事情发起评论来了。冷寂许久的柜台前第一次拥来这么多人，顾客围得里三层外三层，像看一出惊心动魄的大戏一样。当这位先生抓起第32件瓷盘时，沸腾的人群发出一声声愤怒的吼叫。

这次，那位先生抓起瓷盘后，看都没看，便拿上走了。

"我买！我买！"

"给我一件！给我一件！"

人们开始来到柜台前抢购瓷器，就在这一天，这个瓷器柜台前空前火爆。当场卖了近300件，第二天卖了500件，是以前几十上百倍的销量。那天晚上，老板重重表扬了那位推销员。

让人想不到的是，一个月后，那位先生又来了。不过，他不是来退货或是再来挑毛病的，而是洽谈购买瓷器生意的。后来，那个摔瓷器的推销员和这位先生也就成了朋友。在随后的几年里，他和他的朋友先后从这儿买去了几万件瓷器，为公司增加了上百万的销售额。

托德·邓肯的销售秘诀是：面对不同的顾客，找到适当的方法去推销你的产品，尽管有的时候顾客很挑剔，你只要用心去做，对症下药，销售也一定会成功的。

二、靶心法则——开发高回报的顾客

客户也有不同种类，高回报顾客能带给你高收益，多多开发高回报的客户，能做到低投入、高产出。

1.从购买习惯出发策划

一次讲座上，托德·邓肯讲到了下面这个案例：

卡尔是一个没有多高学历但极具学习力和悟性的人。他高中未毕业就被学校勒令退学，退学后他到小旅馆洗过盘子，擦过地板，后来又到一家小型锯木厂做学徒，再后来到工地做挖水井的工作，最后才踏进推销这一行来。

他善于学习，读过推销方面的书籍不下3000本，他不断地阅读书籍来充实自己；他向同行前辈、推销高手学习。经过多年的实践和积累，他拥有了一整套最广泛、最有效的推销方法。

卡尔曾经卖过办公室用品。一天，他去拜访一家计算机公司，那是一家有钱的公司。他向计算机公司的采购主管介绍完产品之后，就等待对方的回应。但他不知道对方的采购策略是什么。

于是他就问：

"您曾经买过类似这样的产品或服务吗？"

对方回答说："那当然。"

"您是怎样作决定的？当时怎么知道这是最好的决定？采用了哪些步骤去作结论？"卡尔继续问。

他知道每个人对产品或服务都有一套采购策略。人都是习惯性动物，他们喜欢依照过去的方法做事，并且宁愿用熟悉的方式作重要决策，而不愿更改。

"当时是有三家供应商在竞标，我们考虑的无非是三点：一是价格，二是品质，三是服务。"采购主管说。

"是的，您的做法是对的，毕竟货比三家不吃亏嘛。不过，我可以给您提供这样的保证：不管您在其他地方看到什么，我向您保证，我们会比市场中其他任何一家公司更加用心为您服务。"

"嗯，我可能还需要考虑。"

"我了解您为什么犹豫不决，您使我想起××公司的比尔，他当初购买我们产品的时候也是一样犹豫不决。最后他决定买了，用过之后，他告诉我，那是他曾经作过的最好的采购决定。他说他从我们的产品中享受的价值和快乐远远超过多付出一点点的价格。"卡尔知道讲故事是最能令顾客留下深刻印象的。

卡尔的成功经验告诉我们：推销中必须不时转换策略，开发高回报的客户。

托德·邓肯告诉我们：要成为优秀的推销员，你必须具有随时考虑各种策略，不断努力达到目的的能力和素质。如果你的表现让你的顾客觉得你很有敬业精神，可能产生这样的效果：即便你不积极地去争取，顾客也会自动上门。能够做到这点的绝对是一个卓越的推销员。

如果你的老顾客对你抱有好感，就会为你带来新的顾客，他会介绍自己的朋友来找你。但是这一切的前提是你用自己的魅力确确实实感染他。而且你们之间有一种信任的关系，也许是那种由于多次合作而产生的信任关系，但不一定是朋友的关系，因为总是有一些人把工作和生活分得很清楚。其实，只要你让你的老客户对你产生了这样的好感，他会对他的朋友介绍说："我经常和某某公司的某某合作，他很亲切而且周到，我对他很有好感。"既然是朋友的推荐，那位先生一定会说："既然这样，那我也去试试看。"这对推销员来说，就等于是别人为你开了财路。

当你一旦建立起一个良好的客户接近圈，并能驾驭这张网良性运作时，你就会看到银行整天的忙碌都是为了把所有客户的钱从他们的账户上划到你的账户上，你就会觉得所有"财神爷"的口袋都是向你敞开着的。

2.开发有影响力的中心人物

开发有影响力的中心人物，利用中心开花法则。中心开花法则就是推销人员在某一特定的推销范围里发展一些具有影响力的中心人物，并且在这些中心人物的协助下，把该范围里的个人或组织都变成推销人员的准顾客。实际上，中心开花法则也是连锁介绍法则的一种推广运用，推销人员通过所谓"中心人物"的连锁介绍，开拓其周围的潜在顾客。

中心开花法则所依据的理论是心理学的光环效应法则。心理学原理认为：人们对于在自己心目中享有一定威望的人物是信服并愿意追随的。因此，一些中心人物的购买与消费行为，就可能在他的崇拜者心目中形成示范作用与先导效应，从而引发崇拜者的购买与消费行为。实际上，任何市场概念内及购买行为中，影响者与中心人物是客观存在的，他们是"时尚"在人群传播的源头。只要了解确定中心人物，使之成为现实的顾客，就有可能发展与发现一批潜在顾客。

利用这种方法寻找顾客，推销人员可以集中精力向少数中心人物做细致的说服工作；可以利用中心人物的名望与影响力提高产品的声望与美誉度。但是，利用这种方法寻找顾客，把希望过多地寄托在中心人物身上，而这些所谓中心人物往往难以接近，从而增加了推销的风险。如果推销人员选错了消费者心目中的中心人物，有可能弄巧成拙，难以获得预期的推销效果。

在你推销商品时，常常有这样的情况：一个家庭或一群同伴们来跟你谈生意、做交易，这时你必须先准确无误地判断出其中的哪位对这笔生意具有决定权，这对生意能否成交具有很重要的意义。如果你找对了人，将会给你的生意带来很大的便利，也可让你有针对性地与他进行交谈，抓住他某些方面的特点，把你的商品介绍给他，让他觉得你说的正是他想要的商品的特点。

相反，如果你开始就盲目地跟这一群人中的某一位或几位介绍你的商品如何如何，把真正的决定者冷落在一边，这样不仅浪费了时间，而且会让人看不起你，认为你不是生意上的人，怎么连最起码的信息——决定权掌握在谁手里都不知道，那你的商品又怎能令人放心。

如何确定谁是这笔交易的决定者，很难说有哪些方法，只有在长期的实践过程中，经常注意这方面的情况，慢慢摸索顾客的心理，才能做到又快又准确地判断出谁是决定者。不过，这里可介绍几种比较常见但又比较容易让人判断错的情况。

当你去一家公司推销沙发时，正好遇到一群人，当你向他们介绍沙发时，他们中有些人听得津津有味，并不时地左右察看，或坐上去试试，同时向你询问沙发的一些情况并不时地作出一些评价等。而有些人则对沙发无动于衷，一点儿也不感兴趣，站在旁边，似乎你根本就不在旁边推销商品。这两种人都不是你要找的决定人。当你向他们提出这样的问题："你们公司想不想买这种沙发？""我觉得这沙发放在办公室里挺不错的，贵公司需不需要？"他们便会同时看着某一个人，这个人便是你应找的公司领导，他能决定是否买你的沙发。

当你在推销洗衣机时，一个家庭的几位成员过来了，首先是这位主妇说："哦，这洗衣机样式真不错，体积也不大。"然后长子便开始对这台洗衣机大发评论了，还不停地向你询问有关的情况。这时你千万不要认为这位长子便是决定者，从而向他不停地讲解，并详细地介绍和回答他所提出的问题，而要仔细观察站在旁边不说话，但眼睛却盯着洗衣机在思索的父亲，应上前与他搭话："您看这台洗衣机怎么样，我也觉得它的样式挺好。"然后再与他交谈，同时再向他介绍其他的一些性能、特点等。因为这位父亲才是真正的决定者，而你向他推销、介绍，比向其他人介绍有用得多，只有让他对你的商品感到满意，你的交易才可能成功，而其他人的意见对他只具有参考价值。

在有些场合下，你一时难以判断出谁是他们中的决定者，这时你可以稍微改变一下提问的方式。比如，你可以向这群人中的某一位询问一些很关键、很重要的问题，这时如果他不是领导者，他肯定不能给你准确明了的答复，而只是一般性的应答，或是让你去找他们的领导。

如果你正碰上领导者，那么他就能对你提出的重要的问题给予肯定回答。这种比较简单的试问法，可以帮你尽快地、准确地找到你所想要找的决定者。因此，能使你更有效地进行推销活动，避免了时间上的浪费，提高了你的商品推销说明的效率。

推销人员可以在某一特定的推销范围里发展一些具有影响力的中心人物，并且在这些中心人物的协助下，把该范围里的个人或组织都变成推销人员的准顾客。

3.寻找一个团体中的拍板人

托德·邓肯说，如果想在你所有的人际关系中得到更多的资源，必须先以其中一人为中心向外扩张，也就是借由这最初的250条人际关系关系，从中再寻找可以让你向其他人际关系网搭上关系的桥梁，如此周而复始的推动，将每一个人的250条人际关系紧紧地串联在一起，也就是直销界经常使用的推荐模式。透过不断联络经营，认识的人会源源不绝，真可谓"取之不尽，用之不竭"！所以良好的人际关系，全看自己如何去推动。如果要验证自己的人际关系网络是否丰富，可以随意走到任何的公共场合中，假如时常遇见认识的人和自己打招呼，即证明你的人际关系已经是相当成功了。

此外，通常在推销中寻找拍板人时，也要充分尊重其他人。仅仅尊重是不够的，要让所有的人变成准客户、客户才行。

首先，访问重要人物时，注意搞好与在拜访过程中遇到的人的关系。比如，即使你明明知道大人物的住处或办公室，但也可以在途中找个人问一问，创造办完事回过头来再次和那个人接触的良机。简单地说，让你所接触的人们都变成准客户。要知道，不管你推销什么，任何人都有可能对你的推销产生影响。平时注意"小人物"已经不那么容易，谈"大生意"时就更难了。光顾着拍板人，冷落其他人的事例太多了。

经常听到有些专业推销员说自己跟谁"很熟"，但一问到一些细节，他就答不上来。"熟人"和"准客户"是有明显区别的。要是你把别人当成准客户，你就要了解清楚对方的姓名、年龄、籍贯、性格、经济状况、爱好等，在此基础上，再进行认真的商谈，对方才会由熟人变成准客户，进而成为客户。

请记住：当你与一位经理、厂长、部长洽谈大生意时，与秘书、主任、司机等人先成交小生意的可能性非常大。除了成交真正的生意外，赢得这些"小人物"的心也要比争取"大人物"的好感容易得多。

养成多说一句话的习惯，请人给别人介绍自己和产品。

"这样的好东西，跟亲戚朋友多说一说。"

"你知道谁特别需要这种产品吗？请给我介绍一下。"

成交也好，暂时未能成交也好，你多说一句总是没什么坏处的，因为你已经撒下了一粒成功的种子！

三、杠杆法则——让对手成为杠杆

记住：对手多的地方机会就越多。应该感谢你的敌人和对手，真诚地给对手赞赏，永远不要去抱怨。

1. 对手多的地方机会就越多

日本的游泳运动一直是处于世界领先的地位。但有人说，他们的训练方法也有着很神奇的秘密。有一个人到过日本的游泳训练馆，他惊奇地发现，日本人在游泳馆里养着很多鳄鱼。后来他探询到了这个秘密。在训练的时候，队员跳下水去之后，教练不久就会把几只鳄鱼放到游泳池里。几天没有吃东西的鳄鱼见到活生生的人，立即兽性大发，拼命追赶运动员。尽管运动员知道鳄鱼的大嘴已经被紧紧地缠住了，但看到鳄鱼的凶相，还是条件反射地拼命往前游。

加拿大有一位长跑教练，以在很短的时间内培养出了几位长跑冠军而闻名。有很多人来这里探询他的训练秘密。谁也没有想到他成功的秘密是因为有一个神奇的陪练，这个陪练不是一个人，而是一只凶猛的狼。他说他是这样决定用狼做陪练的，因为他训练队员的是长跑项目，所以他一直要求队员从家里来时一定不要借助任何交通工具，必须自己一路跑来，作为每一天训练的第一课。他的一个队员每天都是最后一个来，而他的家还不是最远的。他甚至告诉这位队员让他改行去干别的，不要在这里浪费时间了。但是突然有一天，这个队员竟然比其他人早到了20分钟，他知道这位队员离家的时间，他算了一下，惊奇地发现，这个队员今天的速度几乎可以超过世界纪录。他见到这个队员的时候，这个队员正气喘吁吁地向他的队友们描述着今天的遭遇。原来，在他离开家不久，在经过那一段有5公里的野地时，他遇到了一只野狼。那野狼在后面拼命地追他，他拼命地往前跑，那野狼竟然被他给甩下了。教练明白了，这个队员今天超常的成绩是因为一只野狼，因为他有了一个可怕的敌人，这个敌人使他把自己所有的潜能都发挥出来了。从此，他聘请了一个驯兽师，找来几只狼，他的队员的成绩都有了大幅度的提高。

有对手的地方就会充满竞争，而竞争是我们前进的动力。对手往往还能够给你带来经验，甚至还有客户。

托德·邓肯告诉我们：竞争并不可怕，把对手当作你的杠杆，对手越强大，你的前进动力越大。

2.真诚赞赏你的对手

托德·邓肯的朋友亚斯独自开起了一家计算机销售店，旗开得胜，这可引起了邻近的计算机销售店店主瑞特的怨恨。瑞特无中生有地指责年轻的亚斯"不地道，卖水货"。亚斯的好友为此感到非常气愤，劝说亚斯向法院起诉，控告瑞特的诬陷。亚斯却不仅不恼，反而笑嘻嘻地说："和气才能生财，冤冤相报何时了？"当顾客们再次向亚斯述说起瑞特的攻击时，亚斯心平气和地对他们说："我和瑞特一定是在什么事情上产生了误会，也许是我不小心在什么地方得罪了他。瑞特是这个城里最好的店主，他为人热情，讲信誉。他一直为我所敬仰，是我学习的榜样。我们这个地方正在发展之中，有足够的余地供我们两家做生意。日久见人心，我相信瑞特绝对不是你们所说的那种人。"瑞特听到这些话，深深地为自己的言行感到羞愧，不久后的一天，他特地找到亚斯，向亚斯表达了自己的这种心情，还向亚斯介绍了自己经商的一些经验，提了一些有益的建议。这样，亚斯真诚的赞扬消除了两人之间的怨恨。

给客户真诚的赞赏，在顾客面前给你的竞争对手美言几句，这是托德·邓肯成为客户最信赖的推销员的原因。

一切都发生在俄亥俄州一家大型化学公司财务主管琼斯先生的办公室里。琼斯先生当时并不认识后来成为推销大师的法兰克·贝特格，很快贝特格发觉琼斯对贝特格服务的菲德利特公司丝毫也不了解。以下是他们的对话：

"琼斯先生，您在哪家公司投了保？"

"纽约人寿保险公司、大都会保险公司。"

"您所选择的都是些最好的保险公司。"

"你也这么认为？"

"没有比您的选择更好的了。"

接着贝特格向琼斯讲述了那几家保险公司的情况和投保条件。

贝特格说的这些丝毫没有使琼斯觉得无聊，相反，他听得入神，因为有许多事是他原来不知道的。贝特格看得出他因认为自己的投资判断正确而感到自豪。

之后，贝特格接着说："琼斯先生，在费城还有几家大的保险公司，例如菲德利特、缪托尔等，他们都是全世界有名的大公司。"

贝特格对竞争对手的了解和夸赞似乎给琼斯留下了深刻的印象。当贝特格再把菲德利特公司的投保条件与那几家他所选择的大公司一起比较时，由于经贝特格介绍他已熟悉了那几家公司的情况，他就接受了贝特格，因为菲德利特的条件更适合他。

在接下来的几个月内，琼斯和其他4名高级职员从菲德利特公司购买了大笔保险。当琼斯的公司总裁向贝特格咨询菲德利特公司的情况时，琼斯先生连忙插嘴，一字不差地重复了贝特格对他说过的话："那是费城三家最好的保险公司之一。"

贝特格能成为推销大师绝非偶然，他们身上的闪光点，都需要我们好好学习，真诚赞赏一下竞争对手，对你能有什么损失呢？

3.正确对待竞争对手

在推销商品时完全不遇到竞争对手的情况是很少的。面对这种情况，托德·邓肯告诉我们，必须做好准备去对付竞争对手，如果没有这种思想准备，客户会以为你敌不过竞争对手。

当然，大多数客户都知道一些竞争对手提供的商品，但推销员会吃惊地发现，并不知道同一领域里有哪些主要竞争者的买主也时有所遇。因此，聪明的推销员一般都不主动提及有无竞争对手的事，他们害怕那样做将会向客户提供出他们不知道的信息。

下面以销售汽车为例说明问题：某企业的总经理正打算购买一辆汽车送给儿子作为高中毕业的礼物。萨布牌轿车的广告曾给他留下印象，于是他到一家专门销售这种汽车的商店去看货。而这里的推销员在整个介绍过程中却总是在说他的车如何如何比"菲亚特"和"大众"强。

作为总经理的他似乎发现，在这位推销员的心目中，后两种汽车是最厉害的竞争对手，尽管总经理过去没有听说过那两种汽车，他还是决定最好先亲自去看一看再说。最后，他买了一辆"菲亚特"。看来，真是话多惹祸。

不贬低诽谤同行业的产品是推销员的一条铁的纪律。请记住：把别人的产品说得一无是处，绝不会给你自己的产品增加一点好处。

如何对待竞争对手呢？除了上文说的给对手真诚的赞赏外，还要尽量掌握对手的情况。

为什么必须经常注意竞争对手的动向呢？托德·邓肯指出了另一个原因，他说：

"我不相信单纯依靠推销术被动竞争能够做好生意，但我相信禁止我的推销员讨论竞争对手的情况是极大的错误。我过去太喜欢'埋头苦干'，以至于对市场动向掌握甚少。现在我已要求手下的推销员只要在他们负责的区域发现一种竞争产品就立即给我送来。

"我的这种愿意研究他人产品的态度对手下人是一剂兴奋剂。它至少表明我不愿意在打瞌睡的时候被别人超过去；如果本行业已经纷纷扬扬地议论起新出现的竞争产品，而我仍然在睡大觉，推销员们势必会灰心丧气。

"我坚决主张应当全面掌握竞争对手的情况。外出执行任务的推销员不断会听到关于他人产品优点和自己产品弱点的议论，因此必须经常把他们召回大本营，让他们从头至尾重新制订自己货品的推销计划。这样他们才不至于在推销工作中落入被动竞争的困境。"

在实际行动中，要承认对手，但是不要轻易进攻。

毫无疑问，避免与竞争对手发生猛烈"冲撞"是明智的，但是，要想绝对回避他们看来也不可能。推销员如果主动攻击竞争对手，他将会给人留下这样一种印象：他一定是发现竞争对手非常厉害，觉得难以对付。人们还会推断：他对另一个公司的敌对情绪之所以这么大，那一定是因为他在该公司手里吃了大亏。客户下一个结论就会是：如果这个厂家的生意在竞争对手面前损失惨重，他的竞争对手的货就属上乘，我应当先去那里瞧瞧。

托德·邓肯讲过这样一件事，说明推销员攻击竞争对手会造成什么样的灾难性的后果：

"我在市场上招标，要购入一大批包装箱。收到两项投标，一个来自曾与我做过不少生意的公司，公司的推销员找上门来，问我还有哪家公司投标。我告诉他了，但没有暴露价格秘密。他马上说道：'噢，是啊，是啊，他们的推销员吉姆确实是个好人，但他能按照你的要求发货吗？他们工厂小，我对他的发货能力说不清楚。他能满足你的要求吗？你要知道，他对你们要装运的产品也缺乏起码的了解。'等等。

"应该承认，这种攻击还算是相当温和的，但它毕竟还是攻击。结果怎样？我听了这些话产生出一种强烈的好奇心，想去吉姆的工厂里面看看，并和吉姆聊聊，于是前去考察。他获得了订单，合同履行得也很出色。这个简单的例子说明，一个推销员也可以为竞争对手卖东西，因为他对别人进行了攻击，我才在好奇心的驱使下产生了亲自前去考察的念头，最后，造成了令攻击者大失所望的结局。"

最好不要和你的客户进行对比试验。

有时，竞争变得异常激烈，必须采用直接对比试验来确定竞争产品的优劣，比如在销售农具、油漆和计算机时就经常这样做。如果你的产品在运行起来之后客户马上可以看到它的优点，采用这种对比试验进行推销就再有效不过了。但是，如果客户本来就讨厌开快车，你还向他证明你的车比另一种车速度快，那便是不得要领了。

然而，对比试验也有可能因人为操纵而变得不公平。比如：

有两家公司生产的双向无线电通信设备在进行竞争性对比试验，一家是摩托罗拉公司，另一家的名字最好还是不公开。前者的方法：允许客户从手头堆放的设备中任选一部，然后由他们的人控制操纵台随意进行试验。后者是一家巨型公司，是前者的主要对手。它的方法却是：使用经常特别调试的设备参加对比试验，以保证达到最佳效果，而且由该公司的人控制操纵台，不让客户动手。

最后，摩托罗拉公司吃了大亏，下令公司的人永远不准与那家大公司的代表在同一间屋里与他们进行对比试验。看来，对比试验也有一定的危险，需要警惕。

四、求爱法则——用真诚打动顾客

推销其实就是推销感情，让顾客从心里接受你。用真诚打动顾客的心，用心拓展客户关系，你的推销就一定能被顾客接受。托德·邓肯说："一段客户关系要想表面看上去正常，首先里面必须是正确的。"

1.对待客户要用心

关于这一点，我们身边的故事相信对你更有启发性。

亿万富翁李晓华说："在我走向成功的道路上，赵章光先生给了我很大的帮助。"

当时，"章光101"生发精在日本行情看涨，在国内更是供不应求，一般人根本拿不到货。而李晓华与赵章光又素昧平生。李晓华决定主动进攻。

他第一天来到北京毛发再生精厂，吃了闭门羹。门卫告诉他："一年以后再来吧！"

第二天，他又来到该厂。这一次，虽然他想办法进了大门，找到了供销科，但得到的答复仍然是："一年后再来吧！"也难怪，"101毛发再生精"卖得正红火，李晓华根本排不上号。

经过一番思考，他改变了策略。第三天，他坐着一辆由司机驾驶的奔驰来到101毛发再生精厂,并自报家门:"海外华侨李晓华先生前来拜访!"

在与对方的交谈中,他先不提买毛发再生精的事情,而是海阔天空地聊天,从中捕捉对自己有用的信息。当他了解到101毛发再生精厂职工上下班汽车不够用时,立即表示愿意赠送一辆大客车和一辆小汽车。果然,一个月后,两辆汽车开到了北京101毛发再生精厂。李晓华的慷慨和真诚相助,使赵章光深受感动。从此,李晓华与赵章光成了好朋友。李晓华如愿以偿,取得了101毛发再生精在日本的经销权。他常常包下整架飞机,把101毛发再生精运到日本。短短几个月,李晓华进入了千万富翁的行列。

用心拓展客户关系,用真诚打动顾客,不要错失任何机会,客户永远至上。

2.用真诚去打动客户

詹姆斯作为一个新手,在进入汽车销售行的第一年就登上公司的推销亚军宝座,令许多人都羡慕不已。同事纷纷向他祝贺,讨教经验似的问:"你是如何取得这么好的销售业绩的?你真棒!"但詹姆斯一时也说不出个所以然来,这也成为一个问题,困扰了他好几天。

直到有一天,詹姆斯坐在车上,忽然想起来了:真傻,这一点问问客户不就清楚了吗!他扬了扬手中的签约单,笑着对自己说:"好,现在就开始!"

今天的客户乔治先生是一家地产公司的老板,是詹姆斯以前的一个客户介绍过来的,算上今天这次,这是他们的第三次见面。詹姆斯觉得乔治先生很直爽,向他问这个问题应该不会太失礼。

在乔治先生家中,双方签完约,合上合同文本,詹姆斯又很有耐心地向乔治先生重复了一遍公司的售后服务和乔治先生作为车主所享有的权益。然后,才很有礼貌地问:"乔治先生,我有一个私人问题想问一下您,可以吗?"

乔治先生看了一眼詹姆斯,从沙发上坐直身子,说道:"当然可以!"

"是这样的,我想问您,您为什么会和我签约?当然,我的意思是说,其他公司好的推销员很多,您为什么会选择我?"第一次问这种问题,詹姆斯觉得有点不好意思,略带歉意地望着乔治先生。

乔治先生爽朗地笑了起来,很高兴地说:"年轻人,我果然没有看错人。"乔治先生接着说:"你是我的朋友介绍的,他也在你这儿买过车,你该记得的。当时他就告诉我:'这小伙子很诚实,我信得过他。'我听了有点不以为然,你别介意,但我确实是如此想的。推销员我见多了,还不都是油嘴滑舌,把自己的产品吹得天花乱坠吗?但第一次见面,你言简意赅地向我介绍了几款车,便静静地听我讲述要求。我们交谈时你双目注视着我,给我留下深刻的印象,的确,像我朋友所说的,你与别的推销员不同,你很真诚。

"第二次见面时,你全力向我推荐了这款车。其实这款车我早就注意过了,我也听了不下6个推销员向我介绍这款车,但你又一次打动了我。应该说,这款车的性能、价位、车型设计等都比较符合我的要求,正在我犹豫之际,你又主动跟我说:'这款车许多客人初看都很喜欢,但买的人不算太多,因为这款车最主要的缺点就是发动机声响太大,许多人受不了它的噪声,如果对这一点你不是很在意的话,其他如价格、性能等符合你的愿望,买下来还是很合算的。'

"你还记得我试过车后说的话吗?我说:'你特意提出噪声的问题,我原以为大得惊人呢,其实这点噪声对我来讲不成问题,我还可以接受,因为我以前的那款车声音比这还大,我看这不错。其他的推销员都是光讲好处,像这种缺点都设法隐瞒起来,你把缺点明白地讲出,我反而放心了。'你看,我们就这么成交了!"

从乔治先生家里出来,詹姆斯既高兴又激动,脸涨得都有点红了,今天这种方式真不错,很有实效!詹姆斯觉得,这对自己不仅是一种肯定和鼓励,而且还增进了他与乔治先生的交情,刚才出门之前,乔治先生还很殷勤地邀请他在家共进晚餐呢,这个朋友是交定了!

把产品的缺点告诉你的客户,对待客户像对待朋友一样,切不可为了一时利益隐瞒不利于销售的地方，这样，你永远都成不了优秀的推销员。

3. 带着感情推销

推销员与客户交往好像是在与恋人"谈恋爱"，能够把恋爱技巧运用到推销上的推销员一定是成功的。如果你看上一个女孩，第一次见面就跟她大谈特谈数学、物理、逻辑，那你注定要失败。同样，推销员如果与客户一见面就大谈商品、生意，或一些深邃难懂的理论，那他一定不会取得客户的好感。

善于辩论，说起理论来一套一套的，可在商场上却四处碰壁的推销员，也不乏其例。

推销员汉特，他曾是大学辩论会的优胜者，便自以为口才非凡，平常说话总是咄咄逼人，可工作几个月后，销售业绩总是排在后面。请看一段他与客户的对话。

"我们现在不需要。"客户说。

"那么是什么理由呢？"

"理由？总之我丈夫不在，不行。"

"那你的意思是，你丈夫在的话，就行了吗？"汉特出言不逊、咄咄逼人，终于把这位客户惹恼了："跟你说话怎么那么麻烦？"

汉特碰了一鼻子灰出来，还对别人说："我说的每句话都没错呀，怎么生气了？"他以为自己的语句合乎逻辑推理，却不想他的话一点都不合人情。

推销员与客户结缘，绝用不上什么高深理论，最有用的可能是那些最微不足道、最无聊甚至十分可笑的废话。

因为客户对推销员的警戒是出于感情上的，要化解它，理所当然"解铃还需系铃人"。除了用感情去感化，理论是无济于事的。

"空中客车"公司是法国、德国和英国等国合营的飞机制造公司，该公司生产的客机质量稳定、性能优良。但是，因为它是20世纪70年代新办的企业，外销业务一时难以打开。为改变这种被动局面，公司决定招聘能人，将产品打入国际市场。贝尔那·拉第埃正是在这一背景下受聘于该公司的。

当时，正值石油危机，世界经济衰退，各大航空公司都不景气，飞机的外销环境相当艰难。尽管如此，拉第埃还是挺身而出，决定大显身手。

拉第埃走马上任遇到的第一个棘手问题是和印度航空公司的一笔交易。由于这笔生意未被印度政府批准，极可能会落空。在这种情况下，拉第埃匆忙赶到新德里，并且会见谈判对手——印航主席拉尔少将。在和拉尔会面时，拉第埃对他说："因为您，使我有机会在我生日这一天又回到了我的出生地。"接着，他介绍了自己的身世，说他1924年3月4日生于加尔各答。拉尔听后深受感动并邀请他共进午餐。拉第埃见此情形，趁热打铁，从公文包中取出一张相片呈给拉尔，并问：

"少将先生，您看这照片上的人是谁？"

"这不是圣雄甘地吗？"拉尔回答。

"请您再看看旁边的小孩是谁？"

"……"

"就是我本人呀！那时我才3岁半，在随父母离开印度去欧洲的途中，有幸和圣雄甘地同乘一条船。"

拉第埃说完这些话，拉尔已经开始动摇了，当然，这笔生意也就成交了。

拉第埃的这一招，正应了中国古代兵法"攻心为上"。他的一句话既巧妙地赞美了对方，又引起了对方听下去的兴趣。接着，他用自己的生平介绍解除了对方"反推销"的警惕和抵抗，拉近了双方的距离。最后，又用甘地的照片彻底打动了对方，由此而产生感情共鸣，而这种感情共鸣产生的时候，也正是他适时采用这一战术，才顺利成交。

总之，做人要真诚，做事要真诚，做推销更要真诚。

五、钩子法则——吸引顾客守候到底

托德·邓肯告诉我们：对待不同的顾客，面对不同的情况要采用不同的策略，只有想办法迷住你的顾客，才能吸引顾客守候到底。

1.重视机会，把劣势变优势

实业界巨子华诺密克参加了在芝加哥举行的美国商品展览会，很不幸的是，他被分配到一个极偏僻的角落，任何人都能看出，这个地方是很少会有游客来的。因此，替他设计摊位的装饰工程师萨孟逊劝他索性放弃这个摊位，等明年再参加。

你猜华诺密克怎样回答？他说："萨孟逊先生，你认为机会是它来找你，还是由你自己去创造呢？"

萨孟逊先生回答："当然是由自己去创造的，任何机会都不会从天而降！"

华诺密克愉快地说："现在，摆在我们面前的难题，就是促使我们创造机会的动力。萨孟逊先生，多谢你这样关心我，但我希望你把关心我的热情用到设计工作上去，为我设计一个漂亮而又富有东方色彩的摊位！"

萨孟逊先生果然不负所托，为他设计了一个古阿拉伯宫殿式的摊位，摊位前面的大路，变成了一个人工形成的大沙漠，人们走到这个摊位时仿佛置身阿拉伯一样。华诺密克对这个设计很满意。他还派人做了一大批气球，准备在展览会内使用。但这一切都是秘密进行的，在展览会开幕之前不许任何人宣扬出去！

对于华诺密克这个阿拉伯式的摊位设计，已引起参加展览会的商人们的兴趣，不少报纸和电台的记者都争先报道这个新奇的摊位。这些报道，更引起很多市民的注意。等到开幕那天，人们早已怀着好奇心准备参观华诺密克那个阿拉伯式的摊位了。

突然，展览地内飞起了无数色彩缤纷的气球，这些气球都是经过特殊设计的，在升空不久，便自动爆破，变成一片片胶片撒下来，胶片上面印着一行很漂亮的小字:"亲爱的女士和先生,当你们看到这小小的胶片时,你们的好运气就开始了,我们衷心祝贺你。请你们拿着胶片到华诺密克的阿拉伯式摊位去,换取一件阿拉伯式的纪念品,谢谢你!"

这个消息马上传开了。人们纷纷挤到华诺密克的摊位去,反而忘却了那些开设在大路边的摊位。

第二天,芝加哥城里又升起了不少华诺密克的气球,引起很多市民的注意。

45天后,展览会结束了。华诺密克先生做成了2000多宗生意,其中有500多宗是超过100万美元的大交易,而他的摊位,也是全展览会中游客最多的摊位。

面对劣势,只要用心思考,巧做安排,让你的客户为你守候到底,托德·邓肯认为这才是推销的境界。意外的情况并不是坏事,有时也有利于你的推销,开动脑筋,变劣势为优势,吸引你的顾客守候到底。

2.迷住你的客户

香港巨商曾宪梓在发迹之前,曾有一次背着领带到一家外国商人的服装店推销。服装店老板打量了一下他的寒酸相,就毫不客气地让曾宪梓马上离开店铺。

曾宪梓怏怏不乐地回家后,认真反思了一夜。第二天一早,他穿着笔挺的西服,又来到了那家服装店,恭恭敬敬地对老板说:"昨天冒犯了您,很对不起,今天能不能赏光吃早茶?"

服装店老板看了看这位衣着讲究、说话礼貌的年轻人,顿生好感。两人边喝茶边聊天越谈越投机。喝完茶后,老板问曾宪梓:"领带呢?"曾宪梓说:"今天专程来道歉的,不谈生意。"

那位老板终于被他的真诚所感动,敬佩之情油然而生,他诚恳地说:"明天你把领带拿来,我给你销。"

用你的人格魅力去吸引顾客,也是很好的一个办法。

阿特·海瑞斯是斯奈克塔德零售部经理,斯奈克塔德是纽约通用电器公司的电视台之一。他认为当推销员吸引住潜在顾客时,才能创造适当的推销环境。

一位先生是个很难对付的脾气暴躁的人,他总是很敷衍地听别人讲话。但在他的办公室中却无线索可寻。海瑞斯又把停车场扫了一遍,也毫无头绪。他在这位先生所在的城市订了份报纸,当时这位先生有一批石油生意要成交。

"报纸的第一期刊登了这位先生的一封信。"海瑞斯说,"他对拆掉一座有80年历史的旅馆不满,那家旅馆是应被保护的历史建筑。"

海瑞斯马上给这位先生修书一封,对其反抗与不满予以支持,还随信寄去了一本该地区的历史旅游景点手册。

"于是我收到了所有潜在顾客来信中最友好的一封回信,"海瑞斯说道,"只有三个人对其刊登的信予以了评论。他没想到事情过了这么久仍会有人看到它。"

海瑞斯成功了,这位先生连续6年购买该公司的电视时间。

推销员要走近顾客,但不能莽撞,不要主动说:"你有个10岁大的孩子,我也有,他入团了吗?"海瑞斯总是跟着顾客的思路走,顾客不提及家庭,他不会主动提及。"另一位先生与我签订了一份电视时间的购买订单。"海瑞斯说,"当我们熟悉了之后,就一同去了圣地亚哥。在商务或社会活动期间这位先生从未提及家里的事。当他提起不久之后的日本之行时,我也未问他是否与夫人同行。"

后来海瑞斯才知道这位先生刚刚失去了妻子。若他当年问了这样的问题该有多尴尬:"你妻子怎么样?"

阿特·海瑞斯懂得迷住顾客的价值,推销也意味着在双方关系进程中要与对方保持接近。

3.听到"考虑一下"时你要加油

在推销员进行建议和努力说服或证明之后,客户有时会说一句:"知道了,我考虑考虑看看。"或者是:"我考虑好了再跟你联系,请你等我的消息吧！"

　　顾客说要考虑一下，是什么意思？是不是表示他真的有意购买，还是现在还没考虑成熟呢？如果你是这么认为，并且真的指望他考虑好了再来购买，那么你可能是一位不合格的推销员。其实，对方说"我考虑一下"，乃是一种拒绝的表示，意思几乎相当于"我并不想购买"。

　　要知道，推销就是从被拒绝开始的。作为一名推销员，当然不能在这种拒绝面前退缩下来，正确的做法应该是迎着这种拒绝顽强地走下去，抓住"让我考虑一下"这句话加以利用，充分发挥自己的韧劲，努力达到商谈的成功。

　　所以，如果对方说："让我考虑一下。"推销员应该以积极的态度尽力争取，托德·邓肯告诉我们可以用如下几种回答来应对他的"让我考虑一下"：

　　（1）我很高兴能听到您说要考虑一下，要是您对我们的商品根本没有兴趣，您怎么肯去花时间考虑呢？您既然说要考虑一下，当然是因为对我所介绍的商品感兴趣，也就是说，您是因为有意购买才会去考虑的。不过，您所要考虑的究竟是什么呢？是不是只不过想弄清楚您想要购买的是什么？这样的话，请尽管好好看清楚我们的产品；或者您是不是对自己的判断还有所怀疑呢？那么让我来帮您分析一下，以便确认。不过我想，结论应该不会改变的，果然这样的话，您应该可以确认自己的判断是正确的吧，我想您是可以放心的。

　　（2）可能是由于我说得不够清楚，以至于您现在尚不能决定购买而还需要考虑。那么请让我把这一点说得更详细一些以帮助您考虑，我想这一点对于了解我们商品的影响是很大的。

　　（3）您是说想找个人商量，对吧？我明白您的意思，您是想要购买的。但另一方面，您又在乎别人的看法，不愿意被别人认为是失败的、错误的。您要找别人商量，要是您不幸问到一个消极的人，可能会得到不要买的建议；要是换一个积极的人来商量，他很可能会让你根据自己的考虑作出判断。这两种人，找哪一位商量会有较好的结果呢？您现在面临的问题只不过是决定是否购买而已，而这种事情，必须自己作出决定才行，此外，没有人可以替您作出决定的。其实，若是您并不想购买的话，您就根本不会去花时间考虑这些问题了。

（4）先生，与其以后再考虑，不如请您现在就考虑清楚作出决定。既然您那么忙，我想您以后也不会有时间考虑这个问题的。

这样，紧紧咬住对方的"让我考虑一下"的口实不放，不去理会他的拒绝的意思，只管借题发挥、努力争取，尽最大的可能去反败为胜，这才是推销之道。

4.为推销成功创造条件

有一个推销员，他以能够销售出任何商品而出名。他已经卖给过牙医一支牙刷，卖给过面包师一个面包，卖给过盲人一台电视机。但他的朋友对他说："只有卖给驼鹿一个防毒面具，你才算是一个优秀的推销员。"于是，这位推销员不远千里来到北方，那里是一片只有驼鹿居住的森林。"您好！"他对遇到的第一只驼鹿说，您一定需要一个防毒面具。

"这里的空气这样清新，我要它干什么！"驼鹿说。

"现在每个人都有一个防毒面具。"

"真遗憾，可我并不需要。"

"您稍候，"推销员说，"您已经需要一个了。"接着他便开始在驼鹿居住的林地中央建造一座工厂。"你真是发疯了！"他有朋友说。"不，我只是想卖给驼鹿一个防毒面具。"

当工厂建成后，许多有毒的废气从大烟囱中滚滚而出，过了不久，驼鹿就来到推销员处对他说："现在我需要一个防毒面具了。"

"这正是我想的。"推销员说着便卖给了驼鹿一个。"真是个好东西啊！"推销员兴奋地说。

驼鹿说："别的驼鹿现在也需要防毒面具，你还有吗？"

"你真走运，我还有成千上万个。""可是你的工厂里生产什么呢？"

驼鹿好奇地问。

"防毒面具。"推销员兴奋而又简洁地回答。

托德·邓肯说,产品不是靠市场检验出来的,而是自己推出来的。需求有时候是制造出来的,解决矛盾的高手往往也先制造出矛盾来。

需求是人因生理、心理处于某种缺乏状态而形成的一种心理倾向。优秀的推销员明白:需求是可以创造出来的,推销员想把商品推销出去,所需要做的第一件事就是唤起客户对这种商品的需求。

需求是可以被创造出来的,推销员只有先唤起客户对这种商品的需求,才有把产品推销出去的可能。

有一年情人节的前几天,一位推销员去一客户家推销化妆品,这位推销员当时并没有意识到再过两天就是情人节。男主人出来接待他,推销员劝男主人给夫人买套化妆品,他似乎对此挺感兴趣,但就是不说买,也不说不买。推销员鼓动了好几次,那人才说:"我太太不在家。"

这可是一个不太妙的信号,再说下去可能就要黄了。忽然推销员无意中看见不远处街道拐角的鲜花店,门口有一招牌上写着:"送给情人的礼物——红玫瑰。"这位推销员灵机一动,说道:"先生,情人节马上就要到了,不知您是否已经给您太太买了礼物。我想,如果您送一套化妆品给您太太,她一定会非常高兴。"这位先生眼睛一亮。推销员抓住时机又说:"每位先生都希望自己的太太是最漂亮的,我想您也不例外。"于是,一套很贵的化妆品就推销出去了。后来这位推销员如法炮制,成功推销出数套化妆品。

六、催化法则——建立成熟客户关系

建立成熟客户关系,你就会一劳永逸。成交以后要重视客户的抱怨,让客户说出心里话,让客户选择你成为一种习惯。这是托德·邓肯教给我们的又一个法则。

1. 重视客户的抱怨

"如果每一件客户抱怨的事件都一一去面对、处理，那就无法工作了，可我们还必须去做。"

"客户都是那种会随便说话的人，可即使是这样，我们仍要好好面对。"

以上的话都在告诉我们：千万不可轻视客户的抱怨。世界上有那种不发一顿牢骚绝不善罢甘休的人，正是这些人，才使我们的企业更充满活力，更适应社会。

有一些视财如命的客户会生气地问："这东西真的没问题吗？"还有一些恶劣的客户会把抱怨当作可赚钱的方法。

相反的，有一些比较忠厚的客户即使发现权益受损，也一定要下了重大的决心才会去申诉。当然，也有一些客户的抱怨是出自善意，真正为商家着想。如此一来，抱怨也会因为动机及目的的不同而有所差别。

需要说明的是，对抱怨的客户而言，他们都希望自己的申诉及想法能受到重视，哪怕只是小小的一个抱怨，或者是非善意的抱怨，还有，在处理抱怨的时候千万不要感情用事。如在电话中大声辩解"没有这回事"，那就是太过感情用事了，应该说"不会有这样的事情"才对。

即使在客户越来越激动，以至于大唱反调时，我们还是应该用冷静、和缓的态度来处理，因为有些人就是喜欢添油加醋，乘机攻击别人的弱点。

面对客户大声的叱责抱怨，加以他们过激的言词，而作为推销员，只能一味地忍耐道歉，这总会使我们感到很悲惨。何况更有些是起因于客户自身的问题。因此，在处理客户的抱怨时，我们必须以一种"是自己人生过程中的一种磨炼"的心态去应付这些事，否则根本就是难以应付的。

毫无疑问，人生并非只有快乐的一面，也有不少令人气愤或悲伤的事情。在忍受这些事的同时，也促进了人的成长，并且能培养出体谅他人的心情。如果人生事事皆顺心如意，那么人便不可能有所长进，也必定会失去人生的意义。

因此，我们要把处理抱怨之事想成是人生的一种磨炼，不断地去忍受、咀嚼这些痛苦，培养自己的忍耐性及各种优良的品质。但我们也知道忍受痛苦并不是件容易的事，所以有不愉快的事发生以后，我们不妨对亲近的同事说出自己的苦恼，以减轻自己的心理压力。同时也期望领导能充分考虑下属的处境，多奖励那些位于第一线上处理抱怨的部下，让他们振作起精神。

2.让客户说出心里话

托德·邓肯告诉我们：推销人员要与客户保持联系，打电话或是顺道拜访都可以，而且这些行动得在你的产品一送到他手上，或你一开始提供服务时就开始进行。你得探询他对产品是否满意，如果不是，你得设法让他心满意足。

要注意的是，千万别问他："一切都还顺利吗？"你的客户一定会回答："喔！还好啦！"然而，事实未必如此，他也许对你的商品不满意，但他不见得会把他的失望和不满告诉你，可是他一定会跟朋友吐苦水。如此一来，名声毁了，介绍人跑了，生意也别想再继续了。

难道你不想给自己一次机会，让客户满意吗？

你曾在外面享用丰富美味的大餐吗？你认为，花75美元在一个豪华餐厅里吃一餐很划算，因为听说餐厅提供高级波尔多葡萄酒、自制意大利通心粉、新鲜蔬菜沙拉配上适量的蒜泥调味汁，提拉米苏奶糕松软可口，让人赞不绝口。可是，如果每道菜都让你不满意，例如，酒已变味，通心粉煮得烂糊糊的，生菜沙拉里放了太多蒜泥，让你吃得一嘴蒜臭，不敢跟约会的朋友开口，提拉米苏奶糕又硬又干，那就更不用说了。餐后，老板亲自走上来，拍拍你的肩膀问："怎么样，吃得还满意吗？"你会回答："还好！"

不必疑惑为什么每个人都回答"还好"，反正人就是如此。

如果换个说词呢？假设老板问："有什么需要改进的地方吗？"

这种坦然的问话会让你开口，你会说："葡萄酒发酸，通心粉黏糊糊的，提拉米苏奶糕又硬又干，最糟的就是生菜沙拉，你们的厨师到底懂不懂'适量的蒜味'是什么意思？"

这些话听起来很刺耳，但是老板已表明态度，他很在意自己的餐厅，期待你将这一餐的真正的感受表达出来。而你照实说了，这等于是给他改善不足的机会。

他可能会如此回答：

"服务不佳，实在是非常对不起，您能说出真切感受，真是非常感激。请给我机会表达歉意。我们的大厨感冒，餐厅雇用的二厨看来无法达到我们要求的标准，我们会换一个新的。一个星期之内，当我们的大厨回来，盼望您再度光临，至于今天这一餐，您不用付任何费用。"

你必须用适当的问法，将客户的真心话引出来。如果客户发现你的产品或服务有问题，你要设法弥补。只要你有心改善，客户一定会留下好印象。如此一来，你的生意就能延续不断了。

记住：不要让客户说"还好"，要让他将心里的话说出来。

3.不同客户不同对待

福特是英国顶尖寿险推销人员，美国百万圆桌会议会员。他曾被美国百万圆桌协会推崇为"全球四位最佳寿险业务员之一"。福特在自我职业定位上有一个有趣的故事：

他假设自己在逛商场，在一楼，一个小公司的负责人问福特："您从事什么行业？"福特说："我帮企业主从债权人的手上保护他们的资产，并告诉他们如何增加财富。"

在二楼，有一位要退休的有钱女士问："您从事什么行业？"福特回答说："我是一个守护财富的专家。我擅长合理避税和房地产规划。"

在三楼，有一位带着小孩的女士问："您从事什么行业？"福特说："我帮助家庭减少债务，帮他们规划未来。比如小孩的教育费用和他们的未来规划。"

福特总会针对不同的人作出不同的职业定位，以吸引顾客的注意力和信赖感。

不同顾客要不同对待，但是有一种方法是通用的——给顾客送上一张贺卡，同时，你也送上了一份温情。

逢年过节，为你的顾客寄上一张贺卡，一定会使他感到既惊又喜，这种行为其实也是在为顾客服务——一种精神上的服务。他是因为购买了你推销的产品，才得到了你节日的祝福，所以，这份惊喜会使他将感情融于所购买的产品上，这样，当以后他还需要购买此种产品时，一定会毫不犹豫地继续选择你的产品。从而，也为顾客减少了诸多选择上的不必要的烦恼。

日本丰田公司的推销员在这方面做得就非常出色，也因此为自己抓住了很多老顾客，并继续以这种方式为他们提供精神服务。

顾客与推销员之间虽然是最普通的人际关系，而人与人交往的纽带永远是感情，虽然卡片很小，但"礼轻情意重"，顾客感受到的是无限的温情。

4.争取做第一

1910年，德国习性学家海因罗特在实验过程中发现了一个十分有趣的现象：刚刚破壳而出的小鹅，会本能地跟在它第一眼看到的母亲后边。但是，如果它第一眼看到的不是自己的母亲，而是其他活动物体，它也会自动地跟随其后。尤为重要的是，一旦这小鹅形成对某个物体的追随反应，它就不可能再对其他物体形成追随反应。用专业术语来说，这种追随反应的形成是不可逆的，而用通俗的语言来说，它只承认第一，无视第二。

在生活中，人对第一情有独钟。你会记住第一任老师、第一天上班、初恋等，但对第二则就没什么深刻的印象，在公司中第二把手总不被人注意，除非他有可能成为第一把手；在市场上第一品牌的市场占有率往往是第二的倍数……

在这里需要重点指出的是：单一顾客往往相信他所满意的产品，并会在很长时间内保持对该产品的忠诚，在这段时间内他不会对其他同类产品产生更大的兴趣和信任。

许多企业也证实：顾客忠诚度与企业的盈利具有很大的相关性。美国学者雷奇汉和赛萨的研究结果表明，顾客忠诚度每提高5%，企业的利润就能增加25%~85%。美国维特科化学品公司总裁泰勒认为，使消费者感到满意只是企业经营目标的第一步。"我们的兴趣不仅仅在于让顾客获得满意感，更要挖掘那些顾客认为能增进我们之间关系的有价值的东西。"

许多企业运用调查顾客满意程度来了解顾客对本企业产品和服务的评价，就是想通过提高顾客的满意程度来培养顾客忠诚度。然而许多管理者发现，企业进行大量投资，提高了顾客的满意程度，顾客却不断流失。对于企业和推销员来说，让顾客满意是远远不够的，如何培养顾客对组织、产品或者个人的忠诚才是推销的终极目标。

对于大多数商业机构而言，拥有一个忠诚的顾客群体是有好处的。从心理上讲，顾客忠实于某一特定的产品或商业机构也是有好处的。按照马斯洛的观点，从属感是人类比较高级的一种需要。作为一个物种，人们与其他一些同自己拥有同样想法和价值观的人在一起会感到亲切和有从属感。那些能够向其顾客提供这种从属感的商业机构正是触及到了人们这种非常重要的心理特征。

从企业角度来说，回头客是企业宝贵的财富。新顾客或新用户为企业发展和兴旺带来了新的活力。企业要通过成功的营销手段不断地吸引更多的新顾客，同时也要不懈地努力去巩固和留住老客户，这一点对企业经营是非常重要的。

留住回头客的关键还在于与顾客保持联系。与顾客和用户保持定期的联系，表示公司对顾客的关注和尊重，这样，可以增进双方感情交流，加深双方相互理解，也能够经常听到用户意见和反馈信息，及时进行质量改进，从而进一步加深企业与顾客之间的关系。

托德·邓肯告诉我们，方便顾客联系也有利于留住回头客。沟通便利使你的重要顾客能够不断地回头。

七、加演法则——不断提升服务质量

托德·邓肯认为：优良的服务就是优良的推销，销售中最好的推销就是服务，不能只开门而无服务，服务要有所为有所不为，做到贴心的服务让顾客心想事成。

1.服务是推销之本

彼尔是一家公司的业务经理，负责复印机推销与服务的部门。彼尔从学校毕业后就一直从事关于复印机的推销工作，转眼就是7年。在这7年中，他由修理复印机的助理员晋升到推销部的经理，这对一个年仅29岁的小伙子来说并不是一件容易的事。原本他只想找一个自己感兴趣的工作，没想到却一头钻进了推销中。

彼尔在学校读的是机械专业，他之所以进公司，只是抱着对机器维修的那份热情与喜爱。因为他从小就喜欢拆拆拼拼，不知道已经拆坏了多少东西。但是，这拆拆拼拼的过程使他渐渐对机器维修产生了兴趣。

抱着这想法进入公司的他，于是非常认真地学习修理复印机的技术，所以，他的维修技术非常高，客户的复印机出问题都找他修理。当然，这其中还有一个原因，他待人和气，自然也就赢得了客户的好感。许多老客户都主动地为他介绍新客户，而他则因为不是推销员，报价时总是尽量为客户争取最佳价格，客户只要一对比都知道他所提供的价格最合理，于是他的业绩因此逐渐地拓展开来，并且使他获得了"年度推销总冠军"的头衔，不但在公司受到了上司和同事的肯定，同时更赢得了客户的认同。

如果你向他询问这段"无心插柳柳成阴"的过去，他总会微笑着告诉你："其实最好的推销就是服务。"因为他一路走来，几乎没有主动去拜访过客户，大部分的业绩都是由客户相互介绍而来，所以业务拓展对他而言几乎是毫不费力的事。虽然面对不断而来的客户群，使他显得十分忙碌而且疲惫，但心中却充满希望和成就感，因为他知道：每一个成交的客户，如果可以持续得到良好的服务，将来都会为他带来新的客户。如此周而复始的结果使他的业绩不断提高。

彼尔的成功绝不是偶然的,他用良好的服务和信誉为自己带来很多客户,同时也给自己带来了成功。推销时除了要推销好的产品外,服务态度和专业能力也是最重要的。在现代竞争中,除了商品价格竞争以外就是服务的竞争了。在推销之前,具备完整而热诚的服务品质,是业务拓展时最重要的一环。

著名的推销员坎多尔弗也十分注重成交后的服务,在他看来,"优良的服务就是优良的推销"。他说:"要想与那些优秀的推销员竞争,就应多关心你的顾客,让他感到在你这儿有宾至如归的感觉。你应该建立一种信心,让他永远不能忘掉你的名字,你也不应该忘记顾客的名字。你应确信,他会再次光临,他也会介绍他的同事或朋友来。能使这一切发生的方法只有一个,就是你必须为顾客提供优质服务。"

有些目光短浅的人认为服务是一种代价高昂的时间浪费,这种观点是完全错误的。我们必须正视这样的事实:服务质量是区分一家公司与另一家公司、这位推销员与那位推销员、这件产品与那件产品的重要因素,在我们高度竞争的市场经济体制下,没有一种产品会远远超过竞争对手,但是,优质服务却可区分两家企业。一旦你为顾客提供了优质服务,你就会成为令人羡慕的少数推销员中的一员,你比你的竞争对手更具优势。

坎多尔弗总是坚持售后给顾客写上几句,他是怎样写的呢?我们择一例来看看:

亲爱的约翰:

恭贺您今天下午作出决策,加入人寿保险。这当然是建立良好的长远理财计划的重要一步。我希望我们的会见是我们长期友好关系的开端,再次对您的订货表示感谢,并祝您万事如意。

您的忠诚朋友乔·坎多尔弗

"如果不与你的顾客保持联系,你就不可能为其提供优质的售后服务。"坎多尔弗在其推销生涯中,自始至终都牢记着这一信条,可以说这是他成功的关键所在。

2.不断提高服务质量

为客户服务是永无止境的追求。

由于商品种类与服务项目的不同,各行各业对于客户服务的定义多少会有些不同。但始终不变的则是客户服务的本质。

如果研究一下日本那些真正成功的公司,将发现他们都有一个共同的特点——在各自的行业为客户提供最优质的服务。像松下电器、三菱、东芝这样的国际知名大公司各自都在市场上占有很大的份额,这些公司的每一位推销员都致力于提供上乘服务。有这样一种推销员,他们"狂热"地寻求更好的方式,以"取悦"他们的客户。不管推销的是什么产品,他们都有一种坚定不移的、日复一日的服务热情。各行各业的佼佼者都是如此。

当你用长期优质的服务将客户团团包围时,就等于是让你的竞争对手永远也别想踏进你的客户的大门。

赢得终身的客户靠的不是一次重大的行动,要想建立永久的合作关系,你绝不能对各种服务掉以轻心。做到了这一点,客户就会觉得你是一个可以依靠的人,因为你会迅速回电话,按要求奉送产品资料,等等。这些话听起来是如此的简单——确实也简单,而且做到"几十年如一日"的优质服务并不是什么复杂困难的事,但它确实需要一种持之以恒的自律精神。

真正的推销员应该明白,通过对零售商们提供各种服务是能够使自己的生意兴旺发达起来的。充分认识到客户的价值,在第一份订单之后,一直与客户保持密切合作。一个优秀的推销员不仅定期做存货检查,而且还建议零售商削价处理滞销品,他还定期和其他推销员举行会议,共商推销妙策。除此之外,他还亲自设计广告创意,建议零售商们实行那些在别的城市被证明行之有效的广告促销方法。

某汽车公司的推销员在成交之后、客户取货之前、通常都要花上3至5个小时详尽地演示汽车的操作。公司要求所有推销员都必须介绍各个细节问题,包括一些很小的方面,比如怎样点燃热水加热器,怎样找到保险丝,怎样使用千斤顶，等等。

　　无论你推销什么，优质服务都是赢得永久客户的重要因素。当你提供稳定可靠的服务，与你的客户保持经常联系的时候，无论出现什么问题，你都能与客户一起努力去解决。但是，如果你只在出现重大问题时才去通知客户，那你就很难博得他们的好感与合作。推销员的工作并不是简单到从一桩交易到另一桩交易，把所有的精力都用来发展新的客户，除此之外还必须花时间维护好与现有客户来之不易的关系。糟糕的是，很多推销员却认为替客户提供优质服务赚不了什么钱。乍一看，这种观点好像很正确，因为停止服务可以腾出更多的时间去发现、争取新的客户。但是，事实却不是那么回事。人们的确欣赏高质量的服务，他们愿意一次又一次地回头光顾你的生意，更重要的是，他们乐意介绍别人给你，这就是所谓的"滚雪球效应"。

　　最后，托德·邓肯告诉我们："服务，服务，再服务。为你的客户提供持久的优质服务，使他们一有与别人合作的想法就会感到内疚不已！成功的推销生涯正是建立在这类服务的基础上的。"

中 篇

最有效的营销方法

第一章

营销环境分析

市场机会分析法

市场机会稍纵即逝,掌握正确的市场机会分析方法,有助于企业判断和识别眼前的市场机会,从而及时地采取有效的行动。

市场机会分析常用于新产品上市时,对现有产品也同样适用。

一、机不可失,相机而动

市场机会是关系到企业生死存亡的大事。没有市场机会,企业想尽一切办法也要创造市场机会,否则只能黯然退市;另一方面,就算存在市场机会,也并不意味着所有企业都能够发现,更不要说把握市场机会、创造利润了。机会总是青睐有准备的人,掌握市场机会分析法,便可以帮助企业判断眼前的机会并及时采取行动。

市场机会分析框架具体如图所示:

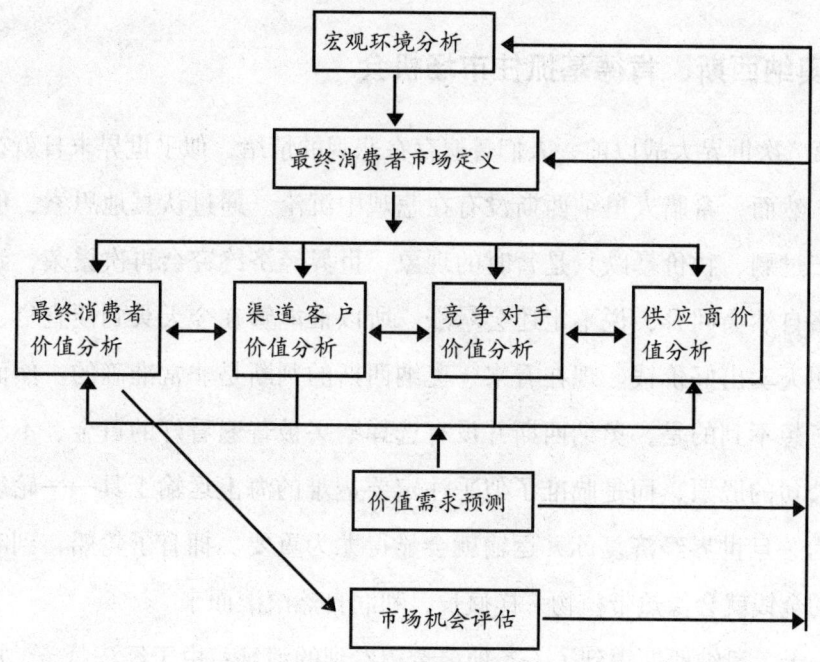

市场机会分析大致可分为以下4个步骤:

第一步,宏观环境分析。通过对宏观环境中的政治、经济、文化、技术、社会等几大要素的详细分析,以期发现新的市场机会。比如,政府西部大开发战略设想的提出,是否能够带来新的市场机会呢?

第二步,最终消费者市场定位。这样做的目的是帮助企业判断和识别出具有一定机会的市场和顾客。这一步非常重要,通常会对企业在目标市场上的战略决策起到非常重要的影响。

第三步,价值分析。进行价值分析,可以帮助企业了解各主要市场参与者之间交互作用的特点和发展趋势,重点应放在了解最终消费者、供应商、渠道客户和竞争对手之间的价值交换过程。

第四步,市场机会评估。发现市场机会以后,便要对市场机会的大小和优劣进行评估。总的来说,市场机会评估的标准主要有以下几点:持久竞争优势标准,包括市场占有率、市场进入门槛等指标;财务标准,包括投资回报率、现金流、销售额增长率等指标;企业和品牌形象标准,包括企业形象的一致性等指导;协同性标准,如增加生产其他产品的机会等。

二、奥纳西斯、肯德基抓住市场机会

第二次世界大战以前，人们普遍存在悲观的情绪，似乎世界末日就在不远处。然而，希腊人奥纳西斯没有在悲观中沉沦。通过认真地思索，他认为生产过剩、物价暴跌只是暂时的现象，世界经济终究会再次繁荣，到时候价格自然会回升，说不定还会暴涨。所以谁能够在今天买到便宜货，必将在明天卖出好价钱。现在看来，奥纳西斯的判断是非常准确的。然而，令人意想不到的是，奥纳西斯并没有选择购买被普遍看好的黄金、不动产或者公司的股票，而是瞄准了似乎注定要遭难的海上运输工具——轮船。他认为一旦世界经济复苏，运输就会显得尤为重要。拥有了轮船，到时候投入的金钱就会像热带植物一样疯长，利润自然滚滚而来。

一天，奥纳西斯得到了一条他最希望看到的消息：由于经济萧条，加拿大国营运输公司无力维持经营，决定出卖6艘货轮。这6艘货轮10年前价值200万美元，如今仅以25万美元出售。看到这个消息，奥纳西斯几乎兴奋得跳了起来。他立即乘机赶到加拿大，把那6艘被遗弃在"墓地"的轮船如数买下。当时，很多人认为奥纳西斯疯了，认为过不了多久，这些船就会变得一钱不值。形势像大多数人所想象的那样发展，经济一天坏似一天，整个资本主义世界都深陷在泥潭中，光明的未来似乎只是一个美丽的谎话。但奥纳西斯从没动摇自己的信心，他坚信好日子一定会来临。

第二次世界大战爆发了，对于大多数人来说，这是噩梦的开始。然而对于奥纳西斯来说却有着不同的意义。战争给那些拥有水上运输工具的人带来了神奇的机会，奥纳西斯的6艘大船瞬间变成了6座浮动的金矿，每挪动一步都会带来可观的利润。在战争结束以后，身价倍增的奥纳西斯已然成为了希腊船王。

20世纪80年代中期，美国肯德基炸鸡店对庞大的中国市场产生了兴趣，有意在中国发展加盟店。为此，他们先行派遣了一位执行董事到北京考察市场。

这位执行董事下了飞机以后，来到北京的街头，在不同的路口用秒表测量出行人的流量，然后又向500名不同年龄、不同职业、不同收入水平的人征求他们对炸鸡的价格、口味等要素的看法以及他们对快餐的态度。最后，这位执行董事又详细考察了北京的鸡源、油、面、盐、菜以及鸡饲料等，并将数据带回了美国进行详细的分析，最后得出了中国市场具有巨大潜力的结论。

果然，1987年11月肯德基在北京开业以后，在不到300天的时间内，便实现了250万元的销售收入。原计划在5年内收回的投资，不到2年就收回了。

> **方法实施要点**
>
> 市场机会分析的应用范围有：
>
> （1）比较广泛地应用于新产品上市时。它可以帮助企业进行市场的定位，并为企业营销计划的制订提供依据。
>
> （2）市场机会分析也可以应用于现有产品。
>
> （3）在具有明确发展目标的产品的营销计划的制定上也能起到作用。它可以帮助企业确认各种机会与问题的所在。

环境威胁机会矩阵

环境威胁机会矩阵是一种常用的营销战略分析方法，它可以帮助企业分析营销环境，以发现机会和规避风险。

在环境威胁机会矩阵的帮助下，企业不会坐等环境发生剧烈的变化，而是提前做好准备，去抓住机会或者迎接挑战。

一、发现机会，规避风险

如今，环境扫描日益成为一家成熟公司的重要职能，公司必须识别出环境中哪些因素有可能造成重大的威胁或者带来重大的机会。为此，许多公司纷纷建立起问题管理程序，以了解和掌握那些可能影响企业未来的问题。环境威胁机会矩阵便是一种常用的营销战略分析方法，可以帮助企业分析营销环境，以发现机会和规避风险。

1.环境威胁

环境威胁是指环境中一些不利于企业生存和发展的因素，这些因素使得企业面临严峻的挑战。为此，企业必须果断地采取有效的营销行动，否则企业的市场地位就会逐渐被侵蚀掉。

企业应在其营销计划中把这些威胁体现出来，并按严重程度和出现的可能性进行分类。如下图所示：

		出现概率	
		高	低
严重程度	大	1	2
	小	3	4

环境威胁矩阵

其中，区域1中的威胁是关键性的。它对公司的危害最大，而且出现的概率也最高。因此，企业有必要对其制订一个专门的应变计划，计划中至少应阐明：在威胁出现之前，或者在威胁出现时，企业应做哪些工作，如何使危害程度降到最低。区域4中的威胁，因为其对公司的危害程度和出现的概率均最小，公司可以置之不理。对于处于区域2和3中的威胁，公司不必对其制订一个专门的计划，但应密切关注它们，因为这些威胁有可能发展成为重大威胁。

2.环境机会

公司所面对的环境总是机会与威胁并存。要想使公司健康、稳定地发展，除了要规避或减轻威胁，更要牢牢抓住环境机会。所谓的环境机会就是指对公司的营销行为富有吸引力的领域。在这些领域中，公司将获得竞争优势。这些机会可以按其吸引力的大小和出现概率的高低来进行分类（如下图所示）。一般来说，公司在某一特定机会上取得成功的概率高低取决于它的业务实力是否与在该行业获得成功所需要的条件相符合。一家经营最佳的公司必定是在满足行业成功条件中最具竞争优势的公司，这些优势会形成公司为顾客创造价值的能力。

处于区域1中的那些机会，因为其出现的概率和对公司营销行为的吸引力都是最大的，所以是公司所面临的最佳机会，公司的决策者们应制订若干计划以寻求一个或者几个这样的机会；而对于区域4中的机会，因为其出现的概率和对公司营销行为的吸引力都较小，公司可以不予考虑；对于区域2和3中的机会，公司应予以充分的关注，因为其中任何一个机会的吸引力或者成功概率都有可能出现变化。

		成功概率	
		高	低
吸引力	大	1	2
	小	3	4

环境机会矩阵

二、某汽车生产企业所作的环境威胁机会分析

某汽车生产企业在激烈的市场竞争中感到茫然无措，不知如何应对来自各方面的压力。决策者们深知长此以往企业必然会走向败落。为避免这种情况成为现实，他们决定立即进行环境威胁机会分析，期望从这一分析中找到前进的方向。

1.环境威胁分析

作为汽车生产企业，它所面临的环境威胁无外乎这样4种：其一，竞争对手发明一种高效的电动小汽车；其二，出现严重而漫长的经济萧条；其三，汽油的价格上升；其四，政府颁布更为严格的汽车污染控制法令。

在这4种环境威胁中，尤以第一种威胁最应引起重视。这是因为，在环

保意识日益深入人心的今天，高效的电动小汽车毫无疑问会被消费者所热烈追捧。而且，各大汽车生产企业加紧研究高效电动小汽车也早已不是什么秘密了。这就意味着竞争对手发明高效电动小汽车并非不可能，应该说概率还是相当高的。

至于第二种威胁，诚然，这会给企业带来严重的影响，毕竟拮据的消费者绝不会把钱用于购买并非必不可少的汽车。可以想象，在那样的困难情况下，消费者手中的钱更多地会用于购买食物、衣物。但是值得庆幸的是，如今全球经济发展势头良好，中国经济更是保持着一贯的稳步上升。在可预见的将来，漫长而严重的经济危机几乎不可能发生，所以，对于第二种威胁，企业不可不防，但也无需过于重视。

汽油价格的上升也会对汽车的销售起到一定的负面影响，而且这种情况经常出现。但是企业对此也不必忧心忡忡。汽油的价格不会高到消费者难以承受的程度，毕竟汽油生产商也要考虑自己的经济效益。

对于第四种环境威胁，企业更不必为之担忧了。因为政府不太可能作出这样的决定，而且就算颁布了更为严格的汽车污染控制法令，对汽车企业来说也并非不可逾越的障碍。因此，对于这一环境威胁，企业完全可以不予理会。

2.环境机会分析

汽车生产企业所面临的外部环境也绝非乌云密布、不见一丝光亮，实际上企业还是有许多机会可以把握的。比如，企业可以发明一种高效电动小汽车；发明一种节油汽车，每加仑油可以行驶96.56千米；发明一种减震汽车；发明一种更为高效的汽车污染控制系统等。

当然，这些机会也有优劣之分，其中发明高效电动小汽车是最应引起重视的。高效电动小汽车不仅会深受消费者的欢迎，而且其开发的难度也不是十分高。发明一种节油汽车，这个想法非常具有吸引力，也可以料想这样的汽车必然会备受市场青睐。但是遗憾的是，在现有的技术水平下，还难以设计出价位合适的节油汽车。发明一种减震汽车，这并不难以做到，但是消费者却对此兴趣不大，所以这也不是一个好机会。发明一种高效的汽车污染控制系统，这个想法稍微有些超前。从现在来看，这样的汽车还难以设计出，而且消费者也不一定会买账。

方法实施要点

把环境威胁矩阵和环境机会矩阵结合起来，我们就可以把某个特定公司所面临的威胁和机会图解出来，并识别出该公司所拥有的业务属于下列4种业务中的哪一种：

第一种是理想的业务，即拥有大量的良好机会，同时威胁很少甚至是没有。这是所有公司都渴望的业务，其未来的发展前景非常令人向往。

第二种是投机型业务，即所面临的大好机会和重大威胁出现的概率同样很高。拥有这种业务的公司务必要小心谨慎，多做计划，以抓住机会和规避风险。

第三种是成熟的业务。这种业务已迈入成熟期，大好的机会和重大的威胁出现的概率都很低。

第四种属于麻烦型业务，机会很少，但威胁却很大。公司应尽快摆脱这种业务。

总的来说，一家优秀的公司绝不会坐等环境发生剧烈变化后再手足无措地收拾残局，而是通过各种方法和途径预测大好机会和重大威胁的到来，并准备好各种计划以迎接挑战，只有这样才能使企业稳步发展。

市场潜力分析

市场潜力是决定企业进入或者退出市场的关键指标。

市场潜力可作为销售预测的重要依据。

一、为营销寻找宽广的舞台

在决定进入一个市场之前，首先要考虑这个市场的舞台有多宽，企业在这个市场内是否能大展拳脚，即该行业的市场潜力有多大。要知道，在一个潜力不足的市场内，企业是不能得到用武之地的。因此，这就需要企业在进入某一市场之前，认真地进行市场潜力分析。

1. 市场潜力的概念和特点

市场潜力是指企业在某个时间段内和既定的条件下有可能实现的最大销售额，即企业在该市场最多能够取得什么样的销售业绩。换句话说，也就是指在市场上的参与者都能够全面开展营销活动，并能够吸引所有潜在顾客的情况下，整个行业最终实现的销售。

市场潜力具有很强的时间性，在不同的时间段内会表现出非常大的不同。这一特性使得市场潜力很难被企业所掌握，尤其在预测销售的上限和最大销售量时更是如此。有些企业总是试图把市场潜力用一个固定的数字表示出来，这显然是难以做到的。当然，市场潜力的变化也绝非没有规律可循。一般来说，市场潜力的变化取决于行业平均价格或总体经济水平等要素的变化。

2. 市场潜力分析的作用

市场潜力分析的作用主要有以下几个方面：

（1）为进入或者退出市场提供决策依据。某一行业的市场潜力，往往是企业决定进入或者退出市场的关键指标。一般来说，行业的市场潜力越大，对企业的吸引力也就越大。

（2）为资源配置提供决策依据。资源的配置与产品的生命周期密切相关。企业通常愿意在产品的成长阶段投入大量的资源，因为处于成长阶段的产品具有较大的市场潜力可供挖掘；而不愿在产品的成熟阶段进行投资，因为生命周期理论认为，在这一阶段，销售已达到了市场潜力。

（3）为店址的选择和其他资源配置提供决策依据。生产商和零售商在选择新店址的时候，通常会把市场潜力作为关键指标。同样，企业在进行广告预算或者策划营销活动时，也会将市场潜力作为关键因素加以考虑。

（4）作为目标设计和绩效评估的依据。市场潜力为企业的营销人员提供了努力的方向。如若企业的实际销售量低于市场潜力，营销人员便要分析产生这种差距的原因，进而推动企业市场策略和营销计划的优化。此外，划出几个市场潜力相当的销售区域，让不同的销售员进行销售，也便于销售经理对各销售员进行绩效评估。

（5）为销售预测提供依据。企业在制订年度计划时，可将市场潜力作为销售预测的依据。

二、一次失败的市场潜力分析

韩国现代集团的产品以其物美价廉和品牌声誉，一度在南非市场上呼风唤雨，十大名牌汽车有其一。然而，谁也没有想到，这种繁荣的景象只是昙花一现。在进入南非市场短短几年间，现代集团在南非的代理分销公司就债台高筑，最终竟达87.7亿兰特（约合14.62亿美元）之巨，不得不宣告破产。

一位南非的高级雇员透露了现代集团溃败的根源。原来，从一开始，现代集团的决策层就对南非市场的潜力作出了错误的判断。这也难怪，虽然南非算不上幅员辽阔，但其境内基础设施相当先进，公路四通八达，人均国民生产总值也颇为可观，世界上许多大的汽车厂商都将其视为很有潜力的市场。很显然，现代集团对南非市场潜力的估计更为乐观。由于与其他主要竞争对手相比，现代集团进入南非市场较晚，为弥补这一劣势，现代集团不惜血本展开了猛烈的广告攻势，与当时的日本厂商争斗得不可开交。不仅如此，急于求成的现代集团，在立足未稳之际，便不由分说地投资3亿兰特在南非的邻国博茨瓦纳建立了组装厂，专门向南非供货。

大手笔毕竟不同凡响，现代集团很快就在南非市场上分得了一杯羹，市场销售形势喜人。在其经营得最好的时期，月销量一度高达800辆。然而，浮华过后，真理终究要显现。事实证明，南非市场的潜力大大低于现代集团的期望。由于贫富悬殊，南非能买得起汽车的人并不多，再加上内需不旺，汽车市场很快便尽显疲态，汽车销售总量连创新低，令各大汽车厂商愁眉不展。现代集团的眉头只有锁得更深，因为自从进入南非市场以来，它一直是在负债经营，如今的状况可算是雪上加霜。然而"屋漏偏逢连夜雨"，对现代集团更为不利的是，南非一改以往低关税的政策，并且提高了银行的贷款利率，使得现代集团的生产成本猛增，甚至出现生产汽车越多亏损越多的尴尬景象。

倘若此时现代集团能认识到自己的错误，及时调整策略，收缩战线，稳住市场份额，或许还有一线生机，然而现代集团的决策层显然没有这样想。

现在看来，当时现代集团的决策层显然还对南非市场抱有幻想，认为困难只是暂时的，南非市场的潜力还是可观的。为此，现代集团不惜迎难而上，继续大举借债，硬着头皮去占有更大的市场，甚至提出了"从南非向南部非洲扩展"的策略。于是摊子越铺越大，钱越借越多，但市场形势并没有像预期的那样好转，结果现代集团难以满足的胃口最终被日益膨胀的债务所撑破。

毫无疑问，市场潜力分析的失误是现代集团败走南非的"元凶"。但不可否认，缺乏后劲和充足的实力也是其最终没能扭转困境的重要原因之一。

方法实施要点

市场潜力分析的方法主要有3种，分别是分析预测法、市场因素组合法和多因素指数法。

1.分析预测法

这种方法通过对产品的潜在使用者或购买者提问来进行预测。实施这种方法的步骤为：

首先，明确该产品的潜在购买者和使用者。管理者可以通过评估市场上的所有顾客来确定，也可以用反向提问"谁不是合格的潜在顾客"的方式来辨别。

其次，确定每一潜在购买群体的规模。对潜在购买者和使用者进行分类，并确定每一类别的人数。

最后，估算潜在购买群体的使用率或购买率，计算市场潜力。潜在购买群体的使用率或购买率可以根据调查或其他研究所获得的平均购买率来确定，也可根据重度使用者的使用率来确定。确定使用率或购买率后，用其乘以上一步骤所得出的结果，即可得出市场潜力。

2. 市场因素组合法

市场因素组合法，即先辨别出市场上的所有潜在购买者，然后对潜在购买者的购买量进行估计。

利用市场因素组合进行市场潜力分析还有一个比较有效的方法，就是在标准产业分类体系的基础上，估计某个行业所需产品的数量。

3. 多因素指数法

多因素指数法即确定若干个对某一产品的销售会产生重要影响的因素，并赋予每一因素一个特定的权数，从而计算出企业可期待的销售额。多因素指数法不是唯一的。企业可根据现实的市场特征，设计有针对性的指数。

销售预测分析法

管好一个企业就意味着管好它的未来，而要管好它的未来就必然要有准确的预测。

销售预测通过了解对未来销售活动具有重要影响的各种因素及信息，为销售计划的制订提供依据。

一、凡事预则立，不预则废

企业对未来营销状况的期望，也就是企业对自身未来业绩状况的认识。

这便是所谓的销售预测。一般来说，企业较为关注的指标是销售额、市场占有率和利润。

销售预测与市场潜力是两个不同的概念。二者的区别主要体现在以下几个方面：从含义上来看，市场潜力是指在某一时段和给定的条件下，企业最多能获得多大的销售额，也就是回答企业最多能销售多少这个问题；而销售预测则是指在某个时间段和给定的条件下，企业最有可能达到的销售量是多少，也就是要回答企业最有可能销售多少这个问题。从范围上来看，市场潜力着眼于整个行业，是指在行业中的所有参与者都充分进行营销活动时，整个行业所能达到的销售额；而销售预测则着眼于本企业，指的是本企业的销售期望，通常要低于市场潜力。

销售预测与市场潜力又有着千丝万缕的联系，这种联系体现在：从本质上来说，销售预测与市场潜力都是对未来的一种判断，都是对需求的一种评估；市场潜力与销售预测都依赖于一系列的前提假设条件，这些条件可归纳为4个方面，即顾客做什么、企业做什么、竞争者做什么、总体环境如何；市场潜力与销售预测都有很强的动态性，在不同的时间段会有不同的表现。

二、奥伯梅尔的销售预测方法

奥伯梅尔是流行滑雪服的生产商，在美国市场上占据重要地位。公司非常重视销售预测，初时采取专家意见法，把职能部门的经理们召集起来，组成一个专家小组，然后对某种产品的销售状况作出一致性的预测。但是，事实证明这种方法并不理想，预测值常与实际情况相去甚远。例如，在1991至1992销售年度，有几款女士风雪大衣就比原先的预测多销了200%！为解决这一问题，奥伯梅尔决定对预测方法进行改进，以获得更为准确的结果。

奥伯梅尔专门建立了一个工作小组来负责这个事情。经过详细的调查和认真的分析，工作小组提出了"正确响应"的方法。他们发现，公司的预测实际上是一种赌博。比如对生产风雪大衣的预测，实际上就是对"风雪大衣会有销路"这一判断打赌。为了规避这种赌博式的预测所带来的巨大风险，公司必须去寻找一种有效的方法。这种方法可以帮助企业确定在"早期订货"之前生产哪些产品是安全的，而哪些产品应该延期到"早期订货"搜集到可靠的信息之后再组织生产。此外，工作小组还发现，虽然专家的预测时常出现不符合实际的现象，但是仍有近一半的预测与实际销售量的误差在10%以内。这也就是说，专家们的预测还是有一定的价值的。但是，如何使专家小组的预测更为准确呢？通过对专家小组工作方式的分析，他们发现专家小组通常是对某一种款式和颜色都进行广泛的讨论后才达成一致的预测。工作小组认为这就是问题所在。于是他们尝试着让专家小组的每一位成员都独立地对某种款式的产品进行销售预测，而且每一个人都要对自己的预测负责。实验证明，这种方法大大提高了预测的有效性。

奥伯梅尔公司的这项改革非常明智。它剔除了一致性预测的不足，同时也使新的预测方法更易于统计处理，也容易得到更为精确的预测结果。实际上，一致性预测往往不能实现真正意义上的一致性。专家小组中的重要成员比如资深的经理通常会在无形中给其他的成员以过度的影响，使其下意识地选择服从，而不是忠于自己的观点。采用独立预测，公司完全不必担心这样的问题了。

此外，奥伯梅尔公司还设计了一套更先进的生产计划方法，能够识别和利用各种预测信息。这套生产计划方法的优点在于，它能够在"早期订货"之前，完全根据销售预测来进行产品的加工和生产，这种加工能力是"非反应性"的；而在接受订货信息之后，以订货信息来指导生产，这种加工能力被称作"反应性"。后者可以使公司提高预测精度，从而作出生产决策。

方法实施要点

销售预测常用的方法有以下4种：

（1）购买者意图调查法，即对消费者愿意买什么进行调查。如果消费者对调查非常配合，把购买意愿如实相告，且付诸实施，那么这种调查就非常有意义。这种方法适用于工业产品、耐用消费品、需要先行计划的产品采购、新产品的需求估计等。

（2）销售人员意见综合法，即请销售人员对现有和潜在的顾客会买多少公司的产品进行估计，然后对销售人员的估计结果进行综合分析。为使销售人员作出较好的预测，公司可给他们提供一些帮助和奖励，比如给他们提供一些有利于预测的材料。若预测准确，他们可以收到一定的奖励等。

（3）专家意见法。同样，企业也可以邀请专家来进行预测，综合分析专家们的预测结果。这里的专家包括经销商、分销商、供应商、营销顾问、贸易协会等。实施专家意见法主要有3种方式：一是小组讨论法，即将专家召集起来，组成一个小组，针对某一特定问题进行讨论，最后达成共识；二是"德尔菲法"，即收集各位专家的意见，然后由公司统一进行审查和修改，并在此基础上作进一步的估计；三是要求各位专家分别提出自己的估计和设想，然后由专门的分析人员对这些估计和设想进行汇总。

（4）试销法。当上述几种方法因种种原因无法实施的时候，便可采用市场直接测试的方法。这种方法尤其适用于对新产品的销售预测以及为产品开辟新的市场或新的销售渠道的情况。

市场占有率分析法

市场占有率对企业来说是一项至关重要的指标，它既能够反映企业在某一时期内的经营业绩状况，也是企业市场地位的直接体现。

盲目追求市场占有率会导致两种严重的后果：其一是单位销售费用随销售规模的扩张而提高，即导致规模不经济；其二是由于市场基础不牢靠，企业的市场地位不稳固。

一、重视市场占有率的"含金量"

市场占有率对企业来说是一条至关重要的经济指标,它不仅能够反映企业某一时期经营业绩的好坏,更能够直观地体现企业的市场地位。不仅如此,市场占有率还与企业的盈利能力有着密切的联系。20世纪80年代,哈佛商学院的一份研究报告显示:行业中市场占有率排名第一的企业,其回报率是第五位以后企业的4倍以上。波士顿咨询集团在这一研究基础上,通过深入地探索,提出了著名的"经验曲线",即企业的市场占有率越高,其销售额就越大,就越容易形成规模效应,从而提高其盈利能力,使得企业的利润率越来越高。

1. 市场占有率简介

市场占有率又叫作市场份额,是指在一段时期内,企业所生产产品在市场上的销售量或者销售额占同类产品总销售量或总销售额的百分比。市场占有率高可以说明企业在这一时期内营销状况好,竞争能力强,在市场中处于有利地位;反之,则说明企业在这一时期内营销状况差,竞争能力弱,在市场中处于不利地位。

2. 市场占有率的战略意义

市场占有率一般可分为上限、中限和下限3个范围,不同的市场占有率范围具有不同的市场战略意义:

(1) 当市场占有率达到下限,即超过26%时,则说明企业仍处于激烈的市场竞争中,随时会受到竞争对手的猛烈攻击,但同时也具备了脱颖而出的条件。

(2) 当市场占有率达到中限,即超过42%时,则表明企业已经从市场竞争中脱颖而出,占据了有利的地位,属于市场的领先者。达到这一界限的企业,表明其已经进入一个相对安全的状态,不易被竞争对手所击倒。

(3) 当市场占有率达到上限,即超过74%时,企业在该市场上已牢牢占据垄断位置。无论其竞争对手的状况如何,都不足以撼动其市场地位。

达到这一界限的企业,一般不会去考虑抢占更多的市场份额。因为剩下市场中的顾客往往对其他企业有较强的忠诚度,即便是市场的巨无霸也很难争取到他们。

(4)在现实的市场竞争中,当企业在一个区域市场上与另一家企业展开竞争时,如果它的市场份额是其对手的3倍或者比3倍还多,那么竞争对手就很难给这家企业制造麻烦,如果企业在一个更大的范围内与3家以上的企业展开竞争,若这家企业的市场占有率是其他企业的1.7倍,那么它就处于一个绝对安全的范围之内了。

二、宝洁兵败日本市场

宝洁公司是非常成功的家用日化产品巨头,也是一家具有悠久历史的百年老店,在行业内拥有着良好的口碑。宝洁公司具有强烈的进取心,这一点可以从宝洁公司的目标纲领中窥豹一斑。宝洁公司的目标纲领中有这样一句话:在追求成功的过程中,我们希望自己的产品能够占据市场的领导地位并实现盈利。在这一理念的指引下,宝洁在第二次世界大战后开始在世界范围内抢占市场份额,先是在加拿大市场上获得了霸主地位,接着又在欧洲市场上连克强敌并占据了市场亚军的宝座。这一系列的成功进一步坚定了宝洁公司征服世界的信心,它的矛头已经指向了日益强大起来的日本市场。

宝洁公司于1973年开始了对日本市场的进攻。在进入市场的初期,宝洁通过全方位立体的广告宣传、极具竞争力的价格策略以及产品在世界范围内的声誉,在短时间内占据了较大的市场份额。但好景不长,当时营业额仅为宝洁1/10左右的日本同行同仇敌忾,对宝洁公司展开猛烈的报复,最终迫使宝洁公司退出了日本市场。回首宝洁公司在日本市场的表现,可将其教训归纳为以下几点:

第一,对日本消费者的消费心理和偏好调查不足。与西方国家相比,日本有着独特的语言、文化、传统习俗,这决定了日本消费者的消费心理和消费偏好表现出与西方国家截然不同的特征。而宝洁并没有对此进行认真细致的调查，最终的消费形势自然不能令人满意。比如，日本的商店密度大，是美国的4倍左右，而且日本的住房通常较为狭小，不适合储存大量的物品，所以日本人没有购买大包装商品的习惯。而宝洁公司在日本市场延续了其在西方国家屡试不爽的大包装促销方式。再比如，日本的家庭妇女是世界上最为挑剔的顾客，她们非常看重产品的质量、性能和可靠性，而便宜货和降价产品在她们眼里无异于质次产品的代名词，所以，宝洁的降价促销方式也引起了她们的质疑。

第二，与经销商的关系处理不当。日本的销售渠道比西方国家要复杂得多，批发层次甚至多达4层，中间商的利益不容忽视。因此，倘若使用驾轻就熟的美国销售方式，如何处理批发商和零售商之间的关系，就是宝洁公司必须要认真考虑的问题。而遗憾的是，宝洁公司在这一敏感的方面表现出了令人讨厌的傲慢，在销售Cheer洗衣粉的时候，直接派促销员去与零售商接洽；为了得到更好的市场回报，完全不顾批发商的利益，这也直接加剧了批发商与宝洁关系的紧张程度。

第三，激进的价格策略造成严重的后果。诚然，宝洁激进的价格策略在市场初期确实获得了成功，其产品的市场份额接连攀升，并取得了无可争议的领先地位。但这种不顾一切抢占市场的做法却最终造成了无法挽回的恶果：其一，使宝洁遭到了日本商会及媒体的强烈谴责，抨击其在市场开发过程中有破坏性的市场活动，并对日本宝洁公司高层领导者的商业道德提出质疑，极大地损坏了宝洁的商业形象。其二，激起了竞争对手的猛烈反击，并使宝洁自身的市场份额大幅下降。为报复宝洁，竞争对手努力研究更为先进、环保的产品，并最终获得了成功，从而逐渐取代了宝洁公司的市场地位。其三，加重了自身的债务负担。在急剧的扩张过程中，日本宝洁公司的亏损额达到了260亿日元。

宝洁公司的失利只能归咎于其太过急功近利，不顾一切地追求市场份额，最终却得到了适得其反的效果。所谓"欲速则不达"，诚然，市场占有率对企业的意义非比寻常,孜孜以求也无可厚非,但企业必须要明白:踏踏实实,逐步提高,才是成功之道。

方法实施要点

很多企业受到"先市场后效益""先规模后效益"等思想的误导,变成市场占有率的奴隶,发展前途一片黯淡,教训深刻。因此,企业追逐市场占有率时,不仅要重"量",更应重"质",在坚实的基础上,去逐步提高市场占有率。具体来说,要做到以下几点:

(1)加强分销渠道建设,培育持久、稳定的销售能力。许多企业只重视做销量,而忽视了做销售网络,这样也许能够在短期内业绩骄人,但因市场基础工作的薄弱、经销商缺乏忠诚度以及价格的混乱,远景却不容乐观。总而言之,无"网"不胜,没有销售网络支撑的市场占有率,是不能够充分体现企业的市场地位的,其业绩也不能够长久。

(2)强化目标顾客概念,针对目标顾客开展营销活动。企业若没有目标顾客概念,盲目推销,必然会造成销售费用的水涨船高,效益自然随之下降。

(3)重视产品的研发工作,建立科学、合理的产品结构体系。有些企业凭借一两个好的产品或者某个市场机会,通过密集的宣传和大力的推销,取得了较高的市场占有率。这一做法带有明显的赌博性和偶然性,不太可能维持长久。只有企业树立创新意识,加速产品的更新换代,建立完善的产品结构体系,才能够在市场上保持竞争力。

(4)营销队伍应与销售规模相适应。

(5)市场与利润并重,切忌只要市场不要利润。有利润,企业才能有积累,也才能为企业的持续发展提供资金支持。企业倘若只重视市场占有率,而不计较利润,则只能是色厉内荏的"纸老虎",其稳定性令人怀疑。

核心能力分析法

核心能力是企业的长期优势之源。

核心能力的竞争日益成为企业竞争的主要表现形式。

一、核心能力，企业基业长青的根本

核心能力理论是由美国学者普拉哈拉德和英国学者哈默尔于1990年首先提出的。他们发表于《哈佛商业评论》的《公司的核心能力》一文认为：企业是一个知识的集合，企业通过积累过程获得新知识，并逐渐将其融入到企业正式和非正式的行为规范中，从而成为左右企业未来积累的核心力量。这便是企业的核心能力。

企业的核心能力不是企业内人、财、物的简单叠加，而是能够使企业保持和发展竞争优势地位的企业自身的一种能力，它是企业竞争优势的根源。

1.核心能力的特征

核心能力的特征包括以下7个方面：

（1）价值性。核心能力在创造价值与降低成本方面占据着核心地位；核心能力能够满足顾客最根本、最迫切的需求，实现顾客特别重视的价值；核心能力是企业获得竞争优势的根本原因。

（2）独特性。不同的企业有着不同的核心竞争力，因此，每一个企业都可以说自己的核心竞争力是独一无二的。这种"独一无二"并非是指企业的核心能力独步天下，无人能及，而是说企业在某一方面比竞争对手领先一步。

（3）不完全可模仿性。核心能力是企业积累和集体学习的结果，具有因果模糊性和途径依赖性，因此其他企业很难进行模仿。

（4）延伸性。核心能力在企业能力体系中处于母体的位置，是企业能力的核心。它不仅可以帮助企业在原有的市场领域中保持持续的竞争优势，还能够帮助企业进行相关市场的拓展，并通过创新在新的市场上占据有利的竞争地位。

（5）不可买卖性。企业的资产、资源等都可以在市场上自由地买卖，而核心能力却不行。也可以这么说，凡是可以在市场上自由买卖的资源都不是核心能力。

（6）知识性。知识性是核心能力最本质的一个特征，这一点可从核心能力最早的定义中窥豹一斑。核心能力最初的定义是这样的："组织中积累性的学识，特别是关于如何协调不同的生产技能和有机结合各种技术流派的学识。"

（7）系统性。企业的核心能力体系是一个系统，核心能力的系统性主要表现在两个方面：一方面，核心能力的强弱不能完全决定企业营销目标的实现与否，与核心能力相配套的次能力的完善情况对企业的竞争优势也会有所影响；另一方面，企业的核心能力并不是一成不变的，它必须具有动态性的特点，随着外部条件的变化，调整自己去适应环境。企业只有培育出适合不同时期的企业核心能力，才能够获得持续性的发展。

2.核心能力的重要意义

随着因技术进步和信息化所导致的产品生命周期的日益缩短以及企业经营国际化的趋势日益明显，核心能力正越来越受到企业的重视。核心能力对企业经营的重要意义主要表现在以下几个方面：

（1）核心能力是企业长期竞争优势之源。产品开发、战略经营等策略只能为企业赢得暂时的竞争优势，核心能力却是企业长期竞争优势之源。在企业取得和维持竞争优势的过程中，核心能力的培养和运用是最为关键的因素。

（2）企业之间的竞争表现为核心能力的竞争。企业已逐渐将目光从具体的产品和服务竞争转移到整体实力的抗争上来。也就是说，各竞争对手所关注的焦点已变为企业核心能力的竞争。

（3）多元化战略应围绕核心能力来进行。多元化是许多寻求快速扩张的企业常用的一种战略形式，企业应以核心能力为基础实施多元化战略。对于那些与核心能力无关的业务，则最好不要去尝试，因为在这些领域内，企业毫无优势可言。

二、三星强化核心竞争力

三星集团是韩国最大的企业集团，也是世界著名的跨国企业。它始于贸易公司，进而在电子产品领域发展壮大，其在电子高科技领域的新产品研制能力享有世界声誉。纵观三星集团半个多世纪的发展历程，不能不说它是韩国工业企业的骄傲。及至今天，它仍然在以令人赞叹的速度发展，并向着最受人尊敬企业的方向前进。

1.调整业务结构，确保核心竞争力

三星集团曾一度对半导体业务比较依赖，这使得它们的经营风险并不能控制在一个令人满意的范围之内。三星集团并没有让这种现象持续多久，很快便完成了对业务结构的调整，形成了半导体、通信、数字多媒体、家电等四大产业均衡发展的黄金产业结构，使利润结构得以均衡发展。毫无疑问，这种业务结构是合理的，而今它也成为三星集团的核心竞争力之一。

在业务调整方面，三星集团有这样一条原则：对局限型以及非主打型的业务应予以果断撤销，业务结构的重组应围绕半导体、移动电话等高利润产品来进行；至于那些目前盈利但从长远来看并没有发展前途的业务，企业也应及时予以整顿。除此之外，三星还创立了一条重要的"选择、集中"战略，即：任何企业都不可能在所有的领域内都获得世界第一位，所以，企业有必要根据自身的特点和实力选择有可能做到世界第一的领域，并进行集中投资。

2.全面的信息管理和高效的库存管理

曾有人这样评价三星集团：三星集团之所以具有强大的竞争力，主要是因为它在把握投资的时间上拿捏准确，恰到好处。换句话说，对机会的把握是三星获得竞争优势的根源之一。而这就不能不归功于三星卓越的信息管理。三星信息管理的特点可总结如下：首先，非常重视信息工作，对知识以及信息的驾驭能力强大且独特，对市场以及竞争对手总有深刻的认识；其次，公司内的每一位员工都有将耳闻目睹的信息整理并上报的习惯，即便是这些信息与该员工的工作毫不相干；最后，注重学习型组织的建设，强调学习和调研的重要性，上至企业的高层领导，下至一般的职员，都被要求必须具备学习精神。

在库存管理方面，三星对库存积压深恶痛绝，认为这不仅会增加库存管理费用，还会推迟新产品的推出时间，最终使企业在市场上处于不利地位。为此，三星自行开发了供给网管理系统，并配合以客户管理系统、企业资源管理系统、产品信息管理系统等的建设，使三星的平均库存时间从原来的8周降为现在的3周以下。

3.高效的人才激励机制

企业核心能力的强弱在很大程度上取决于人力资源的优劣，尤其是拥有核心技能且忠诚于企业的员工更是企业最重要的资产，也是企业核心能力的重要组成部分。在人才激励方面，三星主要采取了如下独特的做法：

（1）强化危机意识。早在20世纪90年代初期，三星便提出了"三星是一流企业吗""企业能永久吗"等一系列问题，鼓励员工进行大讨论，最后得出"三星还不是一流企业，不努力便被淘汰"的结论，使员工具备危机意识。此外，在技术吸收和创新上，三星也引入了危机管理的方法，为技术人员设定工作期限，要求工作小组必须在期限内完成工作。而且，三星还在国内和美国硅谷分别设立了一个负责技术引进的工作小组。这两个小组既合作又竞争，大大加快了三星对引进技术的消化和吸收速度。

（2）早勤早退的工作制度。针对电子部门的工作特点，三星制定了上午7点上班、下午4点下班的工作制度。这种早勤早退的工作制度不仅在韩国绝无仅有，就是在世界也很少见。但事实证明，这样做大大提高了员工的工作效率，以至于欧美的一些发达国家也引进了这一制度。

（3）班组管理制度。三星班组管理的活动内容很多，如开展全员降低成本活动、全员设备管理、班组合理化建议、全面质量管理等。这使班组这一企业内最小的生产组织单位成为了一个个极富创造力的群体。

总而言之，核心竞争力是企业的最为重要的资源。当核心竞争力形成以后，要再通过各种方式使其得到强化。若企业的竞争范围发生变化，则应及时调整，进入新一轮的挖掘、培养阶段，创新企业的核心竞争力。

方法实施要点

核心能力的管理包括以下几点：

（1）选择发展合适的核心能力。企业对核心能力的选择要考虑两个方面的问题：一要看这种能力是否可以为顾客带来新的利益；二要看这种能力是否比过去在实现顾客价值方面更为有效。

（2）建立核心能力。在建立核心能力时，企业应注意加强下述几个方面的工作：①建立和发展联系与沟通网络。比如，加强多种学科之间的交流和联系。②培养和储备掌握多种学科知识的"通才"，使这些人在提高综合能力方面发挥重要作用。③建立核心能力要讲求效率与效益。想办法尽量快速、经济地把核心能力建立起来，也是核心能力工作的一个重要原则。

（3）充分运用核心能力。企业应充分利用努力建立起来的核心能力，让它发挥出最大的能量。比如，有的企业核心能力很强，拥有众多具有世界水平的科技人才，但却不善于依靠他们进入新的市场和创造新的机会，导致企业没能获得与其核心能力相匹配的市场地位和发展速度；有的企业虽然核心能力不是很强，但善于把有限的资源合理地配置在生产经营的各个环节上，反而能够获得更快的发展速度、更可观的效益。

（4）保护核心能力。核心能力的建立是一个长期且苦心经营的过程。建立起来的核心能力如若得不到精心的管理和保护，是很容易销蚀和散失的，这对于企业来说无疑是一个非常大的资源浪费。因此，企业的管理层必须给予核心能力的保护以充分的重视。

BCG矩阵业务组合分析法

企业对自己旗下的业务应区别对待：有的业务需要集中资源大力发展；有的业务应持续输血以博取未来；有的业务则需要"壮士断腕"，及时采取放弃战略。

BCG矩阵是企业进行营销战略分析的重要方法。

一、对不同的业务，采取不同的策略

BCG矩阵是由波士顿咨询公司（BCG）首先提出来的。波士顿咨询公司认为，企业整个经营组合中的每一项业务应奉行什么样的战略主要取决于两大因素，即市场增长率和相对竞争地位。其中，相对竞争地位以业务单位相对于主要竞争对手的相对市场占有率来表示。

1.BCG矩阵的制定

在制定BCG矩阵之前，有必要先来了解市场增长率和相对竞争地位这两大基本参数的含义。

（1）市场增长率，表示每项业务单元所在市场的相对吸引力，用企业所在行业某项业务前后两年的市场销售额增长的百分比来表示，具体公式为：市场增长率=（当年市场销售额－上一年市场销售额）/上一年市场销售额×100%。在计算市场增长率时，应注意去除通货膨胀因素的影响。对于所有处于该市场的企业来说，市场增长率应是相同的。

（2）相对市场占有率，表示企业各业务单元在各自市场上的竞争能力，常用企业某项业务的市场占有率与市场上最大竞争对手的市场占有率之比得出，具体公式为：相对市场占有率=经营业务的绝对市场占有率/主要竞争对手的绝对市场占有率×100%。相对市场占有率不仅能真实地反映企业的竞争地位，还可以对不同行业的结构进行比较。

以这两大参数为坐标，可建立如右四象限方格图：

市场增长率		
高	明星	问题
低	金牛	瘦狗
	高	低
	相对市场占有率	

2.BCG矩阵的分析

如右图所示，BCG矩阵将企业的业务划分为明星、金牛、问题和瘦狗4类，对这4类业务分析如下：

（1）明星业务，即市场占有率和市场增长率均很高的业务。此类业务的特点有：其一，该业务具有最佳的长期发展机会和较强的获利能力，代表着企业的前景；其二，有些年轻的明星业务，现时的销售额可能不高，但其发展潜力巨大；其三，明星业务能否获得良好的发展，主要取决于企业能否对其持续提供资源支持；其四，明星业务一般不会提供剩余资金，其所需的资金常常超过了自身的积累能力，因此在短期内，明星业务应是企业资源的优先使用者。

结合明星业务的上述特点，在对其制定发展战略时，应注意以下几点：①企业对明星业务应采取发展性战略，从而扩大其市场占有率；②当明星业务的市场增长率下降的时候，它会逐渐转变为金牛业务，如果企业不能在这一阶段维持该业务的相对市场占有率的话，明星业务有可能会转变为问题业务甚至是瘦狗业务；③企业不可急功近利，如果企业在明星业务发展的早期就采用高价等策略来榨取该业务的获利能力，就会加速该业务的衰老，提前恶化其市场地位。

（2）金牛业务，即市场增长率较低、市场占有率相对较高的业务。这种业务的特点有：其一，该业务所在的市场已进入成熟期，因而发展的速度较低；其二，该业务具有强大市场竞争力，而只需要较少的投资，使其创造的现金量大大高于其需要的资金投入量。因此，它能够为企业发展其他各类业务尤其是明星业务提供资金支持。

对金牛业务，应采用如下战略：①对于市场已发展到尽头或者市场地位不断衰减的金牛业务，企业应采取榨取性战略，争取在尽可能短的时间内获得尽可能多的利益，然后逐步退出该项业务；②对于市场刚刚趋于饱和或在市场上处于支配性地位的金牛业务，企业应采取维持性战略，有效地利用这些业务所提供的过剩资金去发展其他业务。

（3）瘦狗业务，即相对市场占有率和市场增长率都较低的业务。这种业务的特点有：其一，瘦狗业务所在的市场已经饱和，竞争激烈，行业平均利润率低，因而瘦狗业务一般表现为低利润或者是亏损；其二，从内部能力上看，瘦狗业务由于成本高、质量差、促销能力弱等原因，造成其市场地位较低。

对于瘦狗业务可采取的战略有：①对该业务进行重新定位，重新选择细分市场，使其向金牛业务转变；②如若企业经营此项业务的能力不济，或者市场已到穷途末路，则应直接放弃该业务，对其采取榨取策略。

（4）问题业务，即市场增长率高，而相对市场占有率却较低的业务。这种业务的特点有：其一，因其所在市场的增长率较高，所以它有可能在将来为企业作出重要贡献；其二，由于目前的相对市场占有率较低，因此获利能力尚且不明朗，现金创造力低下；其三，扩大问题业务的市场占有率，需要不断投入资金。

对于问题业务，应采取的战略有：①追加资源投入，提高其市场占有率，以期将其发展成为明星业务；②如若发现问题业务没有发展成明星业务的潜质，则应及早采用撤退战略，退出这一市场，重新分配资源，以形成更有效率的业务组合；③企业对问题业务现金支持应谨慎有度，因为问题业务转变成明星业务不仅需要现金支持，还需该业务本身就具有相当的竞争力。

二、BCG矩阵的实际应用

一酒类经销商，经营甲、乙、丙、丁、戊、己、庚7个品牌的酒品，且该公司可用的资金为100万元。通过对前半年的销售状况进行统计分析，公司发现了各品牌有这样的实际表现：

（1）甲和乙是公司经营了几年的老品牌，在当年度业务量一如既往地突出，共占总业务量的60%，两品牌的利润占总利润的70%。然而这两品牌虽雄风犹存，却也已露出衰退的迹象。从去年开始，销售增长率就已经开始下降，及至前半年甚至只能维持原来的业务量。

（2）丙、丁、戊是新开辟的三个品牌。其中丙、丁的表现较为抢眼，销售增长率分别达到了15%和20%，且公司在本区域属独家代理。戊是高档品牌，虽说销售增长率也达到了10%，但是公司在本地域不是独家经销商，竞争非常激烈，本地区其他两家主要竞争对手的市场份额达到了70%。

（3）己、庚两品牌销售下降严重，有被丙、丁所替代的趋势，而且已经在竞争中落下风，甚至出现了滞销和亏损的现象。

针对上述品牌的实际表现，公司利用BCG矩阵的基本原理，采取了如下应对措施：

（1）将甲、乙两品牌确认为金牛品牌。维持其固有的资金投入40万元，尽量保证其市场占有率，以期维持其公司主要利润来源的地位。另一方面，由于该品牌的衰落已呈定势，公司已开始积极寻找替代品牌。

（2）丙、丁品牌可认为是明星品牌。虽然现在还有待发展，但可预见未来将成为利润的主要贡献者。因此，公司决定对其加大资金投放的力度，加大发展的速度，力争早日将其培养成为新的利润增长点，决定先期投入50万元。

（3）戊品牌属于问题品牌。应再对其进行深入研究，确定是否能够寻找到对手的薄弱点，能否通过整合资源实现市场份额的大幅上升。若研究结果是肯定的，则可大力扶植，使其向明星品牌转变；反之则应及早采取撤退战略，决定投入资金10万元。

（4）己、庚二品牌明显是瘦狗品牌。公司已开始着手清理库存，对滞销的产品进行降价处理，以期尽快回笼资金，并不再投入资金。

方法实施要点

虽然BCG矩阵是分析企业战略的一种有效的方法,但是它的一些不足之处也是客观存在的。企业在运用BCG矩阵分析问题的时候,应注意以下几方面的问题:

(1)确定临界点。由于市场是一个比较抽象的概念,因此很难准确地确定各项业务的市场占有率和市场增长率,更不要说确定区分市场占有率、市场增长率高低的临界点了。而临界点的确定却是建立BCG矩阵所必不可少的。临界点不准确,很有可能会弄错某项业务的类型。因此,在运用BCG矩阵分析问题时,在临界点的确定上,务必要多调查,多研究。

(2)获利量并不一定同市场占有率成正比。在很多行业中,更大的市场占有率并不意味获得更大的单位成本优势,或者这种优势并不明显。而且,虽然有些业务的市场占有率较低,但也并不是一无是处,它完全可以通过差别化、创新等途径获得可观的利润。因此,企业不可迷信BCG矩阵。对于是否追求更大的市场占有率,要以自身的能力和外部环境的情况而定。

(3)BCG矩阵对于企业应进入或维持高增长率市场的提示也并非真理。一般来说,拥有最高增长率的市场,其进入壁垒也是非常高的。企业付出高昂代价进入该市场,所获得的收益可能无法弥补进入成本。尤其是在经济处于低发展或者萧条时,更不能完全由市场增长率来决定战略。对于瘦狗业务,也不要盲目放弃,而应尽量让其作出贡献。

GE矩阵业务组合分析法

GE矩阵是企业了解各业务发展状况,从而决定对业务组合进行战略调整的有效方法。

借助GE矩阵,企业可对自身的业务结构进行分析,从中辨认出哪些业务应该退出,哪些业务应该重点支持。

一、根据各业务的特点，规划产品组合

GE矩阵是行业吸引力—业务实力矩阵的简称，是美国通用电气公司和麦肯锡咨询公司共同发展起来的。它以企业业务组合中各业务单元所在行业对投资者的吸引力以及业务在行业中的竞争力两大要素为基本参数，来分析企业业务的发展状况，从而为企业进行业务组合、战略调整提供依据。

GE矩阵可分为9个区域，针对处于每一区域中的业务单元，可实行有针对性的战略：

（1）领导Ⅰ型业务。该业务单元处于所在行业的领导者地位，其产品具有较大的优势，如产品的市场占有率高、成本低，企业的举动甚至能影响到市场的变化。该类业务所处的市场发展速度快，为维持其领导者地位，企业需投入大量的资源。因此，这类业务的净盈利量并不高。当行业发展成熟，该类业务会在GE矩阵中直线下降，变为领导Ⅱ型业务。一般来说，对于该类业务，应采取发展的战略。

产业吸引力	强	领导Ⅰ	努力	问题
	中	领导Ⅱ	监管	衰弱Ⅱ
	弱	现金供应者	衰弱Ⅰ	无希望
		强	中	弱
			竞争力	

（2）领导Ⅱ型业务。对于领导Ⅱ型业务，企业应同时采取发展战略和维持战略，以维持战略为重。企业的业务组合中应有适当比例的业务处于这一区域内，这样可以使企业拥有良好的发展前景和较强的发展能力。

（3）现金供应者业务。这种类型的业务所处的市场已经停止增长，行业不再具有吸引力，企业所面临的竞争压力也大为减轻。这种类型的业务所创造的现金量大于它所需要的现金量，成为企业发展其他业务单元的现

金提供者。企业的业务组合中，应有较多的业务处于这一区域，从而为企业整体的发展提供资源上的保障。对于现金供应者业务，企业应采取维持战略，尽可能地延长这类业务提供大量现金的周期。

（4）努力业务。这种业务所处的行业发展较快，但该业务在市场上竞争力一般。为了维持和发展该业务，企业需投入大量的资金。因此，一般来说，这类业务不会为企业带来净收益。努力业务在企业的资源支持下，经过自身的努力有可能成为领导Ⅰ型业务，否则就会成为问题业务。

（5）监管业务。这种业务在行业吸引力和业务实力两方面都不具备突出的优势，没有形成独特的市场区隔，不得不与许多对手进行激烈的竞争。对于这类业务，企业应采取榨取策略，控制资金的投入量，并尽可能地要求该类业务实现现金的最大化。

（6）衰落Ⅰ型业务。该类业务的衰落，是因其所处行业的萎缩所造成的。对于该类业务，应采取撤退战略。

（7）衰落Ⅱ型业务。这类业务的衰落，是自身竞争力的薄弱所造成的。对于该类业务，企业可以采取发展策略，加强内部管理，扩大其市场占有率，以期该业务向领导Ⅱ型业务发展；若该业务市场竞争力尤其弱，为提高其竞争力，企业需要消耗大量的资源，且其前景并不乐观，企业也可以采取撤退战略。

（8）问题业务。对于问题业务，企业首先要区分出哪些是值得支持的，哪些是应该放弃的。对于值得支持的业务，应从其他业务处调配资源来投入其中；对于应该放弃的业务，应直接采取撤退战略。

（9）无希望业务。这类业务一般都是企业的亏损业务，有的甚至已有较长的历史，而且毫无扭亏的希望。企业一旦发现这类业务，就应果断地采取撤退战略。

二、GE矩阵在通用电气公司的运用

通用电气是一家规模庞大、业务繁多的公司，早在20世纪50年代便率先采用了分权化的事业部管理体制，公司也因此获得了惊人的增长。然而好景不长，随着20世纪60年代中期美国经济陷入低速增长时期，通用电气的增长也缓慢不前，其中公司的每股平均利润以及投资利润率甚至出现了下降的趋势。

出现这一局面，表面上是因为通用电气公司的新领导人在引入核动力和商用喷气式飞机引擎等资本密集型产品时造成了巨额的亏损，而根本原因却是通用电气公司的发展超出了控制范围。1968年，全公司的业务单元已经达到了200个，分属于50个事业部。各事业部之间计划、业务等互不衔接，甚至完全脱节，致使整个公司运行效率低下。这种情况让通用电气的高层们意识到，为了达到降低风险、实现更大收益的目标，企业必须有一种能够统一规划和协调各事业部经营的方法，使企业各种分散的业务能在整体上取得平衡与衔接，实现产品和投资组合的最优化。

为了达到上述目标，通用电气公司开始大刀阔斧地改革。以当时负责财务的副总裁R.约翰为首，强化了计划体制，制订了新的战略事业计划。该项改革的核心之一，便是采取波士顿咨询公司所提供的"波士顿咨询集团法"，对公司的业务进行全面的分析。在此分析的基础上，由通用电气公司的咨询部部长罗斯·查尔德将公司内部的有关指标按照公司实力和市场吸引力两大基本参数进行细分，并重新组合，最终将其整理成可以进行多种因素分析的九象限图，这便是所谓的"通用电气分析法"。与"波士顿咨询集团法"相比，"通用电气分析法"更能切实地根据现实的环境变化，找到众多影响因素中的主要因素，从而对症下药。

在"通用电气分析法"的帮助下，通用电气公司开始对众多的产品进行定量分析、评价，将其归拢到9种类型中去，并针对每一种类型列出相应的发展、维持以及淘汰等策略，从而起到优化产品结构、明确企业产品发展方向的作用。事实证明，通用电气的这一做法是卓有成效的。通用电气公司的竞争优势得到了极大的提升，并且重新驶入了高速增长的快车道。同时，"通用电气分析法"也开始迅速传播开来，成为了一种被广泛应用的

企业战略分析方法。

方法实施要点

虽然GE矩阵在一定程度上弥补了BCG矩阵的缺点,但其本身仍有不足。企业在实际应用时,也必须注意到以下几点:

(1)主观因素的影响。在作行业吸引力分析时,采用加权计分法得出数字,表面上是客观的,实际上在相当程度上受到人为因素的影响。

(2)容易产生中庸策略。某项业务在GE矩阵上的定位,常会引起经理们的争论,最后为平衡各方的观点,往往把该业务定在"中"的位置上。

(3)行业吸引力的评价不够清晰。对企业竞争实力的评价有比较明确的比较对象,即行业中最强的竞争对手。相对而言,对行业吸引力的评价就模糊得多了。而这一缺点BCG矩阵却没有。因此,企业在具体运用这两种方法时,可把BCG矩阵用于竞争分析,把GE矩阵用于企业的资源分配分析。

第二章

市场机会选择

竞争对手界定法

只有正确界定竞争对手,才有可能在竞争中取胜。

不仅争夺顾客资源的企业是竞争对手,争夺其他资源的企业也是竞争对手。

一、正确界定竞争对手

在激烈的市场竞争中,超越竞争对手无疑是企业的战略重点。但如若企业无法界定竞争对手,或者界定的竞争对手是不准确的,就势必会对企业的发展造成消极的影响。因此,企业超越竞争对手、实现战略目标的前提是正确地界定竞争对手。

企业之间的竞争,通常是指对顾客的争夺。实际上除顾客资源方面的竞争以外,企业之间的竞争还表现在争夺其他资源上。举例来说,当当网和华为公司有着截然不同的目标顾客。从顾客资源这方面来看,它们之间没有竞争关系。但是它们都要在相同的劳动供给条件下,争夺优秀的计算机编程人员。因此从人力资源角度来考虑,华为公司与当当网便是竞争对手。总的来说,界定竞争对手的标准有4种,即:顾客导向、营销导向、资源导向和地理区隔。具体如下表所示:

标准	细化内容
顾客导向	顾客为什么使用该产品和服务——满足顾客需求方式的竞争； 顾客是谁——类似预算的竞争； 顾客什么时候使用产品或服务——时间和注意力的竞争
营销导向	分销策略、价格策略、媒体策略、沟通策略、广告和促销
资源导向	人力资源、财务资源
地理区隔	

二、麦当劳的汉堡包之战

如今麦当劳的连锁店已遍布全球，是名副其实的快餐巨人，然而这个巨人是如何一步一步成长起来的呢？这还得从咖啡店说起，因为麦当劳正是踏着咖啡馆的肩膀上路的。

20世纪中期，咖啡馆在美国相当受欢迎（当然现在也不冷清）。一家小的咖啡店里通常只有六七只凳子和一个柜台。在这样一个温馨的小空间里，顾客除了品尝咖啡以外，还可以吃到火腿蛋、烟熏猪肉、莴苣三明治和冰淇淋等食品，当然，汉堡包、法式炸鸡也是必不可少的。每一个城市、每一个地区的咖啡馆都有不同的特色，例如在费城，奶酪牛排三明治是其特色，蛤肉杂烩则是波士顿的特色等。不同地区的咖啡店都在警惕地防卫着自己的地盘。

是的，各地的咖啡馆都有自己的特色，但是这些咖啡馆并没有专心经营自己的特色。就像上文所说的，顾客可以在一个小咖啡馆里点到许多自己喜欢吃的食物。当然，这样做可以满足顾客多方面的需求，但是从营销战略的角度来看，它的战线拉得太长了，因而不堪一击。精明的雷·克罗克敏锐地发现了咖啡馆的弱点，他以最受人们欢迎的食品汉堡包作为突破口，向咖啡馆发起了猛烈的攻击。

事情进展得很顺利，应该说麦当劳的战役打得非常漂亮。作为对手的咖啡馆甚至没有意识到自己受到了攻击，而成千上万的咖啡馆的顾客却走进了麦当劳。暂时的成功并没有令克罗克得意忘形，雄心勃勃的他立即着手扩张他的麦当劳版图，很快麦当劳的连锁店就开遍了整个美国。当咖啡馆意识到他们的顾客更多地光顾麦当劳的时候，想办法应对这一状况已经来不及了，麦当劳已经确立了它在汉堡包领域的不可动摇的优势。就这样，麦当劳开始了向巨人成长的旅程。

如今，在讨论麦当劳的成功时，营销专家们津津乐道于该公司严格的程序和标准以及它对清洁的狂热追求，却很少提及其最初的成功。但也许那才是最为重要的，而成功的原因就是：在正确的时间选择了正确的对手，最后用正确的方式战胜了对手。

方法实施要点

界定竞争对手的方法主要有5种，它们分别是：

（1）根据已有的分类标准来界定竞争对手。这是界定竞争对手最简单的方法。国际上流行的分类标准主要有3类，即标准工业编码、北美工业分类系统、邓白氏编码。这些分类标准把世间的各行各业进行详细的归纳分类，企业很容易找到所属的行业，从而锁定自己的竞争对手。

（2）根据产品的相互替代性来界定竞争对手。

（3）由管理者作出判断。即管理者根据自己的经验、市场报告、分销商或者其他的渠道来界定当前和潜在的竞争对手。管理者可借助图表来勾勒思维过程，下面的著名的安索夫成长矩阵变形便是一个常用的分析方法。

其中，A代表着产品和服务大体相同，追求同一顾客群体的企业之间的产品形式竞争。C代表着目标顾客群体不同的产品形式竞争。B则代表了企业潜在的竞争对手，这类竞争对手通过不同的产品和服务已经具备了和企业争夺市场的潜力。对于这类竞争对手，企业应予以充分的注意，努力预测其中哪些企业有可能成为自己直接的竞争对手，并采取应对措施。D类竞争对手是最难以预测的，它们看起来与企业没有什么竞争关系，它们针对不同的市场销售不同的产品，在产品和市场方面与企业没有任何交集，但事实上它们仍有可能是企业的强大的竞争对手。

（4）根据顾客购买信息界定竞争对手。顾客的购买信息通常包括两种，一是真实购买或使用的数据，二是判断数据。这种数据只适合评估当前的市场结构，而不能反映未来的市场结构。为了方便数据的使用，企业可根据品牌转换、交叉需求弹性等要素对顾客的购买信息进行分类。

（5）根据顾客的意见界定竞争对手。根据顾客意见界定竞争对手的方法主要有4类，即整体相似、部分相似、产品删除和替代使用。

竞争性路径分析法

在零和甚至是负和博弈状态下，企业若想生存和发展，必须掌握竞争对手的竞争策略。

收集竞争对手资料，对竞争对手进行分析，日益成为企业的一项重要职能。

一、知己知彼，方能百战不殆

企业所面临的宏观环境正经历着剧变：国际竞争日趋激烈、科技发展日新月异、利率和通货膨胀大幅波动、消费者的口味频繁变化，令人难以捉摸。在这样一个复杂的背景里，隐藏着无数不确定的因素。企业只有把握住竞争对手的脉搏，才能在市场中站稳脚跟。

要对竞争对手进行分析，首先要进行资料的收集。一般来说，资料主要来源于三大方面，即二手资料来源、原始资料来源和其他资料来源。

（1）二手资料来源。二手资料是资料的主要来源，它所涵盖的范围非常广泛，且一般不需付出较高的代价。具体来说，二手资料主要通过以下几种途径获取：①从出版物获得。企业可从地方报纸、商业出版物、贸易出版物等找到竞争对手的若干资料。②从竞争对手公开的资料中获得。

竞争对手公开的资料包括年报、促销宣传材料等。③从各种组织机构中获得。一些组织或机构可能也会收集竞争对手的信息，通常企业可以从政府、贸易协会以及咨询机构中找到有关竞争对手的信息。④从互联网中获得。网络和电子数据库可以为企业提供大量的廉价信息，已逐渐成为二手资料的主要来源。

（2）原始资料来源。原始资料主要有5类来源：第一是企业的销售人员和顾客。销售人员常在市场上进行营销活动，因此他们是最有可能获知竞争对手信息的人员。企业应帮助和鼓励销售人员去收集有关竞争对手的信息。顾客也是较易于获知竞争对手信息的人群，企业可通过各种方式从顾客处获知信息。第二是企业员工。企业可发动员工去从市场上搜集竞争对手的信息。第三是供应商。企业可从供应商处搜集信息，以估计竞争对手的生产规模和销售情况。第四是咨询公司和专业调查公司。企业可从咨询公司或专业调查公司处购买有关竞争对手的报告。第五是投资银行。如果竞争对手是投资银行的目标客户，企业便可利用投资银行了解竞争对手方方面面的信息。

（3）其他资料来源。除上述种种来源之外，企业还能够通过下述途径收集资料：展览展会、招聘广告、工厂参观、逆向工程、样板市场、对手重要员工等。

二、雅马哈轻敌，遭遇惨败

20世纪70年代末和80年代初，日本的雅马哈摩托车公司同本田公司展开了一场争夺行业领导者地位的竞争。这场竞争异常惨烈，甚至被时人称为"近代日本工业领域中最残酷的一场决斗"。雅马哈在这场竞争中盲目自大，忽视对竞争对手的分析，最终以惨痛的失败而告终。

自20世纪50年代以来，本田一直是摩托车行业中不可忽视的力量。进入60年代以后，本田突然发力，疯狂地抢占市场份额，利用盈利进行再投资，终于在1964年成功加冕世界摩托车行业霸主。此后本田并没有懈怠，实力愈发雄厚，在日本本土的市场占有率一度高达85%。20世纪60年代末至70年代初，世界摩托车市场需求趋缓。为拓宽公司的业务面，本田决定进军汽车市场。当时国际汽车行业并不景气，竞争也十分激烈。为了能在汽车行业立足，本田不得不投入大量的资源，只能暂时放缓在摩托车行业的发展。本田的努力得到了回报，1975年，它的汽车业务的收入便超过了摩托车业务的收入。

就在本田专注于汽车业务，无暇顾及摩托车业务的时候，原来居于摩托车行业第二名位置的雅马哈公司抓住机会，积极拓展摩托车市场。在雅马哈的步步紧逼下，本田一退再退，二者市场份额的差距逐渐缩小。1970年本田摩托车的销售额3倍于雅马哈，而到了1979年，二者销售额的对比便成为1.4∶1，虽然本田仍然领先，但优势已大不如前；1981年二者的市场占有率已不相上下，本田的领先优势丧失殆尽。

在巨大的胜利面前，雅马哈的管理层出现了盲目乐观的情绪。他们被本田败退的表面现象所蒙蔽，以为后者已成为待宰的羔羊，而完全忘记了"瘦死的骆驼比马大"的道理。1981年8月，时任雅马哈总经理的日朝智子对外宣称："雅马哈将建立年产100万辆摩托车的新工厂。这个工厂一旦建成投产，雅马哈的年产量将提高到400万辆，超过本田20万辆，到时雅马哈将成为摩托车市场新的王者！"雅马哈公司的董事长也随后表示："身为一家专业的摩托车厂商，我们不能永远屈居第二！"

雅马哈的挑衅行为终于引起了本田的重视。这个摩托车行业曾经不可一世的霸主，决定让后来者看看什么才是真正的实力，他们迅速作出决策：在雅马哈新厂尚未建成时，以迅雷不及掩耳之势予以反击，打掉其嚣张的气焰。于是，残酷的战役拉开了序幕。

本田首先使出的杀手锏是大幅度降价。一般车型的降价幅度超过了1/3，同时增加了促销费用和销售点。这一招对消费者的吸引力是巨大的，拿一部50升的本田摩托车来说，其价格甚至不如一辆10变速的自行车。诚然，降价使本田摩托车业务的利润变得非常单薄，但"东边不亮西边亮"，汽车业务的利润足以维持企业的正常运转。相较而言，雅马哈是一家专业的摩托车生产商，采取与本田公司相同的降价策略无疑是不能承担的。

本田的另一招是产品的迅速升级换代。在短短1年多的时间内，本田凭借其雄厚的技术基础，陆续推出了81种新车型，淘汰了32种旧车型。而雅马哈的资金大多被新建的工厂所牵制，内部营运尚且资金不足，新产品开发更是有心无力，仅仅推出了34种新车型，淘汰了3种旧车型。本田的不断更新换代吸引了众多年轻消费者的关注，永远富有新鲜感也使经销商更加努力地推销新产品，相形之下雅马哈则显得暮气沉沉。本田摩托车的销售量扶摇直上，而雅马哈产品的库存却越来越多，只能通过打折的方式销售。

这场"近代日本工业领域中最残酷的决斗"仅仅持续了18个月。在这期间，雅马哈的市场占有率从37%下降至23%，营业额锐减50%，负债累累，其库存更是一度达到日本摩托车行业库存的一半！最终走投无路的雅马哈只得宣布投降，1983年6月，雅马哈董事长川上携总经理智子，就雅马哈的"不慎言辞"正式向本田公司道歉。在记者招待会上，川上还宣布了解除智子职务的决定。至此，摩托大战终以雅马哈的惨败而画上句号。

方法实施要点

下面我们对竞争性路径分析的具体应用作一个简单的介绍。

1.判定竞争对手的当前目标

判定竞争对手的当前目标，有利于企业据此制定具有针对性的应对策略。一般来说，竞争对手的基本目标无外乎3种，即成长性目标、保持性目标以及收获性目标。

成长性目标，就是指企业注重产品市场份额的增加以及品牌知名度和美誉度的提升，而对产品的利润不十分关注。采用这种目标的企业，其营销活动通常会出现如下现象：产品升级、价格降低、广告投入增加、促销活动频繁、分销投入增多等。竞争对手如若采用这一基本目标，其活动很容易被产品经理、广告代理和其他评估竞争品牌活动的部门所掌握。

保持性目标,即企业在市场逐渐萎缩的情况下,采用有效的措施,减缓其下降速度,以期挽救市场。要判断竞争对手是否采用保持性目标,企业也无需进行大量的市场调研,可通过观察和销售电话报告等方式来保持对竞争对手活动的敏感性。

收获性目标,也被称为奶油目标,即企业已打算退出市场,从而采取各种活动来最大限度地获取收益。竞争对手如若采取这一策略,其营销活动会表现出如下特征:提高产品价格、削减营销预算。企业可通过对上述活动的分析,作出正确的判断。

2. 判断竞争对手当前的策略

对于竞争对手的策略,企业可以从3个方面来进行判断:

首先,判断竞争对手的营销策略。营销策略包括3个要素,即目标市场选择、核心策略制定和策略实施。对于目标市场选择要素,企业应着重分析竞争对手的目标市场;对于核心策略制定要素,企业应分析竞争对手的核心竞争力是什么:价格或成本优势,抑或是产品差异化优势;对于策略实施,企业应重点分析竞争对手的定价策略、促销策略和分销策略。

其次,分析竞争对手的产品或服务的竞争策略。物理构成在短期内还是决定产品或服务竞争力强弱的关键因素。企业应仔细分析竞争对手产品的物理属性描述,以对其可能采取的策略进行判断。

最后,判断竞争对手的技术策略。可从6个方面来对竞争对手的技术策略进行分析和判断,即研发组织和政策、研发投入水平、竞争力来源、企业能力水平、技术专门化和竞争时效。

3. 评估竞争对手当前的竞争力

对竞争对手当前竞争力的评估,可以从5个方面来进行:一是竞争对手的创意和设计能力,这关系到新产品开发成果的质量高低。毫无疑问,具有强大产品开发能力的企业要比没有创新能力的企业更具长久威胁性。二是竞争对手的财务能力,竞争对手的资金是否雄厚势必会影响到其在市场上的竞争力。三是竞争对手的管理能力，竞争对手主要管理者的特征往往是竞争对手采取某种策略的信号。四是竞争对手的生产能力，生产能力包括竞争对手产能潜力和产品生产质量保证体系的情况。很明显，生产能力强的企业，其威胁性也更大。五是竞争对手的市场能力，市场能力包括分销渠道完善情况、营销人员是否有创造性的营销能力等方面。市场能力非常重要，就算竞争对手的产品开发能力非常强大，如果其在市场能力方面一无是处，它的市场竞争力也会微不足道。

4. 分析竞争对手的市场意愿

分析竞争对手的市场意愿主要是要回答以下几个问题：其一，某一产品对竞争对手的重要程度如何？通常该产品的销售量和利润所占的比重越大，该产品生产线的员工人数越多，其对企业战略的影响就越大，竞争对手也就越大力发展该产品。其二，竞争对手对市场认同度如何？一般来说，企业的高层管理者很难承认自己是错的。其三，竞争对手是否拥有优秀的经理和一流的团队？优秀的员工是企业获得成功的基础。

5. 预测竞争对手未来的策略

企业在预测竞争对手的未来策略时，可采取两种方法：一是在资源变量和策略之间建立因果联系。也就是说，企业要把资源变量和能力同所要追求的策略联系起来。二是站在竞争对手的角度考虑问题。企业可以在收集到的信息的基础上，尝试着扮演竞争对手的角色，设想一下竞争对手在面对这样一个市场环境时，会采取什么样的策略。

市场细分营销

企业不可能满足所有消费者需求，它们只能根据自身的优势、条件，选择适合自身经营的目标市场。

市场细分是营销成功的核心。

一、市场细分,营销成功的核心

市场细分这一概念,是由美国市场学家温德尔·斯密在20世纪50年代中期总结了企业界市场营销实践经验后提出来的。其含义是:按照消费者的需求和欲望把一个总体市场划分成若干具有共同特征的子市场的过程。因此,属于同一细分市场的消费者对某一产品的需求是非常相似的,而分属不同细分市场的消费者对同一产品的需求和欲望则是大相径庭的。比如,有的消费者喜欢质量过硬、价格便宜的手机;有的消费者喜欢功能多样、造型时尚的手机;有的消费者则喜欢华贵高雅、有一定象征意义的手机。手机厂商便可以据此划分出三个子市场,选择其中的一个或者几个开展营销活动。

企业要根据自身的优势和特点,从事某一方面的生产和营销活动。而要选择合适的目标市场,则需要企业先进行市场细分。

1.市场细分的客观条件和目的

市场细分是需要一定客观条件的。只有当商品经济发展到一定阶段,市场上的商品供过于求,消费者的需求呈现出多样化、个性化特征,企业无法通过大批量生产的方式或者无差异化产品策略来满足消费者需求的时候,企业才有必要进行市场细分。

一般来说,市场细分的目的有两点:①使同一细分市场内的消费个体之间的差异降低到最小,使不同细分市场中消费个体间的需求和欲望差距增加到最大;②针对不同的细分市场,采取不同的产品和市场营销组合策略,以求获得最大的效益。

2.细分市场的原则

有效的细分市场通常具有以下特征:

(1)细分市场应该足够大,并保持稳定,以保证企业有利可图。

(2)细分市场必须是可以识别的,即可以通过人口统计学、情感价值数据和行为方式数据等来描述。

（3）不同的细分市场对同一市场营销组合的反应必须是不一样的，否则就没有进行市场细分的必要了。

（4）细分市场必须具有合理的一致性，即细分市场中的消费个体应有非常相似的需求和欲望。

（5）就其大小而言，各细分市场应该是稳定的。

（6）该细分市场不应该大部分被竞争对手所占据，这样很有可能会使自己的产品遭到失败。

二、汇源果汁的市场细分策略

市场细分是企业战略营销的起点，若不进行市场细分，企业的实际经营便会如同盲人摸象，根本无从锁定自己的目标市场；企业也不可能在激烈的市场竞争中找到自己的定位，当然也就更加无法针对市场开发出独具特色的产品了。前瞻性的市场细分固然可以使企业取得巨大的销售额，甚至取得行业领导者的地位，但倘若细分一直停留在广度的、静态的层次，不深入研究消费者的实际需求，则前期取得的市场份额必然会被竞争对手所蚕食，从而功亏一篑。汇源果汁便是活生生的例子。

1. 独辟蹊径，初期告捷

20世纪90年代初期，中国市场上碳酸饮料横行，各主要生产厂家把主要精力都放在争夺碳酸饮料的市场份额上。而汇源公司独具慧眼，开始专注于各种果蔬饮料市场的开发。虽然当时市场上有一些小型公司零星地生产和销售果汁饮料，但绝大部分由于起点低、规模小而难有前途。汇源果汁作为一家大规模饮料企业，拥有先进的生产设备和工艺，根本不是一般小企业所能望其项背的。因此，当汇源的大脚踏入果蔬饮料市场的时候，基本没有遇到什么有力的抵抗就轻松占据了市场的制高点。

汇源果汁充分满足了时人对于健康、营养的需求，凭借其大品牌战略、100%纯果汁专业化的生产以及令人眼花缭乱的新产品开发速度，一举打开了财富的大门。在短短几年之间，汇源跃入中国饮料工业的十强之列，其销售收入、利润率、市场占有率等指标均在行业中占据显要位置，成为果汁饮料市场当之无愧的领导者。应该说，汇源果汁取得如此大的成就，广度市场细分的做法是关键因素。

2.劲敌加入市场争夺战，领导位置拱手相让

汇源果汁凭借广度的市场细分，取得了果汁市场领导者的位置。然而好景不长，当1999年统一集团涉足橙汁产品后，一切都发生了变化。2001年，统一集团仅"鲜橙多"一项产品便创下了10亿元的销售额，并在当年超越了汇源。统一集团的成功吸引了包括可口可乐、百事可乐、康师傅、娃哈哈在内的众多大型饮料企业加入，一时间群雄并起，硝烟弥漫，果汁市场的竞争进入空前激烈的状态。2002年，汇源在与"鲜橙多"、康师傅的"每日C"、可口可乐的"酷儿"等品牌的竞争中已处于劣势地位。尽管汇源公司将失利归咎于"广告投入不足"和"PET包装线的缺失"等原因，然在汇源增大广告投入、花巨资引入PET生产线后，其市场份额仍然在不断下降。很显然，问题并不像汇源想的那样简单。

3.病因分析：市场细分静止僵化

在市场的导入期，由于顾客的需求较为简单、直接，市场细分可以围绕着地理分布、人口及经济因素等广度范围展开。此时，品牌的有力竞争者往往还没有出现，竞争一般局限在产品、质量、价格、渠道等方面。汇源果汁也正是在这一阶段脱颖而出的。但是，这种广度的市场细分方法只适合在市场的启动和成长阶段使用，当顾客的需求呈现出多样化和复杂化等特征的时候，市场细分也应由原先的广度和静止向深度和动态发展。

以统一"鲜橙多"为例，其通过深度市场细分，选择了追求健康、个性、美丽的时尚女青年作为目标市场，并依此进行产品设计，卖点更是直指消费者的心理需求："统一鲜橙多，多喝多漂亮"；可口可乐则专门针对儿童市场推出了果汁饮料"酷儿"，"酷儿"的卡通形象反映了可口可乐品牌运作的一贯水准，同时也俘获了万千儿童及年轻家长的心。而汇源对市场的变化"不知不觉"，一直保持自己的动能性诉求，包装也仍以家庭装为主，根本没有界定出具有明显个性特征的目标群体市场。即使在市场竞争中遭遇"滑铁卢"之后，汇源推出的500ml、PET瓶装的"真"系列和卡通造型的瓶装系列橙汁，也仅仅是对竞争对手包装的简单模仿。

从上述分析可以看出，汇源果汁市场地位降低的根本原因是其经营出发点、市场细分方法已跟不上市场发展的步伐。汇源是以自身作为经营的出发点，以静态的和广度的市场细分来看待和经营果汁市场。而统一和可口可乐公司则从消费者的角度出发，用深度的和动态的市场细分原则来切入市场。可知，同样是"细分"，在产品的不同生命周期阶段却有着不同的表现和结果。

方法实施要点

美国市场学家麦卡锡曾提出了进行市场细分的一整套程序，这一程序包括7个步骤：

1.选定产品市场范围

选定产品市场范围即确定企业进入什么行业，生产什么产品。产品市场范围的确定应以顾客的需求为标准，而不是产品本身的特性。例如，一家房地产企业想要在乡下建一座简朴的住宅。如果单从这座住宅的特性来考虑，企业可能会认为住宅的目标顾客是收入不高的消费者；但若从顾客的角度来考虑问题，或许会得出不一样的结论。因为，一些高收入者厌倦了城市的喧闹和高楼大厦之后，可能会非常向往乡间清静、简单的生活。

2.列举出潜在顾客的基本需求

企业通过调查，列举潜在顾客的基本需求。如上述例子，潜在顾客对住宅的基本需求可能包括遮风避雨、安全、方便、经济、宁静、设计合理、室内装修完备、工程质量高等。

3.了解不同顾客的不同需求

对于列举出来的基本需求，不同顾客强调的重点可能是不一样的。比如，遮风避雨、安全、经济等条件可能是所有顾客都会关心的，而对于其他的基本需求，有的顾客会强调方便、设计合理，还有的顾客则会强调安静、内部装修等。通过这种比较，不同顾客的需求差异便会被识别出来。

4.选取重要的差异需求为细分标准

可以抽掉顾客的共同要求，而把顾客的特殊需求作为市场细分的标准。如经济、安全、遮风避雨需求固然重要，但它不能成为市场细分的标准，因此应该剔出去，而把重点放在安静、内部装修、方便等需求上。

5.根据所选标准细分市场

营销时根据潜在顾客需求上的差异性，将顾客划分为不同的群体或者子市场。上述房地产公司将顾客划分为老成者、好动者、新婚者、度假者等多个群体，并据此采取不同的营销策略。

6.分析各个细分市场的购买行为

进一步分析各个细分市场的需求和购买行为，并找到其原因，以便在此基础上决定是否可以合并这些细分市场或者对细分市场进行进一步的细分。

7.评估各个细分市场的规模

在仔细调查的基础上，评估每一细分市场的顾客数量、购买频率、平均每次购买数量等，并对细分市场上产品的竞争状态及发展趋势作分析。

利益细分法

人们在消费某一特定产品时寻求的利益（效用）是细分市场存在的真正原因。

利益细分变量比人口特征以及其他细分变量对消费者行为所起到的决定性作用要更为直接、更为精确、更具可预测性。

一、最有效的市场细分方法

利益细分作为行为细分的一种，建立在因果关系变量的基础之上，认为消费者在寻求某一特定产品时所寻求的利益（效用）是细分市场存在的根本原因。利益细分变量是建立细分市场的最为行之有效的细分方法。

1.利益细分概述

有研究表明，消费者所渴望的利益（效用）比人口特征或者其他细分变量对其购买行为的影响更为直接、精确，更具决定性，也更便于预测。由此可见利益细分的意义所在。依据消费者所寻求的利益建立细分市场后，也要对每一细分市场的人口特征、消费量、品牌感知等因素加以认识，这有助于营销人员更有效地接近顾客，更深入地理解顾客，从而更好地满足消费者的需求。

利益细分是对消费者价值体系进行具体衡量之后实施的，虽然具有可操作性，但操作起来比较复杂，通常需要借助于计算机来进行复杂的计算和预测。可供选择的统计方法有"Q"因素分析技术、多维比例放缩以及距测法等。这些方法都对每一被调查者的测试结果进行比较和分析，以确定具有相似测试结果的个体集合，每一个体集合对应着一种潜在的有利可图的利益细分市场。在某些情况下，企业也可以不选择这些复杂的分析方法，直接通过直觉来进行利益细分市场的划分。这方面也不乏成功的案例，如福特汽车公司开发的野马轿车、烟草公司推出的100毫米长度香烟等。但不可否认的是，从长远来看，系统的利益细分研究要比仅凭直觉划分更稳妥一些。

2.利益细分在营销决策中的现实意义

企业对消费者市场进行利益细分研究，可对产品定位、价格制定、广告制作、媒体选择、包装设计、促销等营销因素的组合决策具有现实的指导意义。比如，利益细分的研究对指导新产品的定位有着重要的价值。营销人员一旦发现了市场中空白的利益细分市场，便可立即进行新产品的研发，发掘新的市场机会，并给新产品以准确的定位。而利益细分研究所搜集的信息将有助于企业在特定的目标市场上选择最为合适的促销方式，以及设计更为恰当的销售现场宣传资料。

总之，利益细分方法之所以引起了众多企业以及营销研究人员的注意，就在于它向人们提供了一种研究市场的新思路。且事实证明，这种思路对企业的营销工作有着巨大的促进作用。只要企业的营销人员对消费者市场进行利益细分研究，就总能发现一些小的市场。运用恰当的营销策略去占领这些小的细分市场，无疑会大大提升企业的销售业绩，有利于企业营销目标的实现。

二、牙膏市场的利益细分及其营销策略选择

美国营销学家拉塞尔·哈雷在对牙膏的消费者所追寻的利益进行研究后，成功地细分了牙膏市场。他的研究揭示了4种主要的细分市场类型，分别是防蛀、注重洁齿、注重牙膏的口味和外观以及经济实惠的价格。每一种细分市场都有其人口统计的行为和心理特征，为营销活动的策划和实施提供了依据。由于中国市场和美国市场不同，按照中国牙膏消费者所追求的利益，可以将中国牙膏市场分为5种类型。企业可针对这5种类型实施相应的营销策略：

（1）防蛀型。购买者多为有孩子的家庭，所寻求的利益点是预防龋齿。对于这一利益细分市场，企业多采用演示性广告策略，在广告中向消费者展示防蛀原理，强调牙膏的抗龋齿的功效。广告的解说词里大多包括权威机构如中华口腔医学会的认证，广告选用在学校课堂向小学生进行预防龋齿教育的场面。在产品包装的醒目位置上，多标注了含氟、可提供多重保护以及中华口腔医学会的标志。这样使该利益细分市场的消费者相信产品能够满足自己的期望，从而达到良好的宣传效果。

（2）经济型。购买者所寻求的主要利益是较低的价格，购买者多为收入较低的成年人。企业在针对这一利益细分市场的广告中，除了要宣传产品的价格竞争力之外，还可以展示其他方面的优点。

（3）预防牙周病和牙齿过敏。这类购买者更为看重牙膏的保健和治疗结果，多为中老年和患有牙病的人士。这类购买者的独立性强，性格倾向于保守，是牙膏的主要消费者。在这一利益细分市场上，蓝天六必治以"牙好，胃口就好，吃嘛嘛香"为广告语，取得了不错的市场效果。

（4）牙齿美白。这种类型的购买者较为注重牙齿洁白和美容化妆效果，多为吸烟、性格外向、善于交际的人士。这一方面，广告主题要强调增白效果和美容保健的功能，应选择气氛轻松优雅的社交场合作为广告场景，包装设计中也应体现光亮洁白的牙齿。

（5）口味和外观。这种类型的购买者对牙膏的口味和外观更为偏好，多为儿童。针对这一利益细分市场，广告常注意口味和外观的宣传，口味上分为留兰香型、薄荷型和各种果味牙膏，外观上则主要有彩条、透明、蓝白膏体等，以吸引儿童。

方法实施要点

利益细分市场的基本法则包括以下几个方面：

（1）创造新的细分市场，不如维护老的细分市场。许多企业致力于生产和竞争对手截然不同的产品，期望能够开辟新的细分市场。这样做本无可厚非，但是与维护现有的细分市场相比，它显得过于昂贵且效果并不与投入成正比。企业应更加重视对现有细分市场的研究，掌握已熟悉消费者的更多的信息，制定更加切实有效的营销策略，这样将使企业获得更为令人满意的益处。

（2）一种品牌不可能满足所有顾客的需要。这一法则是在告诉企业：要使产品覆盖更大范围的市场，就要为顾客提供多种品牌。如今市场上新品牌不断涌现，可视为对这一法则的回应。

（3）属于同一公司的多种品牌，应尽量避免相互竞争。经常会出现同一公司旗下的品牌相互竞争的现象，诚然这有利于提高企业的活力，但谁也不能够否认这将造成极大的内耗，造成资源的浪费。

（4）产品的设计应能满足既定细分市场的需求。企业必须针对具体的顾客群进行产品的设计，也就是说，要瞄准既定的细分市场设计产品。反之，如果同时瞄准两个或者两个以上的细分市场，必然会犯市场细分定位模糊的错误，使产品左右不讨好。

目标市场选择法

在市场评估之后，企业便需在有吸引力的细分市场中选择应该进入的具体目标市场。

细分市场的选择关系到企业营销目标的锁定。

一、选择合适的细分市场

市场细分是企业进行营销活动的基础。在市场细分之后，企业还需在诸多细分市场中进行评估，选择进入哪些市场、不进入哪些市场，这关系到企业营销的目标锁定。因此，采用何种方法来评估细分市场与选择目标市场才是最为重要的。

1.选择目标市场的基础——评估细分市场

评估细分市场就是在确定细分市场的有效性之后，对细分市场作进一步的评估，以明确哪一个或者哪几个细分市场是企业值得进入的。评估细分市场是进行目标市场选择的基础，通常应从以下两个方面着手：

（1）细分市场的规模和成长可能性。细分市场的规模是指这一市场内购买能力的总和。企业选择何种规模的细分市场，应视自己的能力而定。一般来说，大型企业不愿意费力去开发过小的细分市场，而小企业不敢涉足规模过大的细分市场。细分市场成长的可能性是指细分市场的待开发潜力。一般来说，儿童和年轻人的细分市场成长可能性较高。

（2）细分市场的市场结构吸引力。任何一个细分市场的结构吸引力都取决于5大因素：产业竞争者、潜在进入者、供应商、产品替代品、购买者。理想的细分市场市场结构应为：产业竞争者少且弱、新竞争者的进入壁垒高、供应商和购买者的议价能力薄弱、产品无替代品。

2.目标市场选择的5种模式

目标市场选择就是指企业在市场细分的基础上根据自身的经营目标和经营能力选择有利的细分市场作为目标市场的过程。一般来说,有5种目标市场模式:

(1)密集单一市场,即选择一个细分市场集中营销。这样做一方面有利于企业巩固在该细分市场的地位,另一方面企业通过生产、销售和促销的专业化分工也能够获得更多的经济效益。例如,德国大众汽车公司一直致力于经营小汽车市场,理查德·伊尔文公司则集中经营经济商业教科书市场等。这些企业都通过深耕细作,在各自的领域内获得了成功。但是,不可否认,把所有鸡蛋放在一个篮子里显然要比把鸡蛋分散开来放在几个篮子中的风险要大得多。比如,专门经营年轻女士运动服的鲍比·布鲁克斯公司就曾因为女士们突然不买运动服而损失惨重。因此,大多数公司通常同时经营若干个细分市场。

(2)有选择的专门化,即企业同时经营若干个有极大赢利可能的细分市场,而且这些细分市场之间缺乏或者根本没有联系。这样做可以分散企业的风险,即使在某个细分市场遭到了损失,企业也可以从其他市场上挽回。

(3)产品专门化,指的是企业集中生产一种产品,但向不同的细分市场供应不同类型的产品。如显微镜生产商向大学、政府、工商企业、个人等不同的顾客群体销售不同种类的显微镜,但不生产其他的仪器。企业可以通过这一模式树立起某个产品非常高的声誉,但这也存在一定的风险。比如一旦显微镜被另一种全新的显微技术所代替,那么企业就会出现生存危机。

(4)市场专门化,指专门为某个顾客群体的各种需要服务。如公司可以为大学实验室提供一系列产品,包括显微镜、示波器、化学烧瓶等。公司专门为一个特定的群体服务,这有助于企业在该群体中获得很高的声誉,并成为这一群体所需各种新产品的销售代理商。采用这一模式,也有可能遇到一些风险。比如，大学实验室的经费开支一旦被突然削减，专门为大学实验室服务的公司就会遇到很大的麻烦。

（5）完全市场覆盖，即企业利用各种产品去满足各种顾客群体的需要。这种模式通常只有超大规模的企业才能采用，如计算机市场中的IBM公司，汽车市场中的通用汽车公司，饮料市场中的可口可乐公司等。

二、通用汽车在中国的目标市场选择

上海通用汽车在中国的市场占有率由1999年的3%上升到2002年的10%，短短3年间成长为仅次于上海大众、一汽大众的中国市场第三轿车生产集团，尤其是其旗下的"赛欧"更是成为了细分市场上的领跑车型。几年来，上海通用汽车能以超常规的速度发展，得益于其在中国的目标市场选择中所采取的不同模式。

1.市场专门化模式

在通用汽车刚涉足中国市场时，国内轿车市场的基本情况是这样的：经济型轿车竞争非常激烈，而中高档轿车市场还主要以进口车为主，市场存在很大的空间。为此，通用汽车采取了走高端市场路线的策略，用成熟的别克车型抢占市场空间，在上市的第一年就连续推出了别克新世纪、GLX、GL等3款轿车，成为当时中国市场上最高档车型，从而一举取得中高端市场的主动地位。

2.有选择的专门化策略

2000年，上海通用汽车相继推出了具有驾驶乐趣的别克CS和中国第一辆多功能公务车GL8，紧接着又针对20余万元的市场推出了小排量的别克G。通过这一系列动作，上海通用形成了从20万元至30余万元的梯级产品排列格局。

3.寻找空白市场

上海通用汽车在中高档轿车市场上的成功，引起了竞争对手的关注。广州本田和一汽大众分别从日本本田和德国大众引进了和别克属同一级别的本田雅阁和奥迪A6，接着上海大众又从德国大众引进了更为先进的帕萨特B5。这样一来，25万元至45万元这一级别轿车市场上就出现了别克系列、本田雅阁、奥迪A6、帕萨特等四大品牌，竞争已趋于白热化。别克系列轿车遭到了竞争对手的强劲挑战，市场空间已经遭到严重的挤压。为了实现突破，创造新的市场空间，上海通用汽车把目光转向了经济型轿车市场，准备将产品线延伸到低端市场。

2000年以前的中国低端轿车市场上，实际上还没有完全意义上的国际知名轿车品牌。国产轿车虽然价格便宜，但总给人以价低质低的印象，缺乏一种具有强劲竞争力的车型。上海通用从这种现象中看到了巨大的市场契机，立即将海外市场上的一款欧宝车引进中国，取名赛欧，俗称"小别克"。这一车型凭借别克的品牌效应以及10万元的价格诱惑，一经推出就在中国轿车市场引起轩然大波，消费者踊跃定购。上海通用趁热打铁，在2001年又推出了针对中国家庭市场的赛欧家庭版——赛欧SRV，将全新的消费观念引入到中国普通的消费者中。2002年赛欧的产销量达到了5万台，成为这一级别轿车市场的最大赢家。

方法实施要点

无差异营销、差异营销和集中营销这3种目标市场选择策略各有利弊。企业到底选择其中的哪一种策略，主要取决于以下6个因素。

（1）自身的资源和实力。若企业财务、技术、生产、营销等方面的实力比较强，则可以采取差异营销或者无差异营销策略；反之，则宜采取集中营销策略。

（2）产品的同质性。产品同质性意指在消费者眼里不同厂家生产的产品相似程度如何，相似程度高的，即为同质性高；反之，则为同质性低。如食盐、大米、钢铁等，虽然各厂家的产品或有品质上的些微差别，但消费者并不在意，这些就属于同质性高的产品，可采取无差异营销的策略；对于服装、汽车、化妆品等，消费者的需求千差万别，产品的式样、型号等方面也大有差别，对于这类同质性低的产品，可采取差异营销或集中营销策略。

（3）市场同质性。细分市场中顾客的需求和购买行为相似程度高，即为市场同质性高；反之，则为市场同质性低。市场同质性高时，企业可采取无差异营销策略；市场同质性低时，则应采取差异营销或者集中营销策略。

（4）产品所处生命周期的阶段。在产品导入期，由于同类竞争品不多，市场竞争不激烈，企业可采取无差异营销策略；在产品的成长期和成熟期，同类产品增多，竞争趋于激烈，这时企业应采取差异化营销策略；在产品的衰退期，为保持市场地位，延长产品的寿命，企业可采取集中营销策略。

（5）竞争对手的营销策略。企业在确定自己营销策略的时候，应充分考虑竞争对手尤其是主要竞争对手的营销策略。如果竞争对手采用的是差异营销策略，企业就不能采取无差异营销策略与之对抗；若竞争对手采取的是无差异营销策略，则企业可用差异或者无差异营销策略与之抗衡。

（6）竞争者的多少。当竞争者较少、竞争不激烈的时候，可采取无差异营销策略；当竞争对手多、竞争激烈时，应采取差异或者集中营销策略。

差异化营销

差异化营销策略是企业挑战同质化的一件利器。

有差异才能有市场，才能在强手如林的同业竞争中立于不败之地。

一、使产品别具一格

差异化营销所追求的"差异"是产品的不完全替代性，也就是使本企业的产品在功能、质量、服务、销售策略等一个或者几个方面与竞争产品存在差异，使本企业所提供的产品是竞争产品所不能完全替代的，这样企业的产品便可在市场竞争中占据有利地位。

差异化营销可以分为产品差异化、形象差异化和市场差异化三大方面。

（1）产品差异化。即企业生产的产品在性能或者质量上明显优于同类产品，从而形成独自的市场区隔。对于同一行业的竞争者来说，产品的核心价值没有多少区别，只能在产品的性能或者质量做出一些差异来，这就需要企业不断地进行创新。比如在竞争激烈的国内电冰箱市场上，海尔针对我国居民住房紧张的现状，设计了小巧玲珑的小王子冰箱，引发了一轮消费狂潮；美菱发现一些顾客对食品卫生的要求颇高，普通的冰箱不能满足他们的需求，于是推出了美菱保鲜冰箱，在这一细分市场上拔得头筹；而新飞冰箱则独辟蹊径，将节能省电作为自己的诉求点，也满足了部分消费者的需求。

（2）形象差异化。即企业通过品牌战略和CI战略形成差异。成功地实施品牌战略和CI战略有助于在消费者心中树立企业良好的形象，发展对企业或者品牌忠诚的顾客。例如，雀巢集团向来以平易近人的姿态进行品牌的宣传，一句"味道好极了"亲切而朴实，给人以小鸟归巢般的温馨感受，这也为它赢得了无数消费者的心；柯达公司更为强调产品的CI包装，以黄色作为基调，突出了产品的形象，给人以明快的感觉，同样赢得了众多消费者的青睐。

（3）市场差异化。这方面的差异与产品不直接相关，主要是由市场因素所造成的，包括销售价格差异、分销差异、售后服务差异等。其中价格差异是企业综合考虑产品的市场定位、企业的实力以及产品的生命周期等诸多因素，然后选择合适的定价策略。例如，海尔的冰箱产品常采取高价位策略，给人以高质量的感觉，取得了不错的市场效果；长虹则善于运用低价策略，同样屡屡获胜。分销渠道差异，即不同的企业根据自身的特点，往往采取不同的渠道策略，有的选用多层次的渠道策略，有的则采用少层次的渠道策略，例如雅芳和安利，甚至采取直接上门推销的方式，也能取得可观的营销业绩。售后服务差异，在产品质量、功能相差无几的前提下，可能会成为销售业绩好坏的决定因素。例如，同样是销售热水器，海尔为消费者提供24小时的全程服务，维护人员随叫随到，凭借优质的服务在市场竞争中占得了先机。

二、农夫山泉的差异化营销

农夫山泉股份有限公司的前身是浙江千岛湖养生堂饮用水有限公司，成立于1996年6月。1997年6月，农夫山泉登陆上海以及浙江的一些重要城市；1998年，开始在全国范围内推广。在竞争激烈的饮用水市场，农夫山泉迅速掀起了一股红色风暴，市场占有率在当年便飙升至全国第三。2002年3月，在一家专业的市场研究公司发布的中国消费市场调查中，农夫山泉被评为瓶装水行业中最受消费者欢迎的品牌。农夫山泉在短时间内取得如此大的成就，差异化营销居功至伟。

1.产品差异化策略

在农夫山泉进入市场之前，我国瓶装水市场的竞争就已经异常激烈。自1987年青岛崂山制造出我国第一瓶矿泉水之后，短短10年间，国内生产矿泉水的企业迅速发展到1200多家。20世纪90年代中期开始，纯净水开始加入瓶装水市场的争夺，使竞争更趋白热化。娃哈哈、乐百氏、康师傅等知名企业也已占据一方市场。

在这一背景下，作为新进入者，农夫山泉没有盲目地加入战团，而是冷静地分析市场环境，最终将产品质量的差异化作为战胜对手的法宝。作为天然水，农夫山泉有着得天独厚的优势，那就是水源。农夫山泉坐拥国家一级水资源保护区——千岛湖，水源取自千岛湖水面以下70米pH值最适宜的那一层，在水质上，国内竞争产品无出其右。另外，农夫山泉还别出心裁地喊出"有点甜"的口号，使自身显得更加独特，更为引人注目。

2.形象差异化策略

首先，在产品名称上，农夫山泉给人以独特的感受。"农夫"二字能够让人联想到纯朴、敦厚、实在等，"山泉"则给人以源于自然、远离工业污染的感觉。这也迎合了都市人时下渴望回归自然的潮流。

为突出千岛湖背景，农夫山泉在红色的瓶上标出千岛湖的风景照片，一下子便将自身与竞争产品的差异性显现出来，无形中彰显了自己的纯净特色。此外，鲜红的商标更是在摆上货架的同时就能立即抓住众人的目光。

在产品包装上，农夫山泉也努力做到与众不同。1997年，它率先使用了4升包装的饮用水瓶，给人以水、油同价的感觉，在消费者心中留下了农夫山泉比一般饮用水更高档的印象；1998年，农夫山泉又有了运动型的包装，"运动瓶盖"是这种包装的最大的亮点，它被设计成能够直接拉起，而不是以往的旋转开启方式，这在当时也是独一无二的。

3.价格差异化策略

在产品定价上，农夫山泉没有随大流选择1元左右的价位，而是一开始就定位为高质高价。即便是在价格战愈演愈烈的1999年，农夫山泉的价格依然高居不下，运动型包装的单价为2.5元，普通包装的单价为1.8元。这相当于同类产品价格的两倍，从而成功地在消费者心目中树立了高品质、高档次、高品位的"健康水"品牌形象。

综上所述，可知差异化的策略和战略在农夫山泉短短几年的成长过程中起到了至关重要的作用，相信没有上述差异化的策略，也不会有农夫山泉今天的地位。

方法实施要点

差异化营销的实施，应以严谨的市场调研、科学的市场细分和市场定位为基础。具体操作时，应注意对营销全过程的管理和控制，尤其要重视对顾客反馈的收集和分析。具体来说，差异化营销的实施应注意以下3个方面的要点：

（1）差异化营销是动态的。随着社会经济的发展，顾客的需求是不断发展变化的，企业的营销策略也总要随之变化。另外，竞争对手的营销策略也是不断变化的，企业的价格、广告、售后服务等方面的策略一经面世，很快就会被竞争对手所模仿和跟进，差异化很快就沦落为一般化。因此，企业不能故步自封，而应适应这种竞争，不断创新，永葆差异化的优势。

（2）差异化营销是一个系统工程。企业在具体实施差异化营销时，务必要将差异化营销看作一个系统的工程，综合考虑行业内的竞争形态、产品的生命周期、产品的类型等要素来制定相应的差异化策略。在实施时，注意采用"组合拳"，从产品的设计、包装到宣传都要有明显的特色，在消费者中树立起难以忘怀的形象。

（3）加强营销控制，注意反馈，及时调整。差异化营销的成功与否，消费者是最终的裁决者。只有通过顾客的反馈，才能够判定是保持、强化还是调整自己的营销策略。有些企业习惯于从自己的销售渠道中收集信息，而不愿直接从顾客那里获取；有的企业花巨额资金去做漫无目的的广告毫不吝啬，而对于不需多少资金投入便可从消费者那里获取的最有效的反馈信息却不屑于去收集等。这些都是舍本逐末的做法，于差异化营销策略的最终成功无益。

利基营销

在强大竞争对手不屑一顾而消费者的需求没有被很好地满足的狭窄市场上集中配置资源，这是中小企业出奇制胜的一个有效的营销策略。利基营销有助于中小企业形成自己独特的经营市场，重塑和提升自身的核心竞争力。

一、利基营销，寻找未被发掘的处女地

"利基"一词是英文的音译，有拾遗补缺和见缝插针的意思。现代营销大师科特勒将利基定义为：利基是更窄地确定某些群体。这是一个非常小的市场，但是它的需求并没有被满足，也就是说它还能够给企业带来利润。

利基市场小则小矣，但是必须要保证有利润可赚，否则也不可能引起企业的兴趣。也就是说，利基市场也应有标准，并不是所有的小块市场都值得企业进入。具体来说，理想的利基市场具有如下5大标准：

（1）规模足够大。即该利基市场至少有具备一个中小型企业生存和发

展所必需的规模和购买力。换句话说，利基市场必须能为企业的生存和发展提供必要的环境。挤不出"水分"来，企业终究会"渴死"，显然任何企业都不会希望看到这样的情况。

（2）市场足够小。倘若不足够小，也不能称之为利基市场，小要小到不可一世的巨无霸竞争对手对此不屑一顾的程度。倘若某一小块市场吸引了若干强大竞争对手的进入，就意味着该市场还有进一步细分的余地，直到没有强大的竞争对手渗入为止。

（3）市场有足够的潜力。即该市场有较大的发展空间，在较长的时间内保持增长的潜力，不会在短期内萎缩，这样可以免除企业的无发展空间之忧。

（4）企业实力与市场需求相称。企业的能力及其所拥有的资源应与为该市场提供优质服务所需要的条件相称。为此，在选择利基市场之前，企业首先要衡量自身的资源和实力，保证自己能以最优质的服务迅速占领该市场。

（5）足够的信誉。在该利基市场上，企业能够利用已经建立的客户信誉，有效地对抗竞争对手的攻击。

二、利基营销成就"嘻哈帝国"

罗素·西蒙斯曾是美国著名的黑人饶舌说唱歌手。凭借自身在嘻哈文化中的影响力，以嘻哈文化为起点，罗素·西蒙斯在短短几年间建立了拥有电信、时装、媒体、金融、消费品和咨询等行业的庞大帝国，创造了利基营销的神话。

嘻哈文化（Hip-Hop）融合了饶舌说唱、街头涂鸦艺术、黑人装扮等文化形式，一度被认为是黑人帮派和街头流氓的不入流的草根文化，仅在很小一部分黑人青年中流行。从20世纪80年代末期开始，饶舌说唱音乐形式逐渐走出了贫民窟，受到越来越多年轻人的喜爱。罗素·西蒙斯也在这一时期成为了明星。但是，罗素更令人敬佩的还不是那高超的演唱技巧，而是比其他人更早地发现了隐藏在嘻哈音乐之后的巨大商业价值。

1992年，罗素·西蒙斯推出了用自己昵称命名的嘻哈时装品牌——Phat Farm。他非常清楚自己的目标顾客是那些喜欢嘻哈文化的年轻人。在寻找目标市场这一点上，他甚至比大名鼎鼎的维真集团总裁理查德·布兰森更有天赋。布兰森把不循规蹈矩的、反叛的年轻人作为目标顾客，与之相比，罗素所选择的目标市场显然更有针对性也更狭小。选择了明确的市场，而且是在自己最熟悉的领域内做生意，这对罗素来说实在是太得心应手了。他知道如何才能最大限度地利用嘻哈文化，同时也通过公司的营销活动为嘻哈文化的发展推波助澜。

小小的细分市场却有如此大的发展空间！很多人在罗素获得了巨大的成功以后才发出这样的感叹。不错，罗素的成绩确实让人瞠目结舌。以嘻哈文化为基础，他又创立了Def Jam唱片公司，与众多一线说唱歌手签约，并建立了Rush基金，专门赞助尚未成名的说唱艺术家和街头涂鸦艺术家，牢牢把握了嘻哈文化的发展潮流。接着，罗素又推出了Rush维萨卡和Baby Phat Rush维萨卡，上市第一年就吸引了超过10万的用户；罗素的公司推出的DefCon3碳酸饮料也大获成功，被美国的青少年视为最酷的功能饮料；罗素的公司出版的《One World》杂志，订户也超过了25万。嘻哈文化以及罗素·西蒙斯的影响是如此广泛和深远，以至于包括哈佛和麻省理工学院在内的30多家大学都开设了专门研究嘻哈文化和罗素·西蒙斯的课程。

罗素在嘻哈领域内的大获成功，引起了众多企业的注意。为此，罗素还专门成立了dRush公司，帮助其他公司从嘻哈文化的流行潮流中分得一杯羹。与罗素合作过的企业中不乏摩托罗拉、联合道麦克公司这样的世界知名企业。如今，嘻哈文化已经冲出美国，在全球范围内流行。当初的利基市场，已然发展成为令人垂涎的庞大的蛋糕。罗素依然执美国市场之牛耳，但是很显然他的胃口绝不限于此。

方法实施要点

在不同的环境背景、营销策略条件下,不同企业运用利基营销的侧重点与实施步骤也不尽相同。

1. 中小企业的利基营销

对于想要尝试利基营销的中小企业,尤其是新进入市场的中小企业而言,先要进行缜密的市场调研和市场分析,选定目标市场,制定明确的营销目标,然后倾力为之服务,只有这样才能在竞争中占据有利地位。

2. 大型企业的利基营销

大型企业出于开拓市场、创造新的利润增长点的考虑,也会选择运用利基营销的策略。当然,大型企业利用利基营销,其侧重点注定与中小企业不同。大型企业实施利基营销的目标是:其一,找出眼下不是但有潜力发展成为本企业产品忠诚用户的消费者;其二,设法利用现有生产线,开发出新的产品;其三,寻找新兴市场。

此外,无论是何种类型的企业,在实施利基营销的时候都应意识到,利基营销的目标市场是一个狭小的市场,市场的需求易受到某种因素的影响而发生巨大的改变。而且在面临竞争对手的正面攻击时,销售量的较易波动也会引起利润的大幅下降甚至是消失。因此,为避免出现这种情况,危及生存,企业应避免把鸡蛋放在一个篮子里,一旦有条件,就要多注意发展其他的利基市场,以降低经营风险。

第三章

确定产品竞争优势

产品生命周期及其营销策略

产品生命周期理论将产品分成不同的生命阶段,营销人员可针对不同阶段的特点采取有针对性的营销策略。产品生命周期也是营销人员用来描述产品和市场运作方法的有力工具。

一、产品生命周期,制定营销目标和营销策略的依据

生命周期是现代市场营销中一个非常重要的概念。它是从无数产品从诞生到退出市场的自然过程中所总结出来的,意指一种产品自开发成功和上市销售,到在市场上由弱到强,再到衰退被市场所淘汰,整个过程所持续的时间。

1. 产品生命周期4个阶段

典型的产品生命周期一般可以分为导入期、成长期、成熟期和衰退期4个阶段。

(1) 导入期。这是产品开始上市的阶段,在这一阶段,产品的知名度不高,销售增长缓慢。为打开局面,企业不得不投入大量的促销宣传费用。因此,在这一阶段,产品一般不会给企业带来丰厚的利润。

(2) 成长期。在这一阶段,产品的知名度迅速攀升,销售增长率也以较快的速度上升,利润显著增长,竞争对手的类似产品也有可能慢慢地冒

出来。

（3）成熟期。在这一阶段，产品被大量生产和销售，销售额和利润额在达到高峰后出现疲态，开始慢慢回落，市场竞争空前激烈，产品成本和价格趋于下降。但是在成熟期后期，营销费用开始逐渐增长。

（4）衰退期。销售增长率出现负值，利润越来越小，竞争的激烈程度丝毫未减，同时，产品的替代品已经出现。随着利润空间越来越小，产品会逐渐退出市场。

2.产品生命周期的其他形态

S型曲线的产品生命周期只是产品生命周期的一般形态。事实上，现实生活中不同的产品种类、产品形式甚至不同的产品品牌的生命周期形态都不一样，其中常见的有以下3种形态：

（1）"增长—衰退—成熟"型。小厨房用具常常会表现出这样的特点。例如，电动刀在刚进入市场时，销售增长十分迅速，但随后就跌入到"僵化"的水平，然而这个水平却因为不断有晚期采用者首次购买产品和早期使用者更新产品而得以维持。

（2）"循环—再循环"型。药品的销售常常会出现这种形态。当新药品上市的时候，厂商通过积极地促销，会催生出第一个循环；然后随着销售额的下降，厂商不得不再次促销，于是便产生了规模和持续时间上都较小的第二轮循环。

（3）"扇"型。厂商发现了产品新的用途、特征或者用户，而使得产品的生命周期得以延长。如，某种新材料被发明后，由于其用途不断地拓展，致使其销售额不断呈扇形扩大。

二、产品生命周期理论在杜邦公司战略管理中的应用

化工业巨头杜邦公司在运用产品生命周期模型方面，一直处于领先地位。杜邦公司将生命周期模型运用于战略分析与战略行为研究中所积累的经验，是非常具有借鉴意义的。它可以帮助管理者们明确如何根据特定的

市场形势应用生命周期概念。

　　杜邦公司通过搜集产品生命周期中的信息，并把这些信息与市场竞争情况变化的预测结合起来，形成所谓的竞争生命周期模型，以描述化工行业内每一位竞争者所经历的典型的发展历程，即：在市场发展的最初阶段，市场完全被一家企业所占据，这家企业是该市场的唯一供应商，这家企业所提供的新产品与其替代品相比，在功能方面具有很强的竞争力。随后，生产同类产品的竞争者也开始慢慢渗入到市场中来，这标志着竞争渗透阶段的开始。在这一阶段，新进入的竞争者为了对抗市场最先进入者所积累的优势，不得不向消费者提供更为优惠的价格、更为周到的服务，以获取确保企业可以长期生存下去的适当的市场份额，为此各公司之间进行着广泛的竞争。当市场增长趋缓、各竞争者所占据的市场份额相对稳定的时候，这就标志着市场竞争已进入市场份额相对稳定阶段。在这一阶段，各竞争产品间的差异逐渐缩小。随着各竞争者所提供的产品不再具有任何重要差异，一般商品竞争阶段便开始了。杜邦公司认为，如果没有例外情况，这一阶段便是竞争生命周期的最后一个阶段，也是企业退出市场的时机。

　　以上便是杜邦公司关于市场发展过程的理论。杜邦公司认为，无论是在市场发展的何种阶段，都应该将顾客的需求放在最重要的位置上。因此，在杜邦的战备计划中，旨在帮助管理者和营销者理解客户需求的"使用价值"分析便起到了基础性的作用。在这一分析中，经理们针对某一特定产品，对其几个重要用途进行经济评估，以得出一个能够与顾客对该产品价值的合理评价相符合的价位。这一分析基于顾客对产品的经济评价，因此它能够非常好地帮助经理们清楚地理解顾客的需求。由于顾客的需求总是随着时间的变化而不断变化，杜邦的经理们需要在生命周期的不同阶段重复进行"使用价值"分析。

　　在竞争的渗透阶段，不断有竞争者冒出。为了维持或者争取适当的市场份额，除了要运用"使用价值"分析之外，还可运用"竞争对手反应"分析。杜邦公司一直致力于在竞争中占据有利位置，以防在发生经济衰退时遭遇重创。为此，经理们不仅要了解本公司的情况，更要追踪和调查竞争对手的一系列行动。

在竞争生命周期最后的一般商品竞争阶段，经理们往往还需运用"盈利性"分析来确定企业是否退出市场。杜邦公司研究发现，在市场竞争的最后阶段，由于各竞争对手的市场份额相对稳定，可以较为准确地预测公司未来的财务状况，并据此确定公司未来是否还能够赢得可观的利润额，从而为企业是否退出市场提供依据。

方法实施要点

产品生命周期的不同阶段常会表现出不同的市场特点。为此，需要制定出相应的营销目标和营销策略。

1.产品导入期的营销策略

常用的策略有以下4种：

（1）高价格低促销策略。用这种方式推出产品，是为了以最小的促销费用获得最大限度的收益。这种策略的适用条件是：目标市场规模有限；产品已具有相当知名度；潜在用户愿意支付高价；潜在竞争并不紧迫。

（2）高价格高促销策略。这一策略的适用条件是：产品确有特点，有吸引力，但知名度不高；市场潜力巨大，目标顾客有强大的支付能力。

（3）缓慢渗透策略，即以低价格和少量促销费用支出的策略推出新产品。这一策略的适用条件有：市场潜力较大，且消费者熟悉该产品；市场对价格敏感。

（4）快速渗透策略，即以低价格并配合大量的促销宣传推出新产品。这一策略的目的是：迅速占领目标市场，随着产销量的扩大，降低单位产品的成本，以获取规模效益。这一策略的适用条件是：市场规模大，但用户对该产品不了解；多数购买者对价格非常敏感；潜在竞争非常严重；规模效益有实现的可能。

2.成长期营销策略

这一阶段,产品的销售量和利润额都在迅速增长。营销策略应侧重于保持产品质量与服务质量,切忌因为销售形势好便急功近利,粗制滥造,片面地追求销售量和利润额。这无异于杀鸡取卵。具体来说,企业应做到以下几点:努力提高产品质量,增加产品新的功能和特色;积极开拓新的细分市场和开辟新的分销渠道;在适当的时机降低销售价格,以吸引对价格敏感的顾客;广告宣传的重点应由建立产品知名度转到促进用户购买方面。

3.成熟期营销策略

这一阶段,销售增长率放缓,竞争更趋激烈,名牌逐渐形成。营销策略应是争取稳定的市场份额,延长产品的市场寿命。具体做法主要有以下几点:①努力增加产品的用户数量;②努力增加现有用户对产品的每次使用量及使用频率;③改革产品;④拓宽销售渠道,增加销售网点;⑤加大促销力度。

4.衰退期营销策略

在这一阶段,企业若试图采取维持的策略,必将付出巨大的代价。明智的决策者应当机立断,弃旧图新,尽快实现产品的更新换代。这一阶段的营销策略突出一个"转"字,即有计划、有步骤地转产新产品。

品牌定位四步法

品牌定位就是给特定的品牌确定一个适当的市场位置,使其产品在消费者心中占据一个有利的位置。正确的品牌定位是一切品牌成功的基础。

一、好的定位是品牌成功的基础

定位的概念有两方面的内涵,一方面是在认识自身资源及能力的前提下,在市场上找到适合自身条件的细分市场,然后充分发挥自身的能力去满足目标顾客的需求,实现消费者的期望价值,并在这一过程中实现自有及可支配资源和能力的价值最大化。四象限定位法便是基于这一方面的内涵所提出的。而另一方面的定位，则是指找到那些在面临多种选择时依然坚持选用你所提供的产品或服务的顾客，并努力去更好地满足他们的需求。品牌定位四步法便是在这一内涵的指引下发展起来的一种定位方法。

1. 品牌定位四步法的定义

品牌定位四步法是零点前进咨询公司首先提出的。该公司在人口学、心理学、行为学、市场营销学等基本理论的基础上，提出了分析目标群体、确定目标群体的核心价值需求，并在此基础上把产品或服务品牌符号化，从而提升品牌效果和效率的品牌定位方法。由于该定位方法的实施步骤有4步，分别是确定目标消费人群、确定目标群体所属角色状态、确定目标群体所属的目标角色状态所追求的核心价值、确定可以代表核心价值的符号体系，所以称之为品牌定位四步法，也称为零点品牌定位四步法。

2. 品牌定位四步解析

第一步，确定目标消费人群。

我们可以利用人口学的（年龄、性别、教育程度）、心理学的（价值观、文化取向）和行为学的（消费行为模式、一般行为特征）等方法来确定目标消费人群。具体来说，主要有3种目标群体选择方式：其一是聚焦策略，即在一群人中找到有共同特征或消费需要的一小群人；其二是组合策略，在一大群人中找到某一个有独特需求的群体，以这一群体为主，再找若干个与这一群体有些微差异但没有实质性需求冲突的群体为辅助群体；第三种策略叫作链动策略，即对某一消费者施加影响，该消费者再将这种影响传递到其他消费者那里，从而形成链动效应。

第二步，确定目标群体所属的角色状态。

一个人在不同的时间、不同的地点会扮演不同的角色，同一个人在不同的角色背景下会对某种产品的价值、功能有不同的需求。因此，区分消费者的角色状态也是品牌定位的重要一步。一般来说，人的生存状态对其角色的定位有着非常重要的影响。人的生存状态通常有4种：个性化生存、家庭化生存、组织化生存和社会化生存，每一种生存状态都与一种特定的社会关系、社会背景相对应。这些社会关系和社会背景对个人起着约束作用，对一个人扮演的角色也有重要影响。

第三步，确定目标角色状态所追求的核心价值。

品牌的价值点不是唯一的，我们可以运用定量研究的方法，找出各个价值点之间的联系，绘制出品牌价值张力图。一般来说，品牌价值有两种类型：一是在不同的消费群体中都表现出恒定的价值，这便叫作恒定价值；另一种恰好相反，它在不同的消费群体中表现出来的价值有比较大的区别，叫作活跃价值。如果一种品牌表现出恒定的价值，我们便称这一品牌是老成持重的品牌，相反，我们便称这一品牌是具有活力的品牌。不同的产品需要有不同类型的品牌与之相对应。如果我们需要一个综合性的品牌，就必须把一些恒定的价值和一些活跃的价值组合起来。

第四步，确认可以代表核心价值的符号体系。

企业通常会给品牌设计一个比较抽象的核心价值，比如尊严、自然、自由感、超越等，这些抽象的概念可能不易于被消费者所理解。实际上，消费者通常通过一些具体而形象的符号如语言、图形、物体、色彩、人物等推测品牌的核心价值。因此，为了让消费者更好地理解品牌的核心价值，企业应将复杂的核心价值符号化。另外，人格化也是品牌价值符号体系中不可或缺的重要一环，企业应考虑如何将自己的品牌核心价值人格化。

二、奶球品牌重新定位

"奶球"是一种糖果的品牌。这种糖果的包装很别致，是一个小巧而精致的黄棕色盒子。购买奶球牌糖果的多是青少年，他们觉得在看电影的时候嚼着奶球牌糖果很带劲。但是作为奶球品牌的拥有者，史维哲·克拉克公司对现有的市场并不满意。客观地说，青少年对糖果的需求有限，这也是奶球牌糖果的销售业绩总是不尽如人意的根源所在。相较而言，糖果对少不更事的儿童更有吸引力。你会发现，这些儿童的嘴里总是含着一颗糖果，对每一种口味的糖果都非常感兴趣。毫无疑问，平均年龄在10岁以下的儿童是糖果的最佳消费者。为了吸引最佳消费者，克拉克公司决定对品牌进行重新定位。

选定了目标消费者，克拉克公司开始着手进行消费者心理分析。调查显示，每当接触到有关糖果的信息，这些小朋友们首先想到的是糖棒的概念，比如好时、杏仁乐、银河、雀巢等品牌的糖棒都非常受欢迎。上述这些品牌的知名度和美誉度都是奶球牌糖果所不能望其项背的。这就意味着，克拉克公司若把奶球品牌定位为糖棒形象，即使花费巨额的广告费，也很难在消费者的心目中扎下根。此路不通，克拉克必须寻找其他的突破点。

经过再三的调查分析，克拉克公司的营销人员终于发现了竞争对手的一个弱点：市场上现有的糖棒都很小，不耐吃。比如五元钱一根的好时牌糖棒，孩子一般两三分钟就吃完了。这样使贪吃但零用钱并不宽裕的小消费者非常不满，调查人员常常听到这样的抱怨："不是我吃得太快，而是糖棒本来就不大""因为买糖棒，我的零用钱不知不觉就花光了"，小朋友会有这样的经验之谈："告诉你，糖棒千万不能吮吸太快，否则一会儿就没有了。"通过这些充满童趣的话语，小消费者们其实是在传达这样一个信息："我需要耐吃且价格不贵的糖棒。"

针对消费者的需求，克拉克公司很快生产了一种新型的奶球糖，它们被装在盒子里，每盒有15颗糖。小朋友们可以一颗一颗地品尝，也可以分几次把这些美味吃完。毫无疑问，这样一盒奶糖比同等价值的糖棒要耐吃得多。虽然奶球糖不是糖棒，但是小消费者们很快就会发现，奶球糖其实是糖棒不错的替代品。

通过市场调查和分析竞争对手，奶球品牌确定了新的市场定位，但这个定位能否取得最后的成功呢？这还要依赖于接下来的广告宣传。策划人员自然而然地将耐吃作为宣传的重点，在此之前，还从来没有其他的糖果广告侧重于宣传耐吃的特点。奶球牌糖果的广告是这样的：从前有一个小孩，他有一张大嘴（一个小孩站在一张大嘴巴旁边），非常喜欢吃糖棒

（小孩一根接一根地把糖棒塞入那张大嘴中），但是糖棒并不耐吃（糖棒很快吃完了，大嘴巴非常生气）。这时候小孩发现了一盒奶球糖（小孩兴奋地举起奶球糖，大嘴巴开始舔它的下颚），大嘴巴爱上了奶球，因为它们耐吃（小孩把奶球糖一颗一颗地滚到大嘴巴的舌头上去）。最后，小孩和大嘴巴合唱了一曲欢快的歌谣："当糖棒变成一段遥远的回忆，你不会有什么留恋，因为你拥有了奶球，现在给你的嘴巴弄一些奶球吧！"这则广告发布以后，奶球牌糖果的销售业绩很快就有了起色，品牌知名度也大大提高了。

方法实施要点

企业在进行品牌定位时，通常会有两种不同的选择。

1. 市场支配者的品牌定位策略

对于市场支配者来说，不能陶醉于现有的优势，要永远保持一种进取的精神，应将现有的优势看作是获得更大成功的基础。因此，市场支配者应选择这样的定位策略：永远站在前列，形成良性循环，在竞争中始终比对手更快、更好。

2. 市场跟进者的品牌定位策略

跟进者企业选择的品牌定位策略主要有两种：一种是一直跟在领导品牌的后面进行模仿，这个策略比较保险，不会引起支配者的不满和报复，但是同样也不会使被支配者有翻身的机会；另一种策略是避开领导品牌，寻找空当加以填补，也就是所谓的空当定位。这一策略可能会引起竞争对手的注意，但也不失为被支配者改善现状的一条途径。

品牌价值模型分析法

只有充分了解了品牌的价值构成，才能够培育出具有生命力和吸引力的品牌。

品牌价值内涵的强弱程度，往往决定了消费者对该品牌的忠诚度。

一、了解品牌的价值构成

品牌价值模型由零点前进咨询公司所创，该模型试图通过对品牌价值内涵和外延的研究解决如下问题：评估品牌目前的整体实力和健康状况；掌握品牌资产的主要驱动因素以及他们对消费者的重视程度如何；为企业努力增强自身的品牌力量提供指导；预知并应对竞争对手的威胁。

品牌价值内涵是品牌价值的核心要素，它是在品牌长期的发展过程中逐渐积淀下来的，反映了一个品牌的内在价值。一个品牌其价值内涵的强弱程度往往决定了消费者对该品牌的忠诚度。一般来说，品牌价值的内涵包括情感和功能两个层面。

1.情感层面

品牌价值的情感层面主要体现了消费者对品牌在情感和心理上的感知，这种感知是品牌与消费者建立联系的基础。品牌价值的情感层面又受到以下5个因素的影响：

（1）历史传承。品牌的历史、起源、特色等对消费者感知的影响是不容忽视的。事实上，一个品牌的历史传承正是形成该品牌价值优势的重要因素。

（2）人格特征。品牌价值人格化是品牌符号体系的重要组成部分，这一点在前面已有介绍，不再赘述。这里需要注意的是，不要刻意将这种人格特征与目标消费者的实际特征相一致，而要将这种特征设计成消费者所渴望、所追求的那种形象，比如万宝路香烟中的牛仔气质。

（3）社会文化特征。品牌的社会文化特征是一种超越产品之上的品牌属性，它在价值文化理念的层次上与消费者进行沟通。比如，有的品牌强调环境保护意识，有的品牌关注体育事业等。

（4）个人联系度。品牌与消费者的个人联系度主要由两个指标来体现，一是品牌与消费者的价值趋同程度，二是品牌与消费者个人的相关程度。个人联系度高的品牌会给人以深刻且持续有效的影响。

（5）可感知的价值。优秀的品牌总能给消费者带来独特的价值感，比如信赖感、高贵感、物有所值感、创造性等。

2.功能层面

一个品牌若想在市场竞争中获得成功，就必须具备持续为市场提供始终如一、高质量、能与任何竞争对手相媲美的产品或服务。这是一个品牌得以自立于市场的基本条件，而这也是品牌功能层面的含义所在。对于品牌价值的功能层面，我们可以从下述两个方面来理解：

（1）可感知的质量。可感知的质量包括产品性能、外观等硬性的产品质量和维修、配套服务等软性的产品质量。可感知质量的高低决定了消费者能否接受该品牌。

（2）功能利益。产品的性能和质量是构成消费者满意的主要因素，尤其是当这些功能恰好能够满足消费者的需求时。

二、"红旗"品牌价值的挖掘

曾几何时，"红旗"代表着中国的骄傲，代表着激情燃烧的岁月，也曾是尊贵身份的象征。即便是到了2003年，根据某机构的测算，"红旗"这一品牌仍价值52.48亿元。然而，在过去相当长的时间里，红旗的品牌价值并没有转化成现实的市场销量。是"红旗"的价值被高估，还是决策者没能使"红旗"发挥其价值？这是一个引人深思的问题。

众所周知，品牌的推广和提升都必须建立在品牌的核心价值之上，核心价值是品牌得以维持和发展的根基所在。因此，要分析"红旗"的品牌价值，首先要明确"红旗"的品牌定位，也即"红旗"是什么？虽然"红旗"是特定历史阶段的产物，但不可否认其核心价值是中华民族精神的浓缩，它代表着时代与奋进、团结与开拓、成就与骄傲。即便是在新时代，"红旗"也应被打造为现代社会的一种精神导向。换句话说，要使"红旗"重新放射出万丈光芒，就必须重视对消费者人性的关注和思考，努力实现附加价值对人性的满足，以期达到震撼心灵的效果。

从更深的层次来讲，"红旗"品牌的衰落并不是偶然的现象，有着某种必然的因素。改革开放的到来，时代的剧烈变迁，"红旗"作为特定历史阶段的象征，逐渐被人们所淡忘。然而，随着中国改革开放的深入，经济的不断发展，这也给了"红旗"一个登高而呼的时代契机。毫无疑问，"红旗"是最有资格和背景去倡导精神复兴的品牌。它既可以作为某一社会地位和社会阶层的象征，还蕴含着奋斗精神的内涵，不存在因不同市场定位而使品牌形象出现割裂的问题，可兼顾公务车和私人消费。

因此，期望重振雄风的"红旗"，应将核心价值定位为：光荣、奋斗和回馈。在公务车领域，可将核心价值引申为：勤政、爱国和服务社会；而在私人消费领域，则可以宣扬：精英、开拓和回馈社会。"红旗"可将目标消费者锁定为30~45岁的男性。这个人群通常已经通过自己的努力赢得了一定的成绩，沉稳务实、适应时代，内心有一种潜在的对红旗精神的共鸣。

目标消费者锁定以后，就应对这一群体进行深入分析，收集有针对性的信息，如人群的分布、阅读偏好、对信息的接收方式等，然后有的放矢。市场推广是接下来要做的事情，其目标是塑造产品的品牌，树立企业的形象。"红旗"应努力营造积极的销售氛围，将"红旗"品牌形象的立足点从历史转移到文化上来。在广告宣传方面，应着力宣传荣誉与尊严、价值与理性等。

"红旗"作为一种象征性的品牌，有着宝贵的品牌价值。倘若弃置不用，无疑是一种奢侈的浪费。深入挖掘其内涵，则必然会在市场上得到丰厚的回报。

方法实施要点

品牌价值模型对企业营销活动有这样的启示：

（1）高值品牌更受消费者的青睐。这一点几乎不用解释，几乎所有消费者都希望自己所购买的产品具有更高的品牌价值内涵。不仅如此，调查显示，不同品牌的同类产品，其品牌价值内涵与消费者愿意付出的价格成正比。也就是说，消费者愿意为品牌价值内涵高的品牌支付更多的金钱。

（2）高品牌价值内涵更容易赢得消费者的忠诚。企业在提高品牌价值内涵上的投入，最终都会在消费者那里得到回报。因为调查显示，品牌价值内涵越高，消费者对该品牌的忠诚度就越高。毫无疑问，消费者的忠诚度会深刻地影响消费者的行为，使消费者重复购买，并向其他人宣传该品牌。

（3）品牌外延对市场份额的增长有一定的贡献。在品牌投入市场初期或者品牌的市场份额较低的时候，品牌外延的塑造会帮助企业实现市场份额的较快增长。但随着品牌具有了一定的市场基础，品牌外延的作用就越来越小。

（4）品牌价值综合实力支撑市场份额。强大的品牌价值内涵和品牌价值外延，会对既得的市场份额起到强有力的支撑作用。也就是说，企业在品牌建设方面的投入最终会得到市场回报，并支撑品牌长久的发展。

产品与品牌的关系模型

多品牌战略充分尊重了市场差异性。单品牌战略有利于企业整合、利用优势和资源。采用组合品牌战略，企业借助自身的强势形象，推广不同的产品。

一、选择合适的产品与品牌组合

企业可以对旗下的产品设定一个统一的品牌，或者对每个产品都设定一个独立的品牌，又或者采用折中的办法，以一个强势的品牌作基础，用不同的次级品牌去拓展不同的细分市场。这便是所谓的3种品牌战略，即单品牌战略、多品牌战略和组合品牌战略。现对这3种品牌战略进行详细的分析和介绍。

1. 单品牌战略

单品牌战略的特点主要有以下4点：

（1）产品的目标市场明确，产品的市场形象比较强大，拥有较高的声誉，且深受顾客的信任。

（2）品牌的档次固定，有固定的消费者群以及一定数量忠诚度较高的消费者。

（3）产品线延伸适度，产品涉及领域非常相近。

（4）产品的生产技术具有可延伸性。

单品牌战略的优缺点可以通过下表显示：

单品牌战略的优点	单品牌战略的缺点
充分整合和运用企业的优势以及资源	对市场的差异性重视不够
在成熟品牌的牵引下，新产品的市场推广较为容易	不利于企业实施跨行业多元化战略
企业可在生产中做到集中投入、规模经济	不利于风险的分散，一种产品的失败就会容易影响其他产品
可以利用企业的形象，来强化单个品牌的形象	
可更为有效地利用技术的延伸性	
可强化企业的整体形象，吸引忠诚度高的消费者	不便于覆盖不同价格段的市场

2. 多品牌战略

多品牌战略的特点也有4点：

（1）企业的目标市场非常广阔，且顾客对产品的需求各异。

（2）目标消费者的需求变化较快，企业必须使产品适应这种变化，并制造各种变化，以吸引更多的消费者。

（3）产品升级换代的速度较快，产品线的调整也较为频繁。

（4）目标市场上的竞争对手较多，竞争产品多，替代品多，消费者选择的余地非常大。

多品牌战略的优缺点可见下表:

多品牌战略的优点	多品牌战略的缺点
企业可为不同类别的产品制定最适合的名字,进行最精确的定位	分割了企业的整体优势以及历史资源
尊重市场的差异性	
有利于提高企业整体的市场占有率	增加了企业产品推广的成本
有利于企业实现对不同价格段的市场的覆盖	新产品在推广初期不能借助成熟品牌的优势,致使市场阻力较大
有利于分散企业生产经营的风险	
有利于企业的产品占领更多的零售面积	不利于品牌忠诚度的建立
可以给低品牌忠诚度的消费者更多的选择机会	

3.组合品牌战略

组合品牌战略的特点主要有4点:

（1）企业将强势品牌定为主品牌,并用多个次级品牌去拓展不同的市场。

（2）主品牌向消费者传达固定品牌的形象,可对次级品牌进行托权。

（3）次级品牌能够吸引主品牌以外的顾客,占据主品牌照顾不到的市场,树立与主品牌相异的形象。

（4）主品牌和次级品牌可根据不同的市场环境,制定不同的定价模式。

组合品牌战略的优缺点见下表:

组合品牌战略的优点	组合品牌战略的缺点
可借助主品牌的强势形象，推广多种不同的产品	系列产品中，有一个产品存在瑕疵，就会影响到所有的产品
可帮助消费者区分同一企业的不同产品	
有利于分散企业的生产经营风险	
可用不同的产品去覆盖各价格段的市场	有可能会造成品牌的混淆
可降低品牌开发和推广的成本	
能够有效地避免多品牌所引起的品牌相互影响	

二、松下公司的品牌组合战略

松下公司以产品的高品质创立了一个令人信任的企业品牌，然后以这一成功的企业形象为背景，设计不同的系列品牌，从而成功地进入了不同的细分市场，并收获了良好的市场效果。松下公司所采用的品牌战略就是典型的品牌组合战略。

1.松下公司品牌组合战略的内容

从公司创立之始，松下电器以其高品质的产品为松下公司塑造了一个值得信赖的主品牌形象。松下公司在这个主品牌的背景之下，针对不同的细分市场，又创立了不同的产品品牌，如：在美国市场上，创立了Panasonic品牌，强调富有朝气、极具革命精神的创新形象；在冰箱等产品上延用National品牌，维持其可信赖的、安定的稳重形象；针对高端消费群体，推出了Technics品牌，着重宣传其高科技的形象。

针对进一步的细分市场，松下公司设计富于创新的新产品副品牌，以副品牌的活泼形象吸引更多的消费者，例如音响产品中的"飞鸟"副品牌、洗衣机产品中的"涡潮""爱妻号"副品牌、电冰箱产品中的"花束"副品牌和彩电产品中的"画王"副品牌。

虽然副品牌的名称各异、个性不同，但是它们在进行广告宣传时都强调自己属于"松下"这一名声显赫的家族，借助"松下"的形象来促进销售；另一方面，各个副品牌的成功也进一步加强了"松下"这一主品牌的形象。

2.松下公司品牌组合战略成功实施的原因分析

（1）先行树立了强大的企业主品牌形象。Panasonic产品以优质、稳定的表现，为松下公司赢得了强有力的企业品牌形象。这一形象的树立为组合品牌战略的实施奠定了坚实的基础。

（2）各副品牌产品均有较高的质量水平。实施品牌组合战略企业的各种产品在质量上不能有太大的差异，否则就会影响企业主品牌的高品质形象。在这一点上，松下公司做得比较好，各子品牌都继承了主品牌优质的传统。

（3）为不同的细分市场设计不同的品牌形象。不同的细分市场都有着独特的消费需求。针对这些差异化的需求，松下公司设计了不同的副品牌。各副品牌采用不同的品牌档次和定价策略，从而实现了对不同细分市场的覆盖。

方法实施要点

不同的品牌战略适用于不同的企业。

（1）多品牌战略的适用企业。多品牌战略适用于以下几种类型的企业：采用多元化的发展战略、市场定位比较广阔、目标顾客类型多种多样的企业；产品线较广、产品种类较多且都针对不同的市场、产品的定价水平各不相同的企业；需要运用品牌数量挤占销售渠道的企业；对品牌的投入有充足的资源基础以及恰当的管理制度和政策的企业。

（2）单品牌战略的适用企业。单品牌战略适用于下属几类企业：市场定位比较明确，且有一定数量的、忠诚度高的消费者的企业；技术稳定、产品品质优良、在行业中地位稳固且处于领先位置的成熟企业；产品在行业中具有相当的市场占有率,其品牌在市场中的声誉较高,比较受消费者的欢迎,甚至能左右行情和价格的企业。

(3)品牌组合战略的适用企业。品牌组合战略适用的企业有如下几类:已塑造优良的形象,且在消费者心目中的地位已较为稳固的企业;产品准备进军不同档次的细分市场,或者是准备吸引偏好需求较大的消费群的企业;主品牌之外,仍有一些功能或特征需要副品牌进行诠释的企业;希望在利用基本功能之外,用"使用者形象"这种个性化的特征来吸引消费者的企业。

品牌经理制管理方法

品牌经理制以制度力量聚集协调运作的合力,使公司的每一个产品在追求商业利益时,都能够得到全公司上下一致的有力支援,从而实现企业的整体优化。

品牌经理是培育个性化产品的"保姆"。

品牌经理制通过成本控制和服务改进,使产品的市场竞争力得以提高,产品价值得以丰富和提升,使消费者感到物超所值。

一、一种有效的品牌管理方法

品牌和产品不同,大多数的产品都有生命周期,最终不免消亡的命运。而品牌一旦建立,便可以以其强大的生命力超越产品生命周期的限制。例如,索尼的随身听可能终究要被市场所淘汰,但索尼这一品牌却因新产品的开发而历久弥新,越发受到消费者的喜爱。虽然如此,这也并不意味着品牌的魔力是永恒的。品牌是一种资产,也需要像有形资产一样进行管理,而品牌经理制便是一种被实践证明有效的品牌管理方法。

1.品牌经理制的来源及含义

品牌经理制据说起源于宝洁公司。1923年宝洁公司推出了一款新的香皂品牌"佳美",这一新的品牌具有良好的使用效果和独特而高雅的香味,其市场前景被认为非常美好。但事实上，这一新的品牌却遭遇到了滑铁卢。为扭转这一不利的状况，宝洁公司任命尼尔·麦凯瑞全权负责打理该品牌，最终尼尔·麦凯瑞的工作获得极大的成功。这一现象也引起了宝洁公司高层的注意，接着他们又陆续为其他的品牌任命了专门的管理人员，这样品牌经理制就诞生了。

所谓品牌经理制就是指公司为每一个品牌的产品或者产品线都配备一名具有高度组织能力的经理，让他全权负责品牌管理的全过程，其工作内容包括该品牌产品的开发（产品概念的提出、价格与成本、材料要求、包装要求、上市时间）、跟踪该品牌产品的市场销售额、产品利润率以及具体去协调产品研发部门、生产部门以及销售部门的工作，使其成为影响产品的所有活动的聚集点。

2. 品牌经理制的作用

品牌经理通过对品牌全方位、全过程的管理，可以使品牌灵敏而高效地适应市场变化，改善公司参与市场竞争的机能，减少人力的重叠、避免顾客的遗漏、拉长产品的生命周期，从而为企业赢得更为广阔的市场空间。具体来说，企业实施品牌经理制的作用有以下几点：

（1）运用制度的力量，使各部门协调运作，形成合力。实行品牌经理制，由一个熟悉公司各个环节的经理去从整体上把握一个品牌的运作，运用制度的力量去协作各部门围绕品牌做出种种努力，能够有效地减少和避免部门之间的推诿和扯皮，真正使公司各环节的力量在这一品牌上形成强大的合力，从而实现企业整体的优化。

（2）根据顾客的需求调整产品的市场定位。在品牌经理制之下，品牌经理在产品研发之前便要极大地关注竞争的差别性优势，并根据这一差别性调整产品的定位，然后再把产品的定位反映给研发部门，使其设计出来的产品能够运用差别化的战略参与到竞争中去，并最终赢得竞争。

（3）维持品牌长期发展和整体形象。未来市场只有个性化的产品才能够赢得消费者的青睐。而品牌经理就如同一个培育产品个性的"保姆"，他不仅要在产品线的延伸方面始终如一地去保护品牌个性，更要在销售过程中有效地消除很容易出现的短期行为。这是他身为"保姆"的职责所在。品牌经理还被要求根据品牌的长远利益作出正确的抉择，使品牌能够得到长期健康的发展。

二、宝洁的品牌经理制

宝洁公司创立于1837年，是全球最大的日用消费品公司之一，旗下300余个品牌的产品畅销140多个国家和地区，涉及领域包括食品、洗涤用品、肥皂、药品、护发以及护肤用品、化妆用品等。在中国市场上，沙宣、汰渍、飘柔、海飞丝、潘婷、碧浪等品牌也早已深入千家万户。没有人可以否定宝洁的成功，然其成功的原因何在？除了170年来一直保持的高品质之外，实行品牌经理制也是重要的原因之一。

1.始创品牌经理制

要探索品牌经理制的根源，我们不能不从1923年宝洁推出"佳美"牌香皂说起。当时，佳美的业务发展一直不尽如人意。这并不是因为佳美产品的质量不令人信服，而是因为它与宝洁公司的另一个名牌"象牙"产生了冲突。象牙香皂在1879年就已经面世，早已成为消费者心中的名牌产品。而佳美的广告和市场营销活动都与象牙非常相似，在一定程度上甚至成为了象牙的翻版。当时，宝洁公司不允许两个品牌展开公平竞争，这样佳美自然就成了宝洁公司避免利润冲突的牺牲品。

为解决佳美的问题，时任副总裁的罗根提议为佳美请一家新的广告公司。此前佳美和象牙由同一家广告公司宣传，这也造成了佳美与象牙的宣传策略和宣传重点趋同。公司采纳了罗根的建议，为佳美挑选了一家新的广告公司，并向该广告公司许诺，绝不为竞争设定任何限制，佳美可以自由地同象牙展开竞争，就如同与其他公司的品牌进行竞争一样。这一措施的效果有目共睹，佳美的销售业绩迅速增长。这样，指派专人负责佳美品牌的促销和与广告公司的日常联系就显得非常必要。这一重任落在了尼尔·麦凯瑞身上。

1931年，尼尔·麦凯瑞在日常工作中发现，宝洁公司由多人负责同类产品的广告和销售的一贯做法，不仅是一种人力与广告费用的浪费，还易于使顾客产生顾此失彼的印象。为此，他提出了"一人负责一个品牌"的设想。1931年5月31日，麦凯瑞将这种想法总结成一份文件，详细描述了品牌经理、品牌助理和调查人员的工作职责，并认为品牌经理能够把销售经理的大部分工作揽过来，使销售经理专心于产品的销售。麦凯瑞的品牌管理法受到公司总裁杜普利的赞同和大力推广，于是宝洁公司的市场营销理念和市场运行方法悄然发生了改变。

2. 品牌经理制，是利？是弊？

任何一项革新都不会是一帆风顺的，品牌经理制也不例外。虽然以大胆改革创新而闻名的杜普利总裁给予了麦凯瑞大力支持，但仍不足以平息反对者的议论。这些为数不少的反对者在很多场合发表自己的观点，他们认为麦凯瑞的新方案打着创建优质品牌的旗号，实际上却是公然鼓励品牌间的互相"残杀"。就如同家庭内部的"战争"一样，是不会得到好结果的。

面对质疑和反对，麦凯瑞据理力争，坚持认为品牌经理制绝不会引起内部"战争"，相反，有益的竞争将促使品牌经理们充分运用自己的智慧和能力，使自己的品牌变得更为强大。他最终说服了公司内外的反对者，使品牌经理制得以推行开来。实际上，这一措施也确实引导了宝洁公司百余年的高速发展。

3. 品牌经理制的推广

宝洁公司的"品牌经理制"引起了美国工业界的注意。此前他们从来没有听说过这一概念，更没有公司会鼓励自己旗下的品牌互相竞争。随着宝洁不断成功，一些公司开始模仿了，通用电气、美国庄臣、福特汽车、美国家用品公司等纷纷借鉴。到了1967年，84%的美国主要耐用品生产企业都已采用了品牌经理制，大家一致认为品牌经理制是多品种经营的消费品公司的规范组织形式。

方法实施要点

企业具体实施品牌经理制的时候，还应注意以下3个方面的问题：

（1）新品牌的创立务必要建立在现实的市场需求之上。在创立新品牌之前，企业必须进行广泛而深入的市场调研，了解目标消费者的真正需求，研究竞争对手的优劣势，找准市场机会，使新品牌的创立具有针对性，绝不能出现新品牌研制出来却因缺少需求支持而夭折的现象。

（2）建立形象独立的品牌风格。新创立的品牌必须有独立、明确的品牌形象，在品牌风格上既不能与原有的品牌撞车，又要能与有影响的品牌相互配合呼应。

（3）树立整体意识。品牌经理虽被赋予了一定的独立性，但同时他还必须服从企业的整体计划，以期形成品牌的战略组合和整体推进。

品牌延伸策略

成功的品牌延伸策略，可给原有的品牌和产品线注入活力，给消费者提供更完整的选择。

品牌延伸可产生品牌伞效应，降低企业的营销成本。

一、使品牌利益最大化

所谓品牌延伸，就是指一个品牌从原有的业务或者产品延伸到新的业务或者产品上，从而使多项业务或者产品共享同一品牌。品牌延伸是企业品牌运作的一种重要的方式，是一种有效的营销方法，并逐步成为企业发展壮大的一条重要途径，受到企业广泛的青睐。

品牌延伸并非只有好处，事实上这种策略是利益与风险并存的双刃剑，施行好了会给企业带来较大的经济效益，搞不好则会使企业面临一定的经营风险。具体来说，对品牌延伸策略成功与否具有决定性影响的因素有以下几种：

（1）品牌的资产价值。品牌资产是品牌知名度、品牌的品质形象、品牌忠诚、品牌联想以及附属在品牌上的其他资产等项内容的集中反映，是品牌价值的体现。由于品牌延伸策略成功实施依赖于消费者对原品牌的良好印象以及爱屋及乌的心理，从根本上来讲，品牌延伸就是发挥原有品牌资产价值的扩张功能的一种策略。因此，雄厚的品牌资产价值是品牌延伸策略实施的基础。一般来说，品牌资产价值越大，其品牌延伸策略实施成功的概率就越大。

（2）品牌的类型。一般来说，品牌有4种类型，分别是理念型、利益型、技术诀窍或配方型、产品型，这4种类型的品牌延伸能力依次降低。首先，理念型的品牌将经营理念作为其核心特征，延伸能力非常强大。这方面的典型例子就是麦当劳。麦当劳一贯奉行Q（品质）、S（服务）、C（清洁）、V（价值）的品牌经营理念，使其业务遍布全世界，不仅是品牌延伸的典范，还可算是品牌管理体系的全面延伸。其次，利益型的品牌的特点在于强调对消费者的利益承诺。例如，海尔将其品牌定位为"为顾客创造价值"，使其经营领域得以从电冰箱扩展至整个家电领域，如今已发展到更广泛的领域，实现了从产品经营到资本经营最后到品牌经营的蜕变。其三，技术诀窍或者配方型，这种品牌总是与某种特定的技术诀窍或者配方联系在一起，不易于向其他的领域拓展。可口可乐就是最典型的例子。众所周知，其神秘的配方一直是其品牌价值的重要内容。诚然，这也使其在一个多世纪内一直保持着权威性和真实性，同时也极大地限制了该品牌向其他领域的拓展，以至于可口可乐推出新产品不得不命名为"雪碧"等。其四，产品型的品牌已经成为了某种产品的代名词，也就是说该品牌在消费者心中已经成为了某种产品的替代物。这样该类品牌自然没有任何延伸的能力了。

（3）品牌的个性定位。品牌最初的个性定位也是决定品牌延伸策略能否成功实施的重要因素。倘若品牌最初的定位过窄，势必会影响其延伸能力。比如"金利来"定位为"男人的世界"，这就决定了它很难向女性用品发展。因此，在进行品牌定位时，企业应适当放宽其领域界定，从而为以后的品牌延伸留有余地。

二、Sanrio成功实施品牌延伸

如今，最炙手可热的卡通形象无外乎史努比、灌篮高手、维尼熊、机器猫、樱桃小丸子、Hello Kitty猫等几种，其中尤以Hello Kitty猫最为成功且最具代表性。如今，这个由Sanrio所开发的白色的卡通猫形象风靡整个亚洲，渗透到许多产品领域，如玩具、文具、手机、手镯、音响、手表、手提包、电视机等。

Hello Kitty猫的形象其实非常简单，有一只硕大的脑袋，一双睁得大大的眼睛，憨态可掬，充满了童趣。然而，就是这个简单的造型不仅令亿万小朋友爱不释手，其涉及的领域也大大超过了我们对普通产品线延伸的认识。这种延伸并不是传统的以强化品牌资产为导向的，而是以目标消费者的生活形态为导向。即所有Hello Kitty目标消费者会使用的产品，都有可能成为Hello Kitty的涉足对象，比如，Hello Kitty把那张可爱的猫脸印到了汽车上、钻石手表上、咖啡机上、音响上等。事实上，你几乎可以开一家Hello Kitty主题的百货商店。

Hello Kitty如今已是30多岁高龄，这对一只猫来说确实已经非常老了。在时尚潮流快速更替的日本市场上，作为一种卡通形象它也算不上年轻了。然而，事实上，它并没有显现出任何老态，这都要归功于Sanrio总能与时尚潮流同步前进。每一个月，Hello Kitty都有500种新产品上市，同时有500种旧产品被淘汰。Hello Kitty的产品线总在不断地调整，从而使自己总能适应潮流的发展，适应不同地区的特点。

从更深层次来剖析Hello Kitty成功的原因，很容易得到这样的结论：成功地进入成人市场，是其经久不衰的根源所在。在这个竞争激烈的时代，成年人的工作和生活压力非常大，人际关系复杂、工作缺乏创造性、未来的不确定性和现实的焦虑使成年人非常渴望回到无忧无虑的童年时代，尤其是年轻的女性。Hello Kitty的出现迎合了人们的这种心理，自然而然地受到了人们的宠爱。

此外，Hello Kitty还代表了时下颇为流行的"可爱"文化，这种文化给客观、冷漠的现实生活蒙上了一层情绪化和理想化的外衣，表达出"生活是应该有情绪倾向的"主题，说出了成年人尤其是年轻人的心声。由此看来，Hello Kitty的成功确实不难理解了：它之所以能够如此多元化地跨品类延伸，都是它的消费者希望它这么做的。

综上所述可知，与大多数品牌在延伸时考虑新产品与自己的品牌核心价值不能相违背不同，Hello Kitty通过品牌的延伸，给消费者提供了一个返璞归真的途径，使消费者愉快地从现实世界跳入到纯真可爱的Hello Kitty品牌世界里。

方法实施要点

要使品牌营销策略成功实施，企业应注意如下几个方面的问题：

（1）注意对品牌延伸的管理。要将品牌延伸放在经营战略的层面上来考虑，用长远和发展的眼光来审视品牌延伸，并作出周全而明确的规划。切忌不顾客观条件的限制，只为眼前利益而盲目地实施品牌延伸。毫无疑问，这会让企业面临相当大的风险。

（2）做好原有品牌的可延伸性分析。主要包括3个方面的分析：首先，要分析原有品牌的实力。强大的品牌资产价值是品牌延伸的基础，倘若原有品牌尚不成熟，根基并不稳定，企业应暂缓实行品牌延伸策略，否则只会分散企业的人、财、物力，削弱其市场竞争力。其次，要注意分析主要竞争对手可能作出的反应。若企业希望通过品牌延伸进入的市场中没有强大的竞争对手，或者确定竞争对手不会作出激烈的反应，便可放心施行品牌延伸策略；如果竞争对手实力非常强大且会作出强烈的反击，那么企业的品牌延伸策略就应三思而后行了。最后，还要分析新产品与原有品牌产品在成功优势上是否一致。换句话说，新产品与原有品牌产品在功能、生产技术、分销渠道、服务等环节的相关程度如何，二者的市场定位以及品牌形象是否具有一致性和兼容性。相关程度高，具有一致性和兼容性，那么原有品牌的优势便能够较为容易地转移到新产品上来；反之，则应谨慎行事。

（3）注意规避品牌延伸的风险。品牌延伸是一把双刃剑，成功实施可为企业带来上述诸多好处。然而一旦考虑不周全，或者市场风云突变，也会给企业造成严重的负面影响，如品牌个性稀释、品牌联想冲突、品牌形象侵蚀等。因此，企业必须具备强烈的风险意识，可采取相对保守的做法，采取副品牌的策略，在原有品牌与新产品之间建立一个"缓冲带"。这样既体现一类产品的共性，又体现单个产品的个性，能够有效降低风险发生的概率。

产品组合策略

企业多开发产品，实行产品组合策略，有利于分散生产经营的风险。制定灵活多样的产品组合策略，可以满足市场多样化的需求，适应激烈的市场竞争。

一、形成产品群体优势

产品组合是指企业生产经营的所有产品线、产品项目的组合方式。其中，产品项目是指产品大类中各种不同规格、品种、质量的产品。换句话说，企业产品目录中所列出的每一个具体的品种都是一个产品项目。产品线是许多产品项目的集合，而这些产品项目之所以能够组成一条产品线，是因为它们具有功能相似、用户相同、分销渠道同一、消费上相连带等特点。

1.产品组合的4个维度

产品组合包括深度、宽度、长度和关联度等4个维度。

（1）产品组合的深度是指产品线中每一产品有多少品种。例如，宝洁公司的牙膏产品线下3种产品项目，佳洁士是其中一种，而佳洁士又有3种规格，每种规格又有两种配方，佳洁士牙膏的深度就是6。

（2）产品组合的宽度是指企业所拥有产品线的数量。公司的每一条产品线一般都由一些主管人员进行管理。例如，美国通用电气公司的销售部里有冰箱、电炉、洗衣机等产品的经理，北京大学有法学院、管理学院、文学院、理学院等各个学院的院长。

（3）产品组合的长度是指企业所有产品线中产品项目的总和。

（4）产品组合的关联度是指各产品线在最终用途、生产条件、分销渠道等方面相互关联的程度。

2.进行产品组合的必要性

（1）有利于分散风险。在风险投资领域，风险分散要求投资者"把鸡蛋放在不同的篮子里"，以实现规避风险的目的。同理，企业也很难只依靠一种产品而在激烈的市场竞争中立足。多开发产品，进行产品的组合，有利于分散生产经营的风险。

（2）满足市场多样化的需求。当今，市场需求日益呈现多样化、复杂化的特点，这也给企业提出了多产品、多品种的要求。而产品的组成因素和构成就要求必须制定灵活多样的组合策略，以适应激烈的市场竞争。而今，多品种、多产品的营销已然成为现代企业发展的大势所趋。它不仅能使企业分散风险，更重要的是可以帮助企业扩大市场，占领更多的细分市场，从而增加企业的综合竞争力，保证利润的不断增长。

二、华龙集团的产品组合策略

华龙集团位于河北省邢台市隆尧县，本是一个地方性的品牌。然而2003年，在中国大陆市场上，华龙集团以超过60亿包的销售量一举占据了方便面行业亚军位置，同时与"康师傅""统一"形成了三足鼎立的市场格局，"华龙"也真正成为了一个全国性的品牌。纵观华龙集团的发展历程，其成功与它的市场定位、通路策略、产品策略、品牌策略、广告策略都是分不开的，而产品策略中的产品组合策略更是居功至伟。

华龙集团共有方便面、调味品、饼业、面粉、彩页、纸品等六大产品线，即其产品长度为6。其中，方便面是主要的产品线，在这里，我们也主要来分析其方便面的产品组合策略。华龙集团的方便面产品组合非常丰富，共有17种产品系列，10多种产品口味，上百种产品规格。丰富的产品组合使华龙集团充分地利用了现有的资源，发掘了生产潜力，更好地满足了消费者的各种需求，也使其占据了更宽的市场面，促进了产品的销售。在此基础上，华龙集团的产品组合策略也同样是丰富多彩。

（1）阶段产品策略，即在企业发展的不同阶段，适时推出适合市场的产品。①在企业的发展初期，华龙集团把河北及周边几个省的农村市场作为目标市场，针对农村市场的特点，推出了"大众面"系列产品。该产品以超低的定价一举为华龙集团打开了农村市场的大门。随后，"大众面"红遍了大江南北，成功抢占了低端市场。②企业发展了几年之后，积累了一定的经验和资本。接着，华龙集团又向全国推出了面对其他市场的"大众面"中高档系列，比如中档的"小康家庭""大众三代"，高档的"红红红"等，华龙集团的知名度和市场份额由此得到了大幅提高。③从2000年开始，华龙集团开始逐渐丰富自己的产品系列，陆续推出了十几个产品品种、几十种产品规格。但这个时候，华龙集团主要抢占的还是中低档面市场。④从2002年起，华龙集团开始向高端市场发展，开发了第一个高档面品牌"今麦郎"，大力开展城市市场中的中高档面市场，此举在北京、上海等大城市获得成功。

（2）区域产品战略。针对不同地域的消费者不同的口味，华龙集团推出了不同品牌的系列产品。华龙集团产品策略就是要在不同区域推广不同产品，少做全国品牌，多做区域品牌。为此，华龙集团最大限度地区分市场，因地制宜，各个击破，同时还创作出了区域广告诉求，具体如下图所示：

地域	主推产品	广告诉求	系列	规格	定位
东北	东三福	"咱东北人的福面"	东三福	红烧牛肉等6种口味、5种规格	低档面
			东三福120		中档面
			东三福130		高档面
	可劲造	大家都来可劲造,你说香不香	可劲造	红烧牛肉等3种口味、3种规格	除东三福130之外的又一高档面
山东	金华龙	实在	金华龙	分为红烧牛肉、麻辣牛肉等12种规格	低档面
			金华龙108		中档面
			金华龙120		高档面
河南	六丁目	演绎不贵(不贵)	六丁目	分为红烧牛肉、麻辣牛肉等14种规格	市场上价格最低、最实惠的产品
			六丁目108		
			六丁目120		
			超级六丁目		
全国	今麦郎	"有弹性的方便面"	煮弹面	红烧牛肉等4种口味、16种规格	高档系列,以城乡消费为主
			泡弹面		
			碗面		
			桶面		

（3）市场细分的产品策略。华龙集团是市场细分的高手，并且取得了巨大的成功。①华龙集团根据行政区的不同推出不同的产品，如河南的"六丁目"、山东的"金华龙"等；②华龙集团根据经济发达程度推出不同档次的产品，如在农村和城市推出的产品有别，在经济发达的北京、上海等地推出最高档的"今麦郎"桶面和碗面等；③根据年龄因素的不同，

推出适合少年儿童的干脆面系列、适合中老年的"煮着吃"系列等。

（4）高中低档的产品组合策略。从上表中可以看出，华龙面的产品组合是高中低相结合的形式。①在全国市场上的高中低档产品组合：低档有"大众"系列，中档的有"甲一麦"，高档的有"今麦郎"；②在不同区域推出不同档次的产品，如在河南推出"六丁目"系列产品，而在东北投放"东三福130"等中高档产品；③在同一区域推出高中低档面组合，如在山东和东北都推出了高中低三个档次的面，以满足消费者不同的需求。

（5）创新产品策略。华龙集团十分重视开发新产品、发展新产品系列，以满足不断变化的市场需要。①在产品规格和口味上进行创新。华龙集团总共开发了几十种产品规格和十余种新型口味。②在产品形状和包装上进行创新。如华龙面推出了面饼为圆形的"以圆面"系列、封面新潮时尚的"A小孩"系列等。③在产品概念上创新。如华龙面针对中老年市场，推出"煮着吃"系列方便面。煮着吃的就是非油炸方便面，非常适合老年人。

（6）产品延伸策略。华龙集团不仅在每一系列的产品后增加"后代"产品，如在东北市场推出"东三福"后，又陆续推出了"东三福120""东三福130"；还在同一市场进行产品品牌的延伸，比如，在推出"东三福"系列之后，又推出了"可劲造"系列产品。

总而言之，华龙面的产品组合策略是非常成功的，值得大家进行学习和借鉴，并加以推广和运用。

方法实施要点

企业可结合市场环境和自身的特点，采取适当的产品组合策略。总的来说，产品组合策略有以下几种：

（1）扩大产品组合策略。该策略就是指增加企业生产经营的产品线和产品项目，这既可以使产品组合的长度和宽度得以扩大，也可以扩展产品组合的深度和关联度。例如，一家经营空调产品的销售商，在冬天来临的时候，增加了取暖器产品的销售。这便是产品线的增加，同时也兼顾了产品组合的关联度。倘若这家销售商的产品组合中仅仅增加了双制式空调，这就是产品项目的增加。

当然，产品组合也绝非越繁杂越好，因为这样会使企业面临管理难度增大、主业不突出等威胁。所以，在某些情况下，企业还有必要采取删减产品组合的策略。

（2）删减产品组合策略。该策略就是指企业减少生产滞销产品或者取消亏损产品项目。当企业的产品线中出现衰退产品进而影响到整条产品线的利润时，当企业的某些产品出现供不应求现象而企业却不扩大生产时，当某些产品的发展偏离了企业的主营业务或者对主营业务带来了负面影响时，企业就需要采取删减产品组合的策略。

（3）革新产品组合策略。该策略就是指保持现有产品组合的长度和宽度，而对产品组合的深度进行改革和发展。革新产品组合有两种方式：一种是在现有的基础上，进行完善革新，这种方法可以利用现有的基础节省投资，且风险不大；第二种方式是完全意义上的产品革新，这种方式投资大、风险大，不是一般企业所能承担得起的。

在产品革新的过程中，企业应注意选择改进产品上市的时机，太早则会影响到企业现有产品的销售；太晚，市场便有可能被竞争对手所抢占。

（4）特色产品组合策略。特色产品组合策略就是指企业在产品线中选择一个或几个产品加以特色化，从而吸引消费者，满足消费者细分化的需求。

第四章

营销执行与管理

年度营销计划制订法

营销战略只是一个方向或者目标,倘若没有一个切实可行的营销计划,那么它只能是空中楼阁。

营销计划的制订必须要能贯彻和落实企业发展战略的意图。倘若自行其是,甚至与营销战略背道而驰,则必然会丧失基础、迷失方向,给企业带来负面影响。

一、制订切实可行的营销计划

年度营销计划的制订对企业发展而言至关重要。当然,营销计划的制订也应以企业发展战略为依据,贯彻和落实企业发展战略的意图。如若不然,就会导致营销计划与企业发展战略的冲突,造成企业发展中的"南辕北辙"或者运行中的政令不一。也就是说,营销计划的制订也应有所依据、有所规制。

每个企业的年度营销计划都有自己的格式,但几乎所有的年度营销计划都具有一些固定的要素。现在,我们把这些通用的要素列出来,以期对年度营销计划能有一个整体的把握和认识。

1.年度营销计划摘要

每一个年度营销计划都必须有一个简明扼要的摘要,对整个计划的内容进行高度的概括。这样做的目的是为了方便高层管理者对年度营销计划的审阅。

2.营销分析

这部分的内容包括以下几个方面：

（1）行业分析。行业分析有助于企业识别市场的长期趋势和短期变化。另外，由于每一个市场都会受到竞争对手、顾客、技术和销售增长率等因素的影响而发生变化，也就是说市场都是动态的，因此行业的吸引力也总是变化的。这就要求行业分析还应能够识别用来评估行业吸引力的要素。

（2）销售分析。即对各品牌的销售记录进行深入的研究，目的是去发现隐藏在总体数字之后的重要信息。

（3）竞争对手分析。竞争总是不可避免的，对竞争对手的分析也是必不可少的。对竞争对手进行分析便要对竞争对手的生产能力和销售水平进行研究，并与自身的情况进行比较；预测其发展趋势，并将其作为企业制订营销计划的重要参考。

（4）顾客分析。企业营销活动应以顾客为中心，这就决定了顾客分析至关重要的作用。通过顾客分析，企业应能回答这样的问题：企业的顾客是谁？顾客如何做出购买行为？为什么做出相应的购买行为？

（5）市场潜力分析。市场的潜力对企业而言是非常重要的因素。它决定了企业在可预期的未来最多能够实现多大幅度的增长，同时它也会对企业进行资源分配起到非常重要的影响。

（6）销售预测。行业和产品的销售预测至关重要，它对管理者的决策和财务预算都有不容忽视的影响。

3.营销策略选择

营销分析之后，便需制定营销策略。一般来说，营销策略包含3个部分的内容：其一，营销目标，即营销该向何处去；其二，具体的营销策略，即企业应如何去实现营销目标；其三，营销计划，即回答企业要做什么、怎么做、按照什么样的顺序去做。

4.其他内容

完整的年度营销计划还应包括财务文件、管理和控制及应变计划等3个方面的内容。其中财务文件就是对整个计划的财务支出和可能获得的收益进行预算，这个文件是整个计划得以批准的关键；监督和控制部分，主要是说明市场调查的类型以及其他完成目标进展的信息；应变计划也是比较重要的组成部分，它通常是先前考虑过后因某种原因而放弃掉的战略，可以做情况突变时的应急策略。

二、麦当劳的1990年度营销计划摘要

1.市场营销状况

在这一部分，麦当劳罗列了一些与市场、产品、竞争、分销等有关的客观资料，并做了如下形式的表格。

麦当劳公司的销售状况表				
	1986	1987	1988	1989
市场销售总规模	—	—	—	—
麦当劳销售额	—	—	—	—
麦当劳市场占有率				

在这一部分，麦当劳还分析了将会面临的市场状况，其中有利因素有：快餐食品市场在缓慢增长、儿童对幸福快餐的需求仍在不断增加、公司新产品麦克德尔特三明治成功上市、海外扩张进展顺利；不利因素有：竞争对手的扩张势头不减、海外销售网点的建立不能促进国内销售的增长等。

此外，麦当劳还对竞争对手的状况进行了分析，并制作了各竞争品牌市场占有率发展趋势表：

各品牌市场占有率发展趋势				
	1986	1987	1988	1989
麦当劳	—	—	—	—
伯格王	—	—	—	—
文帝	—	—	—	—
哈帝	—	—	—	—
肯德基	—	—	—	—
塔科销售网	—	—	—	—

2.问题与机会分析

麦当劳发现自己面临的问题包括：顾客对麦当劳的新产品有不同的评价；麦当劳销售网络的拓展遭遇瓶颈；对手表现出咄咄逼人的竞争势头；成年顾客对麦当劳的促销活动并不满意；麦当劳产品和服务的质量都有下降的趋势。

除却这些问题，麦当劳还是发现了一些机会，比如：市场调查显示，顾客对麦当劳将要推出的一种小果子面包非常欢迎；麦当劳的地区合作伙伴以及特许经营加盟者的营销能力令人放心；麦当劳先期投放市场的各种沙拉产品都获得了成功。

3.营销目标和行动方案

拟定的营销目标是：销售额超过120亿美元、毛利达到43亿美元、毛利率36%、净利13亿美元、市场占有率25.5%。

为实现这一目标，麦当劳制订了这样的行动方案：①加强对儿童市场的促销，提高麦当劳对儿童的吸引力；②针对成年人市场，每半年组织一次促销性游戏，培养成年顾客的忠诚度；③努力增加销售网点，尤其是在非传统开店的区域。

4.营销策略

麦当劳的营销策略分为广告宣传、促销、公关等方面：

（1）广告宣传活动。麦当劳决定加大广告投入，费用额可为对手的3~4倍。广告主要强调两个方面：一是儿童导向的，安排在儿童表演节目中播出；另一个是成人导向的，在晚上或者周末的电视节目中播出。

（2）促销活动。促销活动主要强调两点：一是店内促销。继续向市场隆重介绍幸福快餐，并有计划地逐日稍作更新；另外将儿童游乐场的门票价格下降55%，促进各销售网点的门票销售。二是店堂陈设。在店内设置适当的旗帜，招贴的设计也应更为合理。

（3）公关活动。主要有三大公关活动：一是继续对全美范围内的体育比赛提供支持；二是使每一个销售网点的罗纳德·麦克唐纳的露面次数加倍；三是与批评麦当劳缺乏营养的文章展开辩论。

5.营销计划的执行和控制

麦当劳年度营销计划的最后一部分是计划的执行进度和费用的预算等控制项目。具体如下表所示：

活动项目	关键日期	数量和次数	费用
1月			
儿童节目广告	全月	—	—
游戏促销广告	全月	—	—
促销展览	1月2日	—	—
新幸福快餐论坛	1月25日	—	—
市场研究竞赛	1月28日	—	—
促销大奖赛	全月	—	—
2月			
儿童节目广告	全月	—	—
游戏促销广告	全月	—	—
麦当劳高校、全美明星篮球赛	2月25日	—	—
新幸福快餐论坛	2月25日	—	—
促销大奖赛	全月	—	—
3月			
儿童节目广告	全月	—	—
游戏促销广告	全月	—	—
麦当劳网球赛	3月15日	—	—
对地区合作团体提供素材	3月15日	—	—
新幸福快餐论坛	3月25日	—	—
促销大奖赛	全月	—	—

方法实施要点

企业在制订营销计划时，可能会在不知不觉中犯一些错误或者因考虑不周全而忽视一些重要的要素。

（1）制订计划的进度应适中。年度营销计划的制订若进度太慢，不免有拖沓之嫌，让人觉得没完没了；如果进度太快，则让人感到太过仓促，考虑不周全，实际上进度太快的年度营销计划确实更容易导致重大失误。总而言之，企业应在保证质量的基础之上，控制好年度营销计划的制订进度。

（2）谁来制订营销计划。很多企业内设有专门进行战略规划的团队，营销计划的制订是他们的职责之一。这些人制订出来的年度营销计划常常会引起管理者的不满，因为管理者认为专门的团队所制订出来的计划完全来自于数据，没有任何实际的经验可言，且对这些人的市场感知存在疑问。这样便容易使计划的制订者和执行者之间产生敌对情绪，不利于计划的实施。解决这一问题的最好办法就是让管理者更多地参与到计划的制订中来，让管理者在员工的帮助下制订年度营销计划。

（3）计划的长度要适中。一般来说，企业的年度营销计划应控制在20~30页的范围之内。

（4）各职能部门的认同。有的企业认为年度营销计划是企业营销部门的事情。实际上，各职能部门的支持和认同是年度营销计划得以成功实施的前提条件。例如营销计划中若有一项提高产品质量的要求，如果没有生产部门的配合，这项要求显然无法实现。

（5）将计划视作待推销的产品。计划编制完成后并不能立即付诸实施。它需要高层管理者的审阅，有时候还需风险投资伙伴点头，换句话说它需要得到强有力的支持。这是年度营销计划能否实施的决定因素。

营销组织构建法

营销组织是企业开展营销活动的基础。

营销组织的构建务必要适应市场环境对营销部门职责的要求。

一、使营销组织结构适应市场的需要

随着市场竞争的日趋激烈，买方市场的特征使得营销部门的重要性进一步凸现，营销部门的角色也随着信息技术的发展正在发生着变化。传统意义上的营销部门起到纽带和桥梁的作用，其任务是了解顾客的需求，并将需求信息反馈给企业的其他职能部门。而今，网络和通信技术被广泛地应用，企业内的每一个职能部门都具备了直接与消费者联系的条件，营销部门已不是唯一与顾客发生关系的部门了。这一新的情况也赋予营销部门以新的内涵，要求营销部门将所有针对顾客的工作整合成一个整体，最终完成对顾客的价值交付。而营销组织的状况是营销部门开展工作的基础，这便要求企业营销组织的构建务必要适应营销部门责任的变化。

营销组织的设计不是企业高层管理者拍脑袋决定的，它必须能够满足市场的需要，必须要遵循一定的原则。一般来说，应遵循的基本原则主要有以下几点：

1.与企业的经营战略相适应

当企业确定了一项战略并期待这项战略能够起到良好的效果时，它便会审视自己的组织结构，并判断其能否适应经营战略的要求，是否有助于经营战略的实现并获得预期的竞争优势。这便是所谓的"战略决定结构"原则。

2.与企业的规模相适应

企业的规模也是影响组织设计的重要因素。一般来说，不同规模的企业所采用的组织结构有较大的差异。比如：小型企业的管理层次较少，大型企业则较多；小型企业的分权程度较低，而大型企业则较高；小型企业技术和职能的专业化程度较低，而大型企业则相反等。

3.与技术/应用系统的水平相适应

研究表明，如果企业采用的技术属常规技术，且已经比较成熟了，那么这个企业的组织结构便会比较机械；反之，如果企业的技术属于不确定因素较大的非常规技术，那么这个企业的组织结构一般会保留一些弹性。

4.随经营环境的变化而变化

"唯一不变的就是变化"这句话是对变幻莫测的市场环境最好的写照。任何一家有抱负的企业都不能无视这种变化，也不能奢望"以不变应万变"而取得成功。对于企业的营销组织结构也是如此，它应当顺应环境的要求而改变。

5.考虑营销人员的素质情况

营销人员的素质也是组织设计的重要影响因素。遗憾的是，这一点并没有引起大多数企业的充分重视，结果出现了许多本不该出现的严重问题。具体来说，营销人员的素质对组织结构的影响主要有这样几点：①集权与分权。若营销人员的管理知识全面、经验丰富且职业道德良好，企业便可适当地分权；反之，则不宜分权。②管理幅度的大小。如果管理者的专业水平、领导经验、组织能力较强，则应适当扩大其管理幅度；反之，则要缩小其管理幅度，以保证管理的有效性。③部门设置的形式。若采用事业部制则要求事业部经理具备比较全面的领导能力；若采用矩阵制，项目经理的负责人应有较高的威望和良好的人际关系，以适应其责多权少的特点。

二、联想集团的组织结构发展历程

联想集团于20世纪80年代初期成立，在20余年的发展历程中，共经历了4次比较大的战略发展阶段。随着企业战略目标的改变，营销组织结构也进行了适当的调整，有效地促进了战略目标的实现。

1. 介入PC业务

20世纪90年代初期，联想自主研发了联想汉卡，主营业务逐渐向个人计算机制造方向转移。联想注重对PC业务的品牌投入，并最终造就了联想PC业务的成功，而PC产品的成功反过来又提升了联想的品牌形象。在这一阶段，联想的组织结构如下图所示：

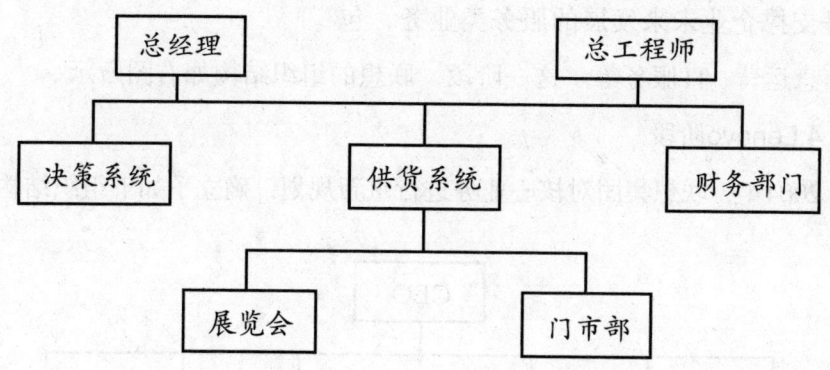

2. 由"技工贸"到"贸工技"

联想成立初期，对研发工作缺乏规划，造成了研发工作的千头万绪、没有重点。1994~1995年，联想集团逐渐压缩了过去包括程控交换机、打印机等在内的方向繁多的技术研发工作。1996年，联想集团总裁柳传志正式提出将联想发展模式由"技工贸"转变为"贸工技"。事实证明，这一

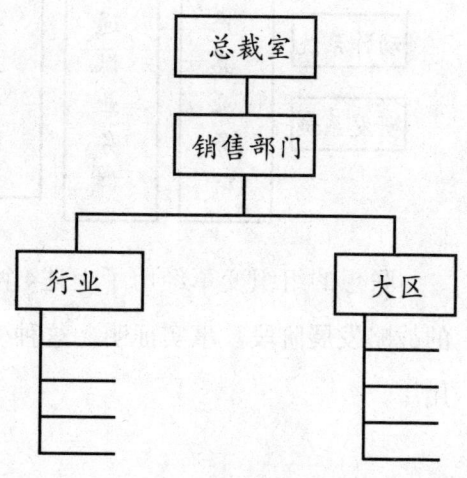

选择确实为个人计算机相关业务的发展创造了契机。这一阶段，联想的组织结构转变如右图所示。

3. 业务分拆阶段

2001年4月，杨元庆出任联想集团CEO。随之联想集团按照自由品牌和

分销代理两大核心业务，分拆为新联想集团和神州数码。然后，联想集团设计了3个层次的产品业务链，第一层次是能够为企业贡献现金流的台式计算机、笔记本和主板机业务；第二层次是增长业务，包括服务器、手持设备以及外设等业务；第三层次是支撑企业未来发展的服务类业务，包括信息运营、IT服务等。这一阶段，联想的组织结构如右图所示。

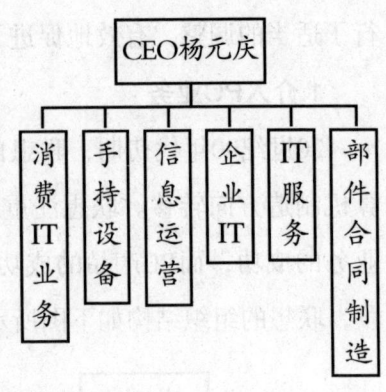

4.Lenovo阶段

2004年，联想集团对核心业务进行重新规划，确立了如下组织结构：

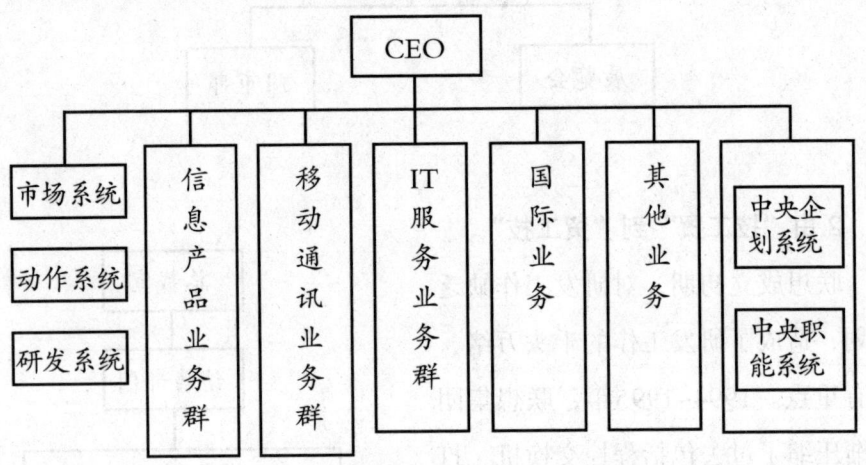

联想的组织变革经历了上述4个阶段，每一次变革都是为了顺应不同的战略发展阶段。事实证明，这种变革对企业的发展起到了很好的促进作用。

方法实施要点

企业在具体进行营销组织设置的时候，不可能做到尽善尽美，总会有一些瑕疵存在。

（1）营销组织的设置不利于企业经营战略的推行。一般来说，为保证企业经营战略被有效执行,企业应确定策略性、统筹性和辅助性3方面的管理职能。这3方面的管理职能为企业经营战略的有效执行提供了必要的保障,应在营销组织的设置中有所体现。

(2)组织结构的设置未能随企业规模的变化而作适当的调整。有些公司在快速发展的过程中规模不断扩张,但营销组织结构的设置却未能顺应这种变化,造成管理的混乱和营销的无力。

(3)营销系统的总部与分支机构职责不明确,使总部无法对支部进行有效的领导。

(4)对营销人员素质状况的考虑欠缺。营销人员的素质状况对组织结构的设计也有着重要的影响。遗憾的是这一点并没有得到企业普遍的重视,因此导致的失败案例并不鲜见。

(5)营销组织设置对经营环境的变化缺乏敏感。许多企业在市场上打拼多年,营销战略随着竞争环境的变化而不断调整,但对于内部的营销体系却总是置之不理,使其依然停留在传统模式下,大大制约了企业的市场拓展和经营业绩的提高。幸运的是,如何按照市场竞争需要改革企业的组织模式、如何通过营销组织的调整提高运营效率等问题已经被很多企业关注。

营销人员绩效考核法

绩效考核的目的在于使员工的行为与企业的期望相一致。

绩效考核措施如同管理者手中的方向盘,企业注重哪方面的考核,员工就会向哪方面努力。

一、使员工行为与企业期望相吻合

企业可根据现实的市场环境和自身的特点,制定正确的战略目标以及营销计划。但战略目标以及营销计划的实施归根结底还需要由人来完成,因此营销部门工作人员的积极性和创造性是企业能否获得营销竞争力的关键因素。而要充分调动营销人员的积极性，合理的考核制度是必不可少的。

1.营销人员绩效考核的意义

在买方市场下，营销被视为企业的生命，营销的成功与否事关企业的生存和发展，而营销目标最终要依靠营销人员来实现，因此打造一支强有力的营销队伍便成为了企业的首要任务，营销人员绩效考核的作用和意义重大。具体来说，营销人员绩效考核的主要作用有：

（1）通过对营销人员的绩效考核，可监控营销业绩的完成情况，督促营销人员按时、按量甚至超额完成销售任务，有利于提高企业的整体销售业绩。

（2）绩效考核还可以用来检验营销人员的工作目标是否与公司的战略目标一致。

（3）有利于企业基础信息工作的建立。企业在对营销人员进行绩效考核的过程中，需要搜集相关信息、制作报表、汇总工作，在客观上促进了基础信息工作的建立。

（4）为薪酬设计和职称评定提供客观依据。绩效考核是一项严肃、客观的工作，要根据客户的反馈、同事的评价以及营销人员的实际表现来进行评价。评价结果也应能反映真实的状况，从而为薪酬设计以及职称的评定提供令人信服的依据。

总而言之，事在人为，人的积极性的调动是每一位企业管理者最为关心的问题。而绩效考核作为与人的积极性关系最为密切的工作，其重要性是显而易见的：业绩考核标准是否合理，考核过程是否公平、公正，都将直接影响一线营销人员的积极性，而最终会对企业的经营效益产生重大影响。

2.营销人员绩效考核的类别

营销人员绩效考核按照不同的标准可划分为不同的类型，如以时间为标准，可分为年度、季度和月度考核、平时考核和专项考核；以考核方式为标准，可分为封闭式考核和开放式考核等。但不论是何种类型的考核，都遵从大致的考核程序，也就是自下而上的考核程序，具体如下：

（1）制定考核指标体系和方法。人力资源部征集各管理部门、业务部门的意见，并经高层管理人员批准后，正式确定完整的绩效考评体系和方法；将考核流程公示，组织相关人员参与培训，并根据考核的要求，及时发放考核评价表。

（2）营销人员自我评价。营销人员根据考核体系的要求，以本人的业绩和工作行为为依据逐项进行自我评分，并及时将表格或报告上交给自己的直接主管。

（3）营销主管评价。营销主管组织同事、客户以及其他部门的评价者，以员工的工作实绩和行为事实为基础，客观地对员工进行评价，并在规定的时间内将考核的结果上报营销部门或直接提交人力资源部。

（4）人力资源部对考核结果进行审核和汇总。人力资源部对考核的过程和量化的指标进行审核，确保考核的公平公正，并汇总出考核结果。

（5）将考核结果反馈给营销人员。由营销主管将考核结果反馈给营销人员，最好采取面谈的方式，同员工一起商讨改进方法。若员工对考核结果不认同，可直接向人力资源部提出申诉，并由人力资源部核实后进行最终考核。

（6）考核结果存档。对于季度或者月度的考核，营销部门可仅向人力资源部提供考评分数汇总表，考核表在本部门存档；至于年度考核，应将考评表和考核分数汇总表一并送至人力资源部，由人力资源部存档。

（7）报主管总经理签核。人力资源部负责对年终考核结果作出分类统计分析，并呈送主管总经理签核。

二、A公司营销人员绩效考核法

A公司成立于2000年，属商业贸易公司，主营业务是批发、零售煤炭，兼做煤炭相关产品及化工产品。成立之初，该公司的业务流程相对简单，人员也较少，公司的总经理可以将所有营销人员的工作都了解得很详细，工作做得好能够及时进行表扬，工作做得不好也能及时发现并督促其改正。所以公司对营销人员的绩效考核体系也一直没有做得非常完善。

2004年，公司的规模开始扩大，营销人员也开始增加。这时候营销部门内出现了一些工作协调不及时、工作效率低下的问题。为此总经理没少费心，但总是不见成效，以至于到最后，营销部门的问题影响了整个公司整体营运效率和发展速度。直到这个时候，总经理才意识到营销部门的管理需要改进，在绩效考核方面要有所作为，不能工作多少一个样、工作好坏一个样，让员工们养成吃大锅饭的习惯。于是，A公司开始了第一次针对营销部门的绩效考核。

这一次在绩效考核方面所做的主要工作是建立了预算和控制体系，把员工的个人绩效与薪酬挂钩。具体是这样：公司把经营吨数作为业务量的数量指标，即取消营销人员的固定工资，按一吨煤一元钱计算，所有的经营费用如差旅费、通信费、招待费等全都包括在这一元钱里面。营销部门销售多少万吨煤，就实领多少万元钱，然后再在营销部门内部进一步的划分。这种考核方法刚开始应用的时候，颇受营销员工的欢迎。他们的工作积极性提高了许多，所有员工都积极与客户联系，内部也注意团结协作、提高效率。结果在这种考核方法实施的前3个月，公司的销售业绩连创新高，不仅公司的利润上去了，营销员工的个人收入也平均提高了10%。

但是没过多久，问题就出现了。原来初时公司为显示公平，对物流部门和采购部门也实行了一元钱一吨煤的绩效考核措施。如今采购人员认为煤炭是国家的基础资源，受到国家的严格控制，在资源紧缺时采购工作难以开展，所以与其他部门同样的待遇是不公平的；而物流人员则声称铁路运输常常会出现紧张的情况，发运工作不好做；销售人员也抱怨销售工作不好做。公司是一个有机整体，各部门共同努力才能实现最终的营销目标，如今各部门都怨声载道，势必会给企业的整体业绩造成负面的影响。鉴于此，公司不得不寻求新的绩效措施，既能解决营销部门问题，同时也不使其他部门有怨言，结果发现个体定价法最能满足这个要求。

公司按照在某一特定的期间内各部门工作的难度和工作量给各部门分配薪酬总额。比如，在煤炭资源比较紧张、采购部门需要付出更多努力的时候，采购部门就拿薪酬总额的40%，其他由物流部门与营销部门分摊；当铁路运输紧张的时候，物流部门的工作难度和工作量加大，这时物流部门就多分摊一些薪酬；当煤炭资源充足、营销工作困难的时候，营销部门就多拿一些薪酬。然后，各部门在这样的薪酬分配基础上，再根据细化的指标，将薪酬分配到每一位员工手中。

这样一来，公司各部门的员工都没有抱怨了，营销部门的员工们也觉得这项考核体系公平合理。各部门齐心协力地工作，营销部门的工作也得到了有力的支持，员工们的工作积极性和工作效率比以前提高了不少。结果这项考核体系实行了一年，公司的效益提高了14%。和其他部门差不多，营销员工的收入也提高了20%左右。可以预见，在以后的年度里，公司、营销部门和其他部门的收益仍会持续增加。

方法实施要点

对营销部门进行有效和公正的考核，需要建立有效的考核指标，认真、谨慎地做好规划。同时，考核指标也应兼顾全面、完整、适用的客观要求。具体来说，常用的考核指标主要有以下几种：

（1）业绩指标。营销人员最主要的工作职责就是完成营销业绩，所以业绩指标自然也就成了营销人员的主要考核指标。业绩指标一般用计划完成率来表示，即营销人员的实际业务量与目标或者预期的业绩量的比例。

（2）团队指标。一般情况下，营销人员不是一个人在战斗，他需要和其他的员工组成一个团队，相互配合、相互协作来完成预定计划。这样一个团队的业绩和内部的协调性将最终影响整个公司的业绩，因此团队的业绩完成率应该占到营销人员一定的考核内容，这就是所谓的团队指标。

（3）客户信息系统建立指标。这项考核指标应注重整个考核过程，由专人监督和维护，以定量的方式进行，考核的周期可适当缩短。

（4）工作态度和学习能力。为督促和鼓励员工进步、向上，树立积极的工作态度，企业可将工作态度和学习能力纳入考核体系，以期实现企业与员工共赢的目的。

营销人员薪酬设计法

优秀的营销人员薪酬设计方案，能够确保企业的最佳人力资源供应，实现劳资关系的和谐以及企业的均衡发展。

毋庸置疑，薪酬方面的制度是最能影响员工工作积极性和工作成果的！

一、薪酬设计，实现公司战略的重要工具

在确定营销人员的薪酬时，需考虑多方面的因素。这些因素有的属于企业的内部因素，有的则是外部因素。其中企业的内部因素包括与企业相关的各种因素，如企业的远景、文化、财务状况、薪酬政策等；也包括有关员工个人的因素，如工作能力、态度、所从事的岗位、职责等。内部因素是企业可以控制的，而外部因素则是企业难以通过自身的能力影响的，这些因素包括：有关薪酬的法律法规、经济环境、劳动力的供应情况、平均薪酬水平等。

1.营销人员薪资水平的确定

通过前文介绍我们已经了解，营销人员的薪酬设计受到许多因素的影响。这些因素中，企业的内部因素是确定营销人员薪资水平的内因，是更为重要的因素。企业应对这些因素加以综合考虑，并在此基础上制定企业营销人员的整体薪酬水平。

制定营销人员的整体薪酬水平之后，企业便要对营销系统内的每一工作岗位进行评价并对工作价值进行分析，确定每一个工作岗位的职责、权利、任职人员需要的工作技能、资历水平等，并结合每一具体任职者的工作表现、工作量等来制定每一员工的薪酬水平。

2.营销人员薪酬结构的确定

员工的薪酬主要由基本薪资与绩效薪资两部分组成。不同的薪酬结构适合不同工作岗位的营销人员，也有着不同的稳定性。一般来说，薪酬的结构模型有这样3种：其一是高弹性的薪酬结构，即基本薪资的比例较小，绩效薪资的比例较大。这种薪酬结构对员工的激励性很强，薪酬与员工的业绩密切联系，但由于收入的波动较大，容易使员工产生不安全感。其二是调和性薪酬结构，即绩效薪酬以及基本薪资所占的比例都较为合理。这种薪酬结构对员工有一定的激励性和安全感，然而要实施调和性薪酬结构，要求企业必须首先设计科学合理的薪酬系统。其三是高稳定性薪酬结构，即绩效薪酬比例很小，而基本薪资比例很大。这种薪酬结构使员工的收入波动很小，员工的安全感很强，但由于这种薪酬结构缺乏激励性，容易导致员工的懒惰。

二、某公司营销人员薪酬设计体系

1.等级薪酬体系

薪酬体系的3个等级系列：

（1）行政文员系列。分为初级文员、中级文员、高级文员3个层级。

（2）市场运营系列。分为初级市场运营员、中级市场运营员、高级市场运营员3个层级。

（3）主管系列。分为初级主管、中级主管和高级主管3个层次。

等级薪酬体系的薪酬构成：

（1）基本工资。根据工作评价确定每一个工作或者职位的相对价值，并将其归入相应的职位等级中，以保证职位等级薪酬体系在公司内部的公平性。同时，在薪酬调查的基础上，确保本公司的薪资水平不低于社会同行业的平均水平，按月支付。在以下4种情况下，公司可对基本工资进行相应的调整：①晋升，根据员工晋升后职位的职能职级支付基本工资；②晋等，按员工晋升至的职等职级支付基本工资；③晋级，按员工晋升至的职级支付基本工资；④调整工资率，即根据社会零售物价指数、公司经济效益和地区差异调整基本工资额。具体按公司的薪资管理制度规定执行。

（2）月度奖金。根据员工的月度考核结果发放月度奖金，额度一般为月基本薪资的25%~40%，具体比例经公司进行业绩修正后确定。

（3）年度奖金。根据员工的年度工作绩效考核结果支付年度奖金。公司年度奖金采取以部门为单位的形式，根据各部门在本年度业绩贡献度为标准进行支付。部门内部年度奖金的分配由部门经理决定。

（4）法定福利与保险。福利与保险的项目和水平以国家、地区以及公司的有关规定为准。可根据企业的经济效益以及人力资本的支付限度，在一定条件下追加部分企业福利。

（5）总经理特别奖。对有特殊贡献的员工发放特别奖，金额视其贡献大小，参照公司的相关规定确定。

2.等级薪酬体系设计表

营销部门的所有员工，按其工作的性质可分为3个职等、19个职级。各系列在等级体系中的分配如下。

经理系列：

（1）初级经理：四职等07职级至三职等13职级（7个级别）。

（2）中级经理：二职等13职级至二职等16职级（4个级别）。

（3）高级经理：一职等16职级至一职等19职级（4个级别）。

市场营运系列：

（1）初级市场运营员：五职等04职级至四职等10职级（7个级别）。

（2）中级市场运营员：三职等10职级至三职等13职级（4个级别）。

（3）高级市场运营员：二职等13职级至二职等16职级（4个级别）。

行政文员系列：

（1）初级行政文员：六职等01职级至五职等07职级（7个级别）。

（2）中级行政文员：四职等07职级至四职等10职级（4个级别）。

（3）高级行政文员：三职等10职级至三职等13职级（4个级别）。

方法实施要点

营销人员的薪酬设计可分为6个步骤，具体程序为：

（1）拟定付酬原则与薪酬策略。可综合考虑企业文化价值观、公司战略、人力资源政策以及企业员工人性分析结果等因素制定付酬原则与薪酬策略。

（2）工作设计与分析。对工作岗位进行设计，并对职位进行描述和作工作说明。

（3）岗位评价。岗位评价的任务包括：确定付酬因素、确定基准岗位、将其他岗位与基准岗位进行比较分析并进行岗位排序。

（4）薪酬水平测定。即对本行业、本地区竞争对手的薪资状况进行分析，并结合企业自身的支付能力，确立基本的工资水平。

（5）薪酬结构设计。确定薪酬中所包含的薪酬形式及其比例，对于经理人员以及专业技术人员应使其报酬中具有相当比例的中长期收入。

（6）薪酬制度的管理和控制。包括员工薪酬的升降与调整、薪酬设计的成本控制、付酬的方式等内容。

销售人员管理法

销售人员管理是销售管理的重要内容和核心所在。

只有训练有素的销售人员才能给予顾客良好的服务印象。

一、锻造销售队伍

销售人员是销售活动的执行载体，是销售活动中最富有创造力的因素。这也决定了销售人员管理是销售管理中的经典内容和核心所在。销售人员管理的内涵颇为丰富，其中重要的内容包括组建销售队伍、训练销售人员、激励销售人员、销售人员薪酬的确定、销售人员费用的管理以及销售人员的行动管理等。

1.销售人员的招聘

成熟的企业通常每年都会进行销售人员的招聘，以满足企业业务经营的需要。销售人员的招聘一般要经历以下3个环节：

（1）制订招聘计划。

（2）选择招聘途径。

（3）对应征人员的甄选。

2.销售人员培训

可供企业选择的培训方法很多，常用的有：①讲授法，这种方法较为经济，因此被广泛应用，此法尤其适用于提供明确资料的情况，可为新员工以后的自我训练夯实基础；②小组讨论法，即由讲师和小组长领导讨论，讨论内容由讲师确定，小组讨论人员不宜太多，可允许一部分人员旁听；③实例研究法，即就某一实例引导受训人寻找解决之法，可培养受训人的思考意识和方法；④角色扮演法，设置一场景，让受训人处于销售员的位置，以培养其随机应变的能力；⑤自我进修法，即放任新员工进行自我进修，除非销售人员已有一定实务经验，且具有积极向上、自我改进的欲望，否则该法的效果并不值得信赖。企业可根据自身的实际情况，选择合适的培训方法。

3.销售人员的激励

具体分类及其激励措施，如下表所示：

类别	特点	需要	激励方法/激励因素
追求舒适者	年龄较大、收入较高	安全、尊严、成就感	安排挑战性工作、给予一定的自由和权威、使其参与目标的设置
追求机会者	收入较低	认可、适当的收入、安全	薪金、销售竞赛、沟通
追求发展者	年轻、教育程度高、有适当收入	个人发展、提升计划	良好的培训

4.销售人员薪酬

销售人员的薪酬方案不是固定不变的，而是随着企业、产品、市场状况的变化而变化，但总的来说，无外乎3种基本方案和两种辅助制度。

（1）销售人员的基本薪酬方案。3种基本薪酬方案为纯佣金制、固定薪酬制度和混合型薪酬制度。在纯佣金制中，销售人员的薪酬完全由销售额、回款额或者销售利润来衡量。固定薪酬制度就是所谓的计时制，即无论销售人员的销售额多少，都可以在固定的工作期间内获得固定的薪酬。混合型薪酬制度既能够保证销售人员的基本生活稳定，又能够起到激励销售人员的作用。混合薪酬制度又可以进一步细分为工资加佣金制度、工资加奖金制度、佣金加奖金制度、工资加佣金再加奖金制度4种类型。

（2）辅助薪酬制度。辅助薪酬制度包括特殊奖励制度和股票期权制度两种形式。其中特殊奖励制度就是当销售人员的业绩达到一定标准时，如超额完成任务、控制销售费用、赢得更多新客户等，给予销售人员规定薪酬以外的奖励。这种奖励可分为钱财奖励和非钱财奖励两种。股票期权制度，就是给予销售人员在未来以低于市场价格的现行价格来购买企业股票的权利。倘若股票价格上涨，销售人员可通过股票价格的差异来获得收益；如果股票价格下降，销售人员就不能获得收益。

5.销售人员的个人行动管理

对销售行动的管理，并不意味着束缚销售人员的手脚，只是销售目标管理与效率管理的辅助工具及做法。也就是说，销售行动管理的终极目标是销售目标和销售效率，至于行动的内容，不必过分拘泥于形式。

二、IBM公司的"苦行僧"式培训

销售人员培训是销售人员管理的一项重要内容，良好的培训效果将会在产品的销售量、企业的形象以及顾客满意度等方面产生积极的影响；反之，则会造成一定的负面影响。因此，销售人员培训工作向来深受各家公司的重视。一些知名企业也在实践中摸索出了一套适合自己的销售人员培

◇营销圣经

训模式，例如惠普公司的"向日葵"计划、海尔的"海豚式升迁"等。其中，IBM公司的"苦行僧"式培训颇为引人注目。

追求卓越是IBM公司企业文化的一项重要内容，这一点在销售人员培训方面有着淋漓尽致的体现。具体来说，IBM公司绝不容许任何一名未经培训或者培训不合格的销售人员投入到销售工作中。IBM公司认为这样不仅会对公司的形象和信用产生负面的影响，还有可能使一个有潜力的销售人员就此夭折。所以，IBM公司的销售人员培训工作总是资金充足、计划周密且结构合理。

新加入IBM公司的销售人员通常会首先接受为期12个月的初步培训，主要采用现场实习和课堂讲授相结合的教学方法。整个培训过程，75%的时间在各地的分公司进行，25%的时间在总公司的教育中心进行。

首先进行的是有关IBM公司经营理念和经营方针的培训，包括IBM公司的销售政策、市场营销实践、计算机概念以及IBM公司的产品介绍等；接下来，这些销售新员工将要学习基本的销售技能和技巧，了解公司的销售支持系统并学会利用这个系统。掌握了扎实的理论基础之后，学员将会被送到一线市场，在那里他们将会看到所学知识的具体应用，这也是所谓的"现场实习"。"现场实习"以后，学员们又将开始一段长时间的理论学习，这将是一段令人"心力交瘁"的学习历程。学员们的学习时间是早上8点到晚上6点，而繁重的课后作业则常常使学员们忙碌到后半夜。这一阶段的培训目的不仅是要进一步夯实学员的理论基础，更是要使学员明白这样一个道理：在竞争激烈的商界，只有最努力的人才能赢得最后的成功。这段魔鬼训练之后，接下来的培训要求学员必须充分发挥自己的主观能动性，要求学员张扬自己的个性，用自己的知识和魅力去征服客户。因为商业世界本来就是一个自我表现的世界，学员必须在正式踏入这个世界之前就做好适应这个世界的准备。

在IBM公司销售人员培训的整个过程中，最具特色的就要算是阿姆斯特朗案例练习了。这是一种假设的由饭店网络、海洋运输、零售批发、制造业和体育用品等部门组成的，具有复杂的国际间业务联系的系统练习，其中涉及到的角色有工程师、财务经理、市场营销人员、经营管理人员、总部执行人员等。这样角色将由培训教员实际扮演，力求创造一个逼真的环境。在这个案例练习中，学员将亲身体验做一回销售人员，对上述各种角色进行错综复杂的拜访，调动自己所学的所有知识和技巧去完成销售任务。通过这个练习，学员会对自己将来所从事的工作有一个更为深入的理解，并积累一些实际运用所学知识和技巧的经验。

IBM公司的销售人员培训历时长且强度大，学员得以在激烈的竞争环境中迅速成长。虽然每天长达14~15个小时的学习会让一些人感到吃不消，但是鉴于培训内容的实用性和重要性，很少有学员会抱怨，几乎每一位参加培训的人都能顺利地完成学业。而这些人一旦进入一线市场，就如同鱼儿回归大海，处理问题游刃有余，推动IBM公司的销售业绩不断发展。

方法实施要点

很多公司销售人员管理的出发点是方便管理、便于执行，而很少能够站在销售人员的角度来考虑问题，制定相应的灵活的薪酬、责权以及行为规范等管理制度。这是典型的官僚本位主义。毫无疑问，这丝毫无助于管理效率的提升，更不利于企业的长远发展。与之相反，更应提倡基于人本精神的销售人员管理策略。

1.薪酬设计体现人本精神

正确的做法是：对积极主动、自律性强、善于单打独斗的销售人员采取提成制，并综合考虑各个销售区域的不同特点，制定不同的提成比率，这样可以激发此类销售人员争强好胜、奋发图强的特点；对素质高、谋划能力强、追求稳定生活的销售人员则应采取年薪制，稳定其心理，发挥其擅长谋划的优势。

2.管理方式体现人本精神

企业的管理层应更多地站在个体销售人员的角度去考虑问题，对能谋善断、积极主动、能独当一面的销售人员采取放权式管理，对头脑简单或者不值得信赖的员工采取集权式管理。只有这样才能最大限度地利用企业的人力资源，而不造成生产经营的混乱。

总而言之，企业应放弃"官僚本位"思想，以人为本，根据销售人员的不同特点、不同水平量体裁衣，制定不同的薪资考核方式和管理方式，这样才能大幅提高销售人员的效能。

销售业务管理法

销售业务管理的目的是使企业的经营策略在销售活动中得到贯彻和执行。

销售业务是销售管理的载体。

一、使企业的经营策略在销售活动中得到体现

销售业务是企业经营策略在销售活动中的具体体现。销售业务管理的任务主要包括这样几方面的内容：设计销售组织；开展市场调查，研究市场需求的特点和趋势，进行销售预测；根据企业的内外部环境制订销售计划以及具体实施策略；搜集顾客资料，分析和管理客户；赊销管理；分析和评估销售业绩；对销售预算进行分解等。

1.销售组织设计

常见销售组织模式有以下几种类型：

（1）区域型的组织模式。设置一个负责企业全部销售活动的销售经理，然后按照地区划分销售区域，每一销售区域设置一名区域经理，区域经理领导若干销售人员开展销售活动。

这一类型的销售组织模式适用于产品类型单一或相近且顾客分布区域广阔的企业。

（2）产品型组织模式。根据产品的类别来构建的组织模式，通常在销售总经理之下设置若干产品经理，产品经理下按区域设置地区经理以及相

应的销售人员。

产品型组织模式适用于这样的企业：经营的产品种类较多，且产品间的差异较大；客户分属于不同的行业，且行业的差距较大。

（3）职能型组织模式。根据不同的销售活动来构建的组织模式，销售总经理下设零售商管理经理、电话销售经理、销售部经理等。这种销售组织模式适用于规模较大的公司，大型公司由于销售队伍庞大，不易协调不同的销售职能，较多地采用这种模式。

（4）顾客型的组织模式。根据顾客的类型来构建的组织模式，这种模式在销售总经理之下设置针对不同类型顾客的顾客经理，顾客经理下再设置区域经理以及销售人员。

适用这种销售组织模式的企业具有这样的特点：主要客户采购的产品在总销售量中占有较大的比例；主要客户的经销网点分散，但却集中采购，比如连锁超市等。

2.销售预测和销售计划

销售预测是企业在某段时间内，在既定的条件下，对销售额的一种推算。销售预测具有非常重要的意义，它是企业制订销售计划的基础，是企业量化销售过程的前提。销售预测的过程如下：

（1）明确销售预测的目标。企业进行销售预测的目标无外乎3种：其一是为企业进入某一新的市场提供依据；其二是实现对现金的控制；其三是用于对个人销售配额的设定。企业在进行销售预测之前，首先要明确自己进行销售预测的目标是哪一种，确定的目标将被如何使用。

（2）进行初步预测。运用一定的预测方法进行初步的预测。

（3）根据内部因素调整预测。销售预测的工作需要耗费一定的时间，在这段时间内企业内部的营销战略可能会有变动，或许有新产品推出，价格策略、促销费用安排、销售渠道等都有可能发生变化。企业应根据这些变化对销售预测进行调整。

（4）根据外部因素调整预测。市场瞬息万变，企业在进行销售预测调整时也应将外部因素考虑在内。这些外部因素包括：一般的经济环境是否发生了变化，行业里是否有新的竞争对手进入，主要竞争对手的营销策略是否发生了变化等。

（5）将预测与目标相对比。销售预测完成后，要将企业营销预测结果与企业的销售目标相比较，看看二者是否一致。若预测值低于目标，企业便须考虑降低目标值，或者采取进一步的措施保证原定目标能够被实现。

3.销售预算

销售预算实际上是企业的一个财务计划，它对企业实现每一个销售目标所需付出的代价进行了详细的规划，为企业销售利润的实现提供了保证。

销售预算与销售计划一样也是在销售预测之后编制的，都要以销售预测为依据。销售预测确定以后，销售目标也会随之确定；接着这个销售目标便会被分解成各个层次的子目标，完成各个子目标的销售费用也被确定下来。销售费用便是销售预算的主要对象，意指在销售过程中发生的为实现销售收入所支付的各项费用，如市场调研费、公关费、广告费、储存费、包装费、运输费、信息处理费、用户培训费、销售人员酬劳等。

二、麦德龙的消费业务管理

德国批发商麦德龙公司始创于1964年。在较短的时间内，它以崭新的理念和管理方式在世界范围内取得了令人瞩目的成绩，并入选《财富》500强企业。1995年，麦德龙公司进入中国市场，很快便开设多家分店，取得了不俗的销售业绩，这也同样得益于麦德龙公司的销售管理模式。那么，麦德龙的销售业务管理到底有什么特别之处呢？

1.明确目标客户，主动接近客户

任何一家企业都不能满足市场的所有需求，它必须瞄准某一消费群体，并竭尽全力为之服务。对于这个道理，麦德龙深以为然，它意识到：如果不明确地限定自己的目标顾客，让所有的顾客都来，不仅会增加自己的运行成本、提高管理难度，更重要的是无法为顾客提供优质的服务。在麦德龙看来，顾客可以分为两种，一种是一瓶一瓶购买可乐的，一种是一箱一箱购买可乐的，而自己所要服务的是后者。具体来说，麦德龙主要针对专业客户，如中小型零售商、酒店、餐饮业、工厂、企事业单位、政府等。麦德龙对客户的管理实行不收费的会员制，并建立了客户的信息管理系统。

限定了目标客户以后，麦德龙开始分析并满足他们的需求，在店铺内增加他们喜欢的商品，移去他们不需要的商品，优化麦德龙的商品结构。一般超级市场需要40万种商品去满足顾客的需要，而麦德龙只需15万种就足够了。

一般的零售机构会打开大门等待顾客上门，而麦德龙却选择了更为主动的方式。它给每一家分店都配备了客户咨询员，这些咨询员每天都会出去拜访客户，了解客户的需要，并根据客户距离麦德龙商店的远近进行分类，针对不同类别的客户，制定相应的服务策略；另外，麦德龙还为客户提供咨询服务，除定期派发资料之外，还成立了专门的"客户顾问组"，负责对客户的购物结构进行分析，同客户讨论，以帮助客户做好生意。

2.运用高效的信息管理系统，提高顾客满意度

麦德龙拥有自己的软件开发公司，它的主要任务就是为麦德龙设计开发适合其管理体制的信息管理系统。在先进的信息管理系统的帮助下，麦德龙能够全面掌握商品进、销、存的动态，将存货控制在合理的范围内。一旦商品的数量低于安全库存，计算机就会自动产生订单，并向订货单位发出订货通知，从而保证了商品的持续供应和低成本经营。

麦德龙的信息管理系统不仅能够反映销售状况，还详尽记录了各类客户的采购信息。据此可预测出客户的需求动态以及发展趋势，使麦德龙公司能够及时调整商品结构和经营策略，满足客户的需求。

方法实施要点

企业在具体进行销售业务管理时，要注意这样几方面的问题：

（1）选择适合自己的组织模式。组织模式的设计受到企业人力资源、财务状况、产品特性、消费者以及竞争对手等因素的影响，不同的企业具有不同的特性。所以企业不能全盘照搬别的企业的模式，可以将其作为参考，而更应根据自己的实力和营销战略量力而行，精心排兵布阵，以期用最小的管理成本获得最大的收益。

（2）注意对销售预测进行控制。销售预测不应是固定不变的，因为企业的内外环境无时无刻不在发生着变化。应根据这种变化调整销售目标，或者采取某些措施来保证原定销售目标的实现。另外，企业还有必要建立一套反馈制度，总结经验和教训，以利于以后更好地进行销售预测。

（3）销售计划不等于销售额计划。很多企业容易把销售额计划当做是销售计划的全部，这就以偏概全了。销售计划一定要能够实现企业的经营方针、经营目标，符合企业的发展计划、利益计划、损失计划和资产负债计划等。这就要求销售计划应包括更为丰富的内容，当然其中心还是销售额计划。

销售通路管理法

企业的销售渠道是一种复杂的构成，需对其进行有效的管理，方能发挥其最大功效。

销售通路是销售管理的落脚点。

一、建立稳固通畅的销售通道

渠道对企业的重要性毋庸置疑，尤其是在当下这样一个竞争激烈的市场环境之下，渠道的重要性更进一步的凸现，甚至有人提出了"渠道为王"的说法，从中可见人们对渠道的重视程度。企业的销售渠道是一种复杂的构成，需对其进行有效的管理，方能发挥其最大功效。所谓销售通路管理便是对企业的分销渠道成员进行协调和控制的过程。

1. 通路的构成及其类型

企业确定产品策略之后,便需选择销售通路进入市场。销售通路主要包括两种类型,一种是批发中间商,一种是零售中间商。中间商的选择是企业销售目标能否成功的关键因素之一,它是企业产品的监护人,是商品运动的监护人。中间商按不同的标准可划分为不同的类型,常用的标准有:组织形式、经营区域、经营的品种以及范围等。

(1)批发商的类型。批发商的类型主要有3种:即商人批发商、经纪人和代理商、制造商销售办事处。其中商人批发商是指那些自己购买商品,然后再把自己拥有所有权的商品批发给商业企业的批发商。商人批发商是最常见的批发商类型。经纪人和代理商从事的是购买、销售抑或是二者兼有的洽商工作。它与商人批发商最大的不同在于,它并不需要取得产品的所有权,起到的只是中间人的作用,也即促成产品的交易,并借此赚取佣金作为报酬。制造商销售办事处是企业销售部门下属的一个机构。

(2)零售商的类型。与批发商相比,零售商更是种类繁多,新组织形式层出不穷。我们可以将这些变化多端的零售商简单地归纳为3种类型,即商店零售商、无门市零售商以及零售机构。其中商店零售商是指具有实际的店面、从事商品零售活动的企业,它主要包括8类,分别是:专用品商店、百货商店、超级市场、方便商店、超级商店以及联合商店和特级商场、折扣商店、仓储商店、产品陈列室推销店等;无门市零售商是指没有实际的产品交易场所的一种零售形式,如网上书店等;零售机构多是指从事产品直销的企业,如安利、雅芳等。

2. 通路管理的内容

通路管理包括3个方面的内容:

(1)挑选渠道成员。企业在完成渠道设计以后,要根据自己的销售特点以及营销目标,吸引合适的经销商充实到自己的销售渠道中来。企业在挑选渠道成员时,不仅要重"量",更要重"质"。销售渠道过窄或者经销商数量太少是不利于企业实现对市场的覆盖,而不加区别地引进渠道成员,则有可能会对企业的品牌形象造成负面的影响,比如高档品牌便不宜于进入低端零售渠道。总而言之,"质""量"并举才是企业挑选渠道成员的正确做法。

一般来说,企业选择渠道成员时所考虑的因素有这样几点:①分销商的经营范围。企业应选择与销售区域同企业的目标销售地区相一致且销售对象是企业所希望的潜在顾客的分销商建立合作关系。②分销商的产品政策。考察经销商的产品种类及组合情况,首先,企业要了解分销商的供货来源;其次,要看经销商的产品组合是竞争产品还是促销产品。一般来说企业不宜选用经营竞争产品的经销商,但如果企业的竞争力很强,选择也无妨。③分销商的地理区位优势,即选择占有位置优势的中间商。④分销商的产品知识。企业应根据产品的特点选择有经验的中间商,这有利于企业迅速地打通市场。⑤预期合作程度。企业应根据产品销售的实际需要,选择与中间商合作的具体方式,然后再选择最理想的合作伙伴。⑥经销商的财务状况以及管理水平。经销商的财务状况决定了经销商能否预付货款以及按时结算,而其管理水平则关系着其营销的成败。因此这两方面也应引起企业的高度重视。⑦分销商的促销政策及其技术。分销商推销产品的方式及其运用促销手段的能力,直接影响了其销售规模。因此对于这一点,企业也应予以充分的重视。⑧分销商的综合服务能力。企业所选择的分销商,其综合服务水平至少应能满足产品销售所需要的服务。

(2)激励渠道成员并处理好和渠道成员的关系。渠道建立起来后,并不意味着企业从此便可高枕无忧,市场竞争如此激烈,渠道成员随时有可能倒向竞争对手一边。为避免出现这种情况,企业应加强与渠道成员的联系,与之建立起合作共赢的关系,并运用适当的方式激励渠道成员去完成更高的销售目标。

在对渠道成员进行激励时,企业应避免出现激励过分和激励不足这两种情况。所谓激励过分,便是指对分销商的激励超过了其应得的水平,其后果是企业的利润下降;而激励不足则是另一种极端,最终会因中间商的消极而使产品的销售量降低。

（3）对渠道成员的工作进行评估和调整。企业除了要对渠道成员进行选择与激励之外，还应对他们的工作业绩进行评估。倘若渠道成员的绩效低于既定的标准，企业便需考虑可能的补救办法。

评估对象有很多，如销售绩效、财务绩效、分销商的忠诚度、分销商的增长、分销商的竞争、顾客满意度等。

二、娃哈哈的销售通道管理

娃哈哈的销售通道非常适合中国的国情，这一点可从天南海北中国大陆境内几乎每一个零售店都有娃哈哈产品销售中窥豹一斑。甚至有人说在过去15年内，娃哈哈是让所有中国人都掏钱购买过的3种品牌中的一种。取得这样的成就，与娃哈哈独特的销售通道管理方法是分不开的。

1.与经销商建立联销体制度

娃哈哈销售通道建设的重点在于发展经销商。它在全国31个省市选择了1000余家具有先进理念、经济实力雄厚、能够独当一面的经销商作为通道成员，组成了几乎能够覆盖中国每一个乡镇的厂商联合销售体系。娃哈哈采用联销体制和保证金制度，不仅最大限度地杜绝了坏账和呆账，使娃哈哈的资产结构更趋合理、流动性更强，也使各经销商具有了主人翁精神，积极性得到提高。联销体制和保证金制使娃哈哈和众多经销商形成了密不可分的整体，避免了单个企业在竞争激烈的市场上单打独斗，大大增强了娃哈哈系列产品在市场上的竞争力。

2.建立稳定高效的销售体系

在联销体的基础上，娃哈哈又发展了二批商营销网络，逐步编织了以封闭式蜘蛛网态为主的销售体系。这种销售体系的建立，一方面加强了娃哈哈产品的市场渗透能力；另一方面也提高了经销商对市场的控制能力，达到了布局合理、深度分销、加强送货能力、提高服务意识、控制窜货的销售效果。通过这种销售体系，娃哈哈的新产品在出厂一周内便可遍布全国各地数十万家零售店,与全国各地的消费者见面。

3.与经销商共建品牌

依靠联销体制度,娃哈哈凝聚了成千上万大小经销商的力量共建品牌。为此,娃哈哈实行销售区域责任制,明确了经销商的责任和义务,采取各种措施使经销商真正体会到了"市场是大家的,品牌是厂商共有的,利益是共同的",从而促使经销商变被动为主动,积极配合企业共同做品牌的长远战略规划,大大提高了娃哈哈经营管理能力和市场拓展能力。

通过上述销售通道管理措施,娃哈哈创造了一个又一个奇迹,在产品见货率、陈列面以及终端销售热情等方面,即便是与可口可乐、百事可乐等公司相比也毫不逊色。要知道娃哈哈仅有千余名销售人员,不似可口可乐、百事可乐动辄数万人的销售大军。所以,有人说娃哈哈是中国销售通路做得最好的企业,这样的赞誉并非空穴来风。

方法实施要点

通路冲突主要有两类,一类是垂直通路冲突,是由零售商规模壮大后,生产商直接与零售商交易所引发的冲突;另一类是水平通路冲突,是由经销商所主导的一类冲突模式,其中尤以经销商的"越区销售"最为常见。

企业解决通路冲突的常用方法主要有以下几种:

(1)建立超级目标。即使所有通道成员为了实现一个单个成员不可能达到的超级目标而共同努力。建立超级目标并不是一件容易实现的事情,通常只有当通路一直受到威胁、共同实现超级目标有助于解决通路冲突时,才有必要建立超级目标。

(2)沟通和劝说。为渠道成员创造沟通的机会,就各自的功能、对顾客的不同理解等方面深入交流,以使各方达成谅解,成为一个利益共同体,为了共同的超级目标而努力。

(3)法律诉讼或者仲裁。如果沟通、协商、谈判都不足以解决问题,提请仲裁甚至是付诸于法律也不失为一种办法。

年度计划控制法

实施年度计划控制法，可对年度计划实时监控，及时发现问题、解决问题，并对年度计划进行修正和调整，使年度计划保持持续的推动力。

年度计划控制法的实施，有助于发现企业潜在的问题并妥善处理，防止出现更大的损失。

一、使年度计划顺应外部环境的变化

企业的内外部环境总是处在不断变化的状态之中，没有人可以对这种变化趋势作出丝毫不差的预测。从这方面来说，在年度营销计划执行的过程中出现意外情况几乎是不可避免的。因此企业必须行使控制职能，以确保营销目标的实现。退一步说，即便是没有任何意外情况出现，为了防患于未然，为了改进年度营销计划，企业也非常有必要加强对年度营销计划的控制。

年度计划主要是对销售额、市场份额、费用率等指标进行控制，具体内容如下：

1. 销售分析

即衡量和评估计划销售情况和实际销售情况之间的差异。分析工具主要有以下两种：

（1）销售差距分析。这种方法主要是用来衡量各种内外部因素对营销差距的形成所起到的作用。例如，一家企业计划销售产品5000单位，每单位售价100元，计划销售额为50万元。然而到了计划期末，企业发现只销售了4000单位产品，且售价仅为75元，实际销售额为30元，销售差距为20万元，为计划销售额的40%。现在我们便来分析一下，销售差距中有多少是由价格因素造成的，又有多少是由销售量因素造成的。具体计算公式如下：

由价格因素所造成的差距额为：（100-75）×4000=10万，占总差距额的50%；

由销售量因素所造成的差额为：（5000-4000）×100=10万，占总差距额的50%。

由此可见，价格因素和销售量因素所造成的影响旗鼓相当。企业应追查为什么销售量和价格会与计划产生如此大的差距，并据此改善自己制订计划的方法。

（2）地区销售量分析。这种方法主要是来确定导致销售差距的具体产品和地区。例如，一家企业分别在A、B、C三个地区进行销售，其中计划在A地销售2000单位产品、B地销售3000单位产品、C地销售1000单位产品。而实际上这三地的销售额分别是：A地1200单位、B地3300单位、C地800单位。很明显，B地超额完成了10%，C地只完成了80%，A地却有40%的任务没有完成。毫无疑问，企业应加强对A地的调查，了解是什么原因造成了A地销售的失常：是销售员怠工所致？是因为新的竞争对手进入？抑或是该地区的国民生产总值下降，消费者购买不足？要找到问题的根源，并采取针对性的措施。

2.市场占有率分析

销售分析并不能全面地反映企业的市场竞争能力，只有市场份额这一指标才能够揭示企业同其竞争对手在市场竞争中的相互关系。衡量市场份额的指标主要有3个，分别是：①总市场占有率，即企业的销售额占全行业的销售额的比重。②服务市场占有率，所谓服务市场便是指所有愿意且有能力购买企业产品的消费者。而服务市场份额则是指企业的销售额占其所服务市场的总销售额的比率。③相对市场占有率，即企业的销售额相对其最大竞争对手的百分比。相对市场占有率超过100%便说明企业处于市场的领导者地位，低于100%便说明企业与市场领导者还存有差距。相对市场占有率提高，则说明企业的发展速度超过了市场领导者的发展速度。

我们可以综合考虑以下4个要素来更为全面和客观地分析市场占有率，

即总市场占有率=顾客渗透率×顾客忠诚度×顾客选择性×价格选择性。其中，顾客渗透率是指从本企业购买某种产品的顾客占购买该产品的所有顾客的百分比；顾客忠诚度是指从本企业购买的产品占这些顾客在其他企业所购买的同类产品的百分比；顾客选择性是指本企业的一般顾客购买量相对于其他企业的一般顾客购买量的百分比；价格选择性是指本企业的平均价格与所有其他企业平均价格的百分比。

3.营销费用率分析

所谓营销费用率分析，便是分析营销费用同销售额之比。一般来说，企业的营销费用支出包括销售队伍支出、广告费用、促销费用、市场调研费用、销售管理费用5种。每一种对销售额的比率都应控制在一定的范围之内，以确保企业在达到销售计划指标的过程中营销费用没有超支。若费用率的变化不大，处于安全的范围之内，则不必采取任何措施；若变化幅度过大，以至接近甚至是超过了控制上线，就必须采取有效的措施。

二、格兰仕亡羊补牢

格兰仕依靠成本领先战略和刚性价格战这两大利器，一度在世界微波炉市场上风光无限，在国内市场上更是占据了七成以上的市场份额。然而，风光之后，格兰仕的销售却遭遇了低潮。对于这种情况，格兰仕及时进行了调查分析并采取了措施，以期起到亡羊补牢的效果。

原来是消费者对微波炉的认同标准发生了趋势性的变化：随着收入水平的提高，价格的敏感性已经逐渐降低。从前消费者的购买心理是：买一台微波炉，能减少家务劳动就可以了。而格兰仕提供的产品不仅为生活带来了莫大的便利、经久耐用，且价格仅为300~500元，这对消费者而言实在是物超所值了。而如今，随着钱包的膨胀，人们对生活质量的要求也越来越高。就微波炉而言，技术先进性、工业设计、个性化功能等日益超越价格成为决定购买行为的重要指标。

在以上市场分析的基础上，格兰仕意识到要实现原定的营销计划，必须在战略战术上作相应的调整。为此，格兰仕加大了在技术研发上的投入，更加关注新技术的应用和新产品的开发，使产品能更加符合消费时尚。同时，格兰仕加强了广告宣传，加重了对技术进步、高科技新品的宣传，取得了良好的效果，销售状况也得以好转。

方法实施要点

年度计划控制的中心是目标管理，它包括4个步骤：

（1）建立目标。企业应在年度计划中建立月份或者季度目标，目标的设置应综合考虑各种因素，尤其是不同月份或季度的市场状况。

（2）绩效衡量。即企业的高层管理者不断将实际成果与预期成果相比较，了解年度计划在市场上的执行成绩。

（3）绩效诊断。如实际成果严重偏离了预期，企业就必须深入分析造成偏差的原因。

（4）改正行动。根据找到的原因及时纠正，努力弥合执行实绩与目标之间的缺口。

盈利能力控制法

企业必须衡量不同产品、地区、顾客群、贸易渠道和订货量的盈利率。这些信息将成为管理者决定哪些产品或营销活动应该扩大、哪些应该收缩甚至取消的依据。

盈利能力控制是企业确保营销目标实现的基本手段之一。

一、保持强大的盈利能力

盈利能力控制是用来测定不同产品、不同销售区域、不同渠道、不同顾客群体以及不同订货规模盈利能力的方法。这些测定所得的信息对企业非常重要，它们将成为管理层决定哪些产品或者哪些营销活动应该被扩大、收缩或者取消的依据。

1.营销盈利率分析的步骤

营销盈利率分析是实施盈利能力控制的前提,其主要分为以下3个步骤:

(1)确定功能性的费用。企业的营销活动通常由销售、广告、包装、运输、促销、回款等活动组成,每一项活动都需要一定的资金支持。营销盈利率分析的第一步便是确定这每一项活动所引起的具体费用支出。

(2)将功能性的费用分配给各营销实体。企业的零售渠道通常不止一种,这一步的任务便是根据各种渠道的特点以及各渠道的实际销售状况,分配功能性费用。例如,广告费用可以按照不同渠道所投放的广告数进行分配。

(3)为每一个营销实体编制一份损益表。企业可为每一种销售渠道编制一份损益表,以了解企业各个销售渠道的盈利状况。

2.选择最佳的调整措施

通过营销盈利率分析,企业可以了解不同渠道、产品、地区或者其他市场营销实体的相对盈利能力。根据分析结果,对于现有各个零售渠道,企业可能采取的策略无外乎这样5种:其一,给予盈利率较差的渠道更多的促销帮助;其二,减少盈利率较差渠道的销售访问次数和广告次数,以降低成本;其三,不从整体上放弃某种渠道,只将这些渠道中最差的零售单位剔除出去;其四,对小额的订货收取特别费用;最后,不采取任何措施。

对于那些处于亏损状态或者基本不盈利的营销实体,企业也不宜简单地采取放弃战略。在作出决策之前,至少应该考虑这样几个问题:其一,这些营销实体的未来趋势如何。如果前途光明,那么暂时的亏损是可以接受的。其二,消费者在多大的程度上是根据零售商店的类型对不同品牌进行选择的。如果商店的类型只是一个微不足道的因素,企业还应将重点放到产品或品牌上来。其三,基于各种渠道所判定的企业营销战略是不是最佳的。给这3个问题以明确的答案,有助于企业从上述5种策略中选择出最适合自己的一种。

二、雀巢遭遇财务危机

雀巢是一家拥有百余年历史的著名企业,它非常受人尊敬,但这并不意味着它不会犯错。事实上,像其他所有企业一样,雀巢也曾遭遇过失误和挫折,甚至多次面临致命的风险和困境,发生在第一次世界大战前后的财务危机便是其中之一。

第一次世界大战的爆发,对于大多数人来说无疑是一个噩耗。然而作为一家经营食品、饮料的企业,雀巢产品的需求并没有受到严重的影响,只是战争所带来的运输困难使其进出口贸易受到了阻碍。这就使在某些地区,牛奶成了紧俏商品。雀巢认为这是一个巨大的商机,于是在美国、澳大利亚等地陆续建立了一批工厂,以满足当地市场的需求。为此,雀巢欠下了大笔的借款。众所周知,第一次世界大战并没有持续多久。战争结束后,政府不再大宗采购罐装牛奶,消费者的需求也发生了显著的变化。雀巢不得不顺应这种变化,改变自己的产品策略,为此它需要投入大量资金改造生产线。1920年,雀巢发现发展中国家是潜力巨大的市场,于是开始在巴西等发展中国家投资建厂。至此,雀巢在全球拥有了80多家生产工厂、300多家分销处和代理处,而与此同时,雀巢的负债总额也上升至8500万瑞士法郎。

当然,如果经营形势能够一如既往地平稳发展,8500万瑞士法郎的债务对于雀巢来说并不是不能承受的重担。然而事情总是不遂人愿。1921年1月,世界性的经济危机使宏观环境恶化,汇率波动,原料价格飞涨,更有人在股市中散布雀巢将不再分红的谣言。这一切最终促使雀巢的股票市值在一年之内跌了近50%。

惨重的损失终于使雀巢的决策者猛醒,高筑的债台促使他们必须去做一些事情。痛定思痛,为挽救危局,雀巢的决策者做了这样两件事情:第一,果断地关闭闲置的工厂,停止亏损产品的生产;第二,变革组织形式，放弃家族式管理的传统，聘请财务方面的奇才达普勒为公司的总经理。

达普勒走马上任时，雀巢的银行贷款总额已高达2.93亿瑞士法郎，而股票市值的跌势依然不减。雀巢在全球各地的分公司大多在亏损经营，其中尤以美国的分公司损失最大。面对这一问题，达普勒给出了这样的对策：各地分公司自主经营、自负盈亏，总公司不再为各分公司还债。这一招起到立竿见影的效果。各分公司努力提高利润，积极偿还贷款，在不到一年的时间之内，就使雀巢的负债总额下降至5447.7万瑞士法郎。到1925年，雀巢终于还清了贷款。达普勒的第二招是整顿美国市场，回归欧洲市场。雀巢清理和整顿了众多原料供应不足和交通不畅的美国工厂，重新将精力集中于欧洲市场。在这两项措施的帮助下，雀巢终于在1929年之前恢复了元气。

通过这次财务危机，雀巢总结了三点教训：其一，根据自己的实力选择市场，盲目地扩张只会拖垮自己；其二，让专业人士来管理公司；最为重要的是第三点，即要懂得盈利控制，良好的财务状况才是企业长期发展的基本所在。

方法实施要点

像其他信息工具一样，营销盈利率分析既可以指导营销人员的行为，也有可能把他们引入到歧途中去。这取决于营销人员对这一方法局限性的理解程度。此外，在营销成本分析上，企业还应将全部营销成本区分为直接成本、可追溯的共同成本、不可追溯的共同成本3种类型来具体进行分析，而不是作为一个整体分析。这需要先对这3种类型进行区分。

直接成本是指直接分配给引进这些费用的营销实体的成本。比如，针对一种产品所做的广告，广告费便是该项产品利润分析中的一项直接成本。其他的一些直接成本项目还有销售佣金、推销人员的工资和差旅费等。可追溯的共同成本是指只能间接地按照一定基础分配给营销实体的成本，比如固定成本等。

而不可追溯的共同成本则是指高度主观地分配给营销实体的成本，如维护和提高企业的品牌形象所支出的成本、管理层的工资、税金、利息和其他管理费用等。

对于这3种成本，应将直接成本纳入到营销成本分析中来是不容置疑的，将可追溯的成本包括进来也是可以理解的，而争议的焦点在于是否应将不可追溯的成本分摊给营销实体。认为应当分摊的人的理由是：要确定真实的盈利率，必须将所有的成本都分摊进去。这些人的论点被称为全部成本法。

鉴于全部成本法，建议企业对作业成本会计加以留意。所谓作业是指企业为提供一定量的产品或者劳务所消耗的人力、技术、原材料、方法和环境等的集合体。作业成本会计在计算产品成本时，首先将各个作业进行归集，除了直接成本归集于产品之外，其他成本按作业产生的原因归集到不同的成本库中；然后根据作业产生原因制定不同的标准，将成本库中的费用分摊给各个营销实体。

下 篇
必读的经典营销书

《销售圣经》

◎ 简介

杰弗里·吉特默，当之无愧的销售天才。积极乐观且幽默的性格魅力与其30年来在销售领域的亲身经历，使得他成为一个智慧而富有人气的销售艺术大师。

尽管杰弗里·吉特默强调销售是一门严谨的科学而不是艺术，但他所极力宣扬的诚恳笃实的销售态度、机智灵活的应变方式、巧夺天工的语言技巧，无一不堪称销售世界的经典艺术。

1992年，身为普利策奖得主和报纸出版人的马克·埃思里奇决定：支持他的好友杰弗里·吉特默在《夏洛特商报》上开设栏目《销售方略》，让他将自己新颖而有效的销售理论通过栏目进行推广。自此，杰弗里·吉特默在销售领域声名鹊起。《销售方略》专栏很快就被推广到达拉斯、亚特兰大、普林斯顿等著名商业城市，在规模宏大的销售队伍中掀起了争相学习的狂潮。

随着进一步的实践和总结，杰弗里·吉特莫在销售领域的造诣越加完备和深厚。他非凡的销售能力，使得可口可乐、西门子、希尔顿、先达等蜚声世界的国际公司也经常邀请他主持销售会议和演讲，对公司的员工进行有创意的项目培训。他所主持的专栏《销售方略》也在美国和欧洲的85家商业报纸同步登载，每周的读者达到350多万人。

依据自己30多年来在销售和销售咨询两方面积累的实践经验,杰弗里·吉特默从1993年8月开始昼夜奋战,策划出书。在几位朋友的帮助下,他在北卡罗来纳的海滨山区和南卡罗来纳的希尔顿海德岛各苦战一个星期,花了700多个小时完成这本营销学巨著——《销售圣经》。

这是一套全新的销售理论,它将指给你一条通向理想目标的正确路径,教会你如何拥有独特的创意、奇妙的思想和高超的技巧,使你免于碰壁,让你的销售能力迅速提高,赢得顾客的忠诚。

《销售圣经》诞生已经进入第二个10年,但它始终是每个销售人员必备的宝典,也是销售人员最应该拥有的书籍之一。精彩的案例分析、幽默的工作方式、细微的情景处理不断地影响和改变着管理、销售人员的职业观念,为千百万销售人员提高业绩立下了汗马功劳。

◎ 原书目录

规则、秘密、乐趣

准备好让潜在客户惊呼

请允许自我介绍

作一次精彩的产品介绍

拒绝、成交和跟进——获得"是"

叹息和敌人

国王万岁:顾客

福音书

网络建立——通过协会获得成功

先知和利润

提高你的收入

我能否听到一声"阿门"

◎ 思想精华

著名销售大师杰弗里·吉特默的精华思想概括如下：

* 规则、秘密、乐趣。对于一个合格的销售人员，诚恳、勤奋、自信、好学和容忍是最基本的秉性。突破自己身上的种种性格缺陷（自己给自己套上的精神枷锁），是做好销售工作的先决条件。把销售当作一门科学，培养自己专业的销售精神！

* 准备好让潜在客户惊呼。专而全的产品知识、精心的个人设计、自信的心理状态、机智的场景应变、对客户高度的洞察力、准确而有力度的语言，这些都能使你在庞大的销售人员队伍中脱颖而出。

* 请允许自我介绍。简明、扼要、强势、有趣地进行自我推荐。努力增加与顾客的信息互动。刺激潜在顾客的思考，获得顾客的信息反馈。谦恭、大方、委婉和幽默地进行陌生拜访。

* 作一次精彩的产品介绍。建立良好的互相信任的带有很强感情色彩的关系。

* 拒绝、成交和跟进——获得"是"。微笑着接受拒绝，洞察拒绝的真正原因。对症下药，步步为营向成交靠近。灵活机智地应用销售工具。

* 叹息和敌人。以诚恳的态度稳中求胜，向顾客多维度地展示你是完全值得他信赖的人。在竞争对手面前，永远保持一颗冷静的心（不能中伤对手，要去了解他）。

* 国王万岁：顾客。你必须用100%的服务精神服务于你的顾客（是具体的行动，比如你可以在1小时之内让顾客的投诉得到完美的答复）。如果你彻底征服了一个客户，那你就获得了一个不错的潜在顾客群。

* 福音书。销售会议上的精神补充、有效的销售信件、认真地倾听和观察，能使你获得意外的收获。

* 网络建立——通过协会获得成功。鼓起勇气，为自己拓展一个良好的关系网，它将成为你销售事业走向成功的助推器。

*先知和利润。告诉你一个成功的销售行业领导者必须具备的素质（非凡的勇气、开放的思维、以身作则的作风等）。新型的销售人员，首先应该有专业而丰富的产品知识；其次是能够帮助顾客有效地购买东西，而不是卖给顾客东西。

　　*提高你的收入。努力转动自己身上的每一个"火力点"（态度、知识、目标、交际、洞察力、勇气和毅力），向更大的潜在顾客群发起"总攻"。

　　*我能否听到一声"阿门"。抱有一颗平和的心。生活中不停的抱怨并不是我们所面临的真正困难。

◎ 核心内容

1.规则、秘密、乐趣

⊙规则记

　　有一句古话叫作"一失足成千古恨"，这充分说明失败从开始就埋下了一粒恶劣的种子。同理可知，成功也是一样的。没有一个远离失败的开端，就必然不能有一个理想的结果。

　　如果你想成为销售行业中成功的典范，如果你想让自己的人生价值在销售领域中得到实现，就必须明白什么才是值得你真正遵循的法则。

　　（1）持之以恒，相信自己（积极、自信、坚持）。

　　（2）学而不倦，付诸实践（掌握全面的知识且学以致用）。

　　（3）察言观色，观其所需（倾听、观察，了解顾客所需）。

　　（4）万事俱备，才借东风（做了充分的准备，才去接触潜在顾客）。

　　（5）心之所诚，动之以情（以诚恳的心态去帮助顾客，而不是只为佣金和提成）。

　　（6）巧言妙语，趣味横生（好的谈话技巧，会有意想不到的收获）。

　　（7）力射全局，柳暗花明（关注有力度的问题，获得新的顾客信息）。

（8）一击千里，天道酬勤（顽强地跟进，是走向成交的关键）。

（9）一言既出，驷马难追（言出必行，提供完美的客户服务）。

（10）大将风范，众望所归（不中伤竞争对手，赢得顾客满意，因为他可以带来新的客源）。

⊙秘密记

美好的生活从美好的梦想开始，不敢想象和做梦的人是没有未来的。然而，只会梦想的人也注定会失败。在理想与现实之间，只有通过不懈的奋斗去探索、去发现、去挣扎，才能找到那座神奇的桥梁，获得财富和荣誉。如果作为销售人员的你也这么认为，那么请谨记其中的奥妙。

（1）想你所想，必能成真（坚定的信心是成功的一半，写一份个人宣言并坚决执行）。

（2）你并不需要梵高（荷兰杰出的印象派画家）般的天才（销售是一项完全可以通过学习掌握的本领）。

（3）把自己顾虑的不利因素都当作是懦弱的借口（去掉头脑中的精神枷锁，将注意力集中在问题的关键点上——停止你的抱怨，对顾客多做了解，直到获得答案）。

（4）明白顾客所需（诚恳的态度，良好的职业道德，优秀的产品，助人为乐的热情，尊重人格，兑现承诺）。

（5）寻找成交的热键（令顾客最为触动的关键点——需要你的观察和推理才能获得）。

（6）最好的销售不是产品和金钱的交易，而是信任和友谊。

（7）让顾客喜欢你（你的产品和人格），一个老顾客就代表着会有很多新顾客。

（8）"擒贼先擒王"，抓住核心人物（最好的销售方法从CEO开始，直接给他感兴趣的信息）。

⊙乐趣记

幽默是一种非常棒的生活习惯，是人与人之间的润滑剂，它可以使你在很多未知情况下避免被拒绝，少一些尴尬。

如果在销售过程中，你能让心存戒备的顾客笑逐颜开，那你就有能力让他们购买你的产品。

（1）开场的幽默能给大家营造一种愉快的气氛。

（2）注意对象和时机（不是每个人都喜欢笑声，巧妙地插入）。

（3）避开顾客的忌讳（有人忌讳宗教或者政治话题）。

（4）幽默能把更多的问题变成成交的机会。如果你的幽默巧妙而得当，那么成交的机会会增加很多。

2.准备好让潜在客户惊呼

⊙惊呼记

在浩浩荡荡的销售人员队伍中，你能否成功立足，能否赢得广大的顾客和荣誉，完全取决于你是否具备脱颖而出的能力。

（1）态度（积极、充分准备、守诺、诚恳）。

（2）性格（耐心、细心、勤快、开朗、大方、大胆、尽可能地幽默）。

（3）销售精神（顽强、创新、吸引力、技巧、学识、慧眼）。

只有逐项制订细致的计划，坚决贯彻于行动，才能促使自己的整体实力在同行中鹤立鸡群。

⊙问题记

提问，是你和顾客交流的关键。如果你处在较为被动的位置，一个有效的问题就象征着一次有利的转机。

（1）根据预想，事先设计问题、预备答案。

（2）问题应该是开放性的，类似两难推理（不能用"是"或"不是"回答，而是需要陈述）。

（3）循序渐进。

（4）问题需要有力度，简单明了（不能让顾客感到啰唆和厌烦）。

（5）刺激顾客的思维转变（让他考虑接受新的事物）。

（6）激起顾客的回忆（没有会厌恶自己的听众，而且可以获得顾客更多的信息)。

（7）避免陈旧、俗套的问题（耳目一新的感觉更具吸引力）。

（8）向顾客的工作状况转移，逐渐切入正题。

得力的问题可以迅速地拉近与顾客之间的关系，从而察觉顾客的实际需求，为自己进一步的销售奠定良好的基础。还等什么？用你的心去销售吧！

⊙**力量记**

让顾客行动，你才能卖出你的东西。如果他觉察不到你的产品和服务具有出众、可信、明了、经济等优势，又怎么会有成交的兴趣呢？所以，你必须激励他、说服他。

（1）强调产品能给他们带来什么，而不是句句不离产品本身（如果你卖汽车，就强调它的尊贵、安全、舒适）。

（2）站在顾客使用的角度（这样才能给他们信心和踏实感）。

（3）一个有力的陈述（强调他们所需要的你都能给）。

影响和引导顾客的思维倾向，设计有力的提问，你就会有一种无形的力量，进而留住顾客。

3.请允许自我介绍

⊙**拜访记**

自我介绍的实质就是推销自己。聪明地向别人推销自己，发布自己的信息，可以给自己带来一个广阔的演绎天地（销售人员最为需要）。

（1）他人介绍，首次见面。简明扼要地告诉他（或她）你是谁、在哪里工作、做什么（但这个过程需要有创意）。

你给他的问题，不能只用"是"或"不是"就可以回答，用探究性的问题刺激他的思考，从而获得一些他的信息。

弄清他的需要之前，不必暴露自己的真实意图。

展示你的干练、果断等优点（第一印象尤为重要）。

（2）自我引荐。完成一张出色的自我推荐表（要求简短扼要、富有创意、了解对方信息、引发对方思考、展示优势），需要25次以上的实际运用。

恰当的递送方法。

稳步推进与顾客的关系（巧妙地联系和跟进、设计单独的会见等）。

如果有一个介绍人，你与潜在顾客的沟通会更加有效。

（3）陌生拜访。只有学会绕过障碍（某些场合标示的"谢绝推销"、进入大楼时保安的阻止等情况）才能离目标更近一些。

找到决策者（只有这样，才能使你的销售工作切入正题）。

开场白非常重要（让大家在轻松中开始，但你的问题必须有力度）。

对自己强调拜访只是为了享受乐趣（让自己不附带任何压力，有置之死地而后生的感觉）。

委婉地让对方意识到你可以帮助他做些什么（任务真正开始）。

4.作一次精彩的产品介绍

⊙介绍记

销售人员们简单而机械地复述，是一种很差劲的介绍方式。试想，如果有两个人，一个是你信赖的朋友而另一个是陌生人，他们分别给你阐述同一件事情，你的理解和好心情会更倾向于哪一个呢？当然是前者。相同的道理，在潜在顾客之间加上友谊的色彩，会给你的介绍增添更多的方便和趣味。

（1）幽默的开始（这不是每一个人都能天生拥有的资质，所以应该慎用或者因人而异）。

（2）人们都有喜欢谈论自己的偏好，所以你必须注意倾听（察言观色，这样才有可能拉近你与顾客的关系）。

（3）让顾客感觉到你对他很了解（这完全取决于你先前的准备）。

（4）态度要友好、真诚，找寻大家共同喜好的话题，避免销售台词（给顾客制造一个乐于谈话的心情）。

除此之外，让消费者拥有信心（对自己、对销售人员、对产品等）才是迈向成交至关重要的一步棋。请你注意以下几点：

（1）要让顾客对你很有信心，首先是给自己十足的信心（对自己、对产品）。

（2）清楚回答潜在顾客的每一个问题（关于产品的、公司的），显示你过硬的专业素养。

（3）举出一个对自己满意的老顾客的名字（潜在顾客所熟悉的）或者其他的第三方（满意顾客的名单）为证。

（4）不中伤或者贬低竞争对手（这点可以显示你的职业道德水准）。

（5）沉着，稳重（谁都不喜欢毛毛躁躁的人）。

（6）完备的书面材料（这样显得比较专业和正式）。

（7）关注顾客的顾虑，让他感觉你是在帮他，并不是看中了他兜里的钞票。

（8）留一点重头戏在后面（这在顾客最矛盾的时刻显得尤为管用）。

如果你的销售对象是一个团体，则应附加几点：

（1）扩大交流面（尽量多认识在场的人）。

（2）事先掌握这个团体的基本情况（包括它的历史、成员和最大的优势、劣势等）。

（3）突击核心人物（只有与权力人物沟通，才有实际性的效果）。

（4）创造互动（给他们主人翁的感觉）。

（5）动用智能化的辅助工具（不能否认，计算机的演示比起你的说辞更为有效）。

（6）整体的会场气氛尤为重要（激发顾客团队里的活跃因素）。事实证明，一个好的开始就是成功的一半。

5.拒绝、成交和跟进——获得"是"

⊙拒绝记

人跟人之间以及物与物之间的差别，决定了世界上没有100%的默契。并不是你想要的就是我能给的，也不是我想买的价格恰是你想卖的价格，所以拒绝和讨价还价是不可避免的。作为推销自己产品的销售人员，被拒绝的情况丝毫不能幸免。但做出积极的预防未必不是一件好事。

（1）预测每一个客户可能的拒绝，设计对应的答案。

（2）准备有一定吸引力的辅助工具支持你。

（3）与伙伴交流经验，事先演练。

（4）争取一个老顾客的有力推荐。

（5）在最大可能范围内，给顾客一个试验的机会。

然而，当你精心的准备和满腔激动地说辞依然在顾客那里碰壁时，你又该如何度过此关、化险为夷呢？

（1）事实上，真正的拒绝很少，每一个拒绝的背后都有顾客们自己的原因。

（2）保持镇定，他可能只是拒绝你的说辞，并不是真正拒绝你和你的产品。

（3）通过初步的交流捕捉顾客拒绝的真正原因，如同医生给病人看病要找出病源一样。

（4）反思自己是否在哪个环节出了错（没有自信、缺少专业化知识、缺乏可靠的辅助工具等）。

（5）找出顾客顾虑的实际问题，并努力帮助他解决。

（6）如果你的产品他真的需要，那就向他证明选择这个产品是没错的（说服他忘掉价格、作同类对比）。

（7）向他提出假设成交的有关问题，并进一步解决。

（8）交易成功后，给顾客一个足以让他信赖的承诺（书面材料，留下公司电话和你的个人电话，征询送货时间、地点和要求）。

虽然此类技巧会在适当的时候助你一臂之力，但销售的最高境界其实就是没有技巧。敞开心胸，就当顾客只是生活中认识、结交的新朋友，通过建立良好的信任关系来人性化地达成生意。

⊙成交记

大多数事情发生之前都会有一种征兆,销售也不例外。走向成交的第一步,就是销售人员要学会识别顾客的购买信息。

(1)如果顾客问及货物的问题(有无新货、交货方式等),你就要注意顾客是需要这个东西的。

(2)如果涉及到产品的价格问题,就证明顾客正在考虑自己的经济承受能力。

(3)如果提及公司和你的个人问题,就表明他还没有对你完全信任。

(4)如果问及产品的专业特性或者质量问题,请注意,你述说的态度一定要客观(几乎没有一件产品可以说是完美的)。

(5)如果是询问以前的销售情况和老顾客的反应,你就得机智地向他证明(比如,老顾客的来信)你的产品不错。

(6)如果与你聊起关于售后服务的话题,你就应该知道他需要一个可靠的承诺。

注意:自然地将销售目的贯穿于谈话之中,不能显山露水,否则顾客会认为你不实在。

⊙跟进记

如同一场战争的末期,如果没有尾随追击,你就不能大获全胜。销售人员如果没有一套有组织的跟进系统,就无法做成一笔生意。

(1)确定顾客的信息(设置联系方式、备忘录)。

(2)设计自己的跟进方式(信件、下次拜访、熟人推荐等)和跟进工具等。

(3)创造机会,邀请潜在顾客参观你的公司或者一起参加音乐会等。

(4)适可而止,以免贴得太紧,使他心生厌烦。

(5)利用一些与顾客有关的东西,提高你在他的视线里出现的频率(送给他一些有用的资料,请他参加一个很有意义的商务活动等)。

(6)如果是电话或者信件联系,需懂得给对方设置一点小悬念(给他说一个他感兴趣的问题，但是保留重点）。

记住：在这个过程中离不开的，是你的大胆、耐心和坚持。

6.叹息和敌人

⊙悲叹记

市场瞬息万变，指的就是市场的不确定性。销售作为一种经济手段，同样也必须面对顾客的不确定性。如何应付这种不确定性呢？这就要求销售人员必须拥有足够的冷静和客观。否则，就像很多自以为是的销售人员在销售过程中实际上一窍不通一样。

（1）没有事先的精心计划，随意进行销售活动。

（2）懒惰、没有强烈的意愿和对销售成功的渴望，也没有掌握全面的产品知识。

（3）一旦受到顾客的冷落或者拒绝就不知所措，不能随机应变。

（4）缺乏积极的态度和忍耐力，以为销售只是一个瞬间的交易动作。

（5）呆板和冷漠，使得顾客与之无法轻松相处。

（6）关键时刻不愿接受他人帮助，让自己孤立无援。

（7）错置顾客的位置，以为自己是绝对的被动者，把销售当做是对顾客的祈求。

（8）急于求成，只想赶紧做成一笔生意，使得顾客心生疑虑。

（9）隐瞒或者欺骗顾客，提供不能满足对方需求的产品。

（10）轻浮的态度使顾客觉得得不到应有的尊重。

（11）缺乏为顾客服务的真诚，脑袋中只琢磨着提成和佣金。

（12）以为偶尔的送货迟到或服务粗心是可以原谅的。

如果是因为你没有尽力或者粗心大意而造成自己销售的失败，那么你必须为此付出代价和承担责任。

⊙竞争记

市场是有限的，所以竞争是必须且激烈的。要在市场上保住自己的地盘，唯一的方式就是在激烈的竞争中胜过自己的竞争对手。即使共存，竞争也不能避免。这就是市场的残酷性。

（1）比较自己与竞争对手在市场中的实力和地位，客观分析各自的优劣势。

（2）弄清自己与竞争对手的生意对象有无现存冲突，是他销售的触角伸到你的客户跟前，还是你销售的触角伸到了他的客户跟前。

（3）如果你是销售领导，提防对手挖走自己的员工。

（4）掌握对手的销售状况和基本的信息（对员工的要求、产品价格、销售目标等）。

（5）时刻关注对手，学习他们的优势，突击他们的劣势。

（6）尊重对手，保持良好的职业道德和专业素养。培养自己的软实力。

良性的竞争，是学习、是全力以赴，是在某一件事情上比别人做得更好，是促使大家共同进步的一种强大动力，而不是斗争、诋毁和消灭。

7.国王万岁：顾客

⊙客服记

尽管你已经成功地做成了一笔生意，但是请不要得意忘形——某种程度上说，一件产品的售后服务比一件产品本身的商业价值更大。现代人更多讲究的是享受你优良的服务，而不只是产品的卓越性能。

有调查显示，顾客的愤愤不平更多的是因为他们的权益得不到销售人员的真诚维护。比如说：在销售产品的过程中，销售人员对顾客有欺骗或者隐瞒的行为；对顾客的质疑和不满有置之不理的行为；销售人员有时不能信守承诺。

要知道，一个满意的顾客所做的正面宣传只不过是一个愤怒的顾客所做的负面宣传的1/20左右。所以，为了你的销售业绩保持良好的势头，你必须掌握完美的客服秘诀。

（1）如果你是销售公司的领导，那你必须为客户服务设立专项费用。

（2）如果你是销售公司的领导，就必须对你的员工进行良好的培训和激励。

（3）如果你们是销售团队，必须各负其责，不能推卸责任。

（4）如果想完美地解决问题，事先必须设想可能发生的各种情况，及早预想答案。

（5）记住，客户服务的起点就定在100%满意度。

（6）认真倾听，必须理解顾客面临的真正问题。

（7）关注你的竞争对手，看看他们是怎么做的。

（8）微笑着接受顾客投诉，不能抱怨。

（9）寻找一种轻松的谈话方式，让顾客的心情保持放松。

（10）提高你的反应速度，如果顾客有所投诉，他希望的是现在就得到答案，而不是明天或后天。

（11）问题解决以后，要对你的顾客继续跟进，确保类似问题不会再次发生。

（12）凡是事先说过的，你一律要做到，不能食言。

尽管每一个行业中公司的产品和服务领域不同，但敬业、守诺、诚恳的销售精神对所有的销售人员来说都是必须具备的。如果你没有能力使一位不满的顾客变得满意，那就是说顾客正在迅速地流到你的竞争对手那里去。接下来，粗心大意的你面对的将是市场的丧失和失业。

8.福音书

⊙沟通记

（1）销售人员会议。公司的销售目标是和销售人员的实际工作息息相关的，连接它们的最好方式就是举行销售人员会议。公司可以利用销售人员会议更好地激励和充实员工，从而更好地实现销售目标。销售人员可以在销售人员会议上受益多多：

员工可以互相沟通、分享信息、积累经验。

解决关于产品专业知识方面的一些问题，以此更好地服务于顾客。

接受公司的进一步专业培训，掌握更多的销售策略。

获得公司提供的更多机会。

给你一个愉快的心情,增强下一步销售产品时的自信。

值得注意的是,销售会议的现场气氛应该是轻松的、自由的、时间得当的(会议放在早晨,时间不能太长)。

(2)倾听和观察。倾听,是许多专业的销售人员最欠缺的基本功。他们只顾着思考如何将自己的产品送到顾客的怀中,而忘记了汲取顾客反馈的信息。

倾听能够避免因为自己的主观判断而说错话。

倾听可以获得你并未掌握的资料(顾客的),所以不要轻易打断对方说话。

细心的观察,可以捕捉到顾客的基本类型:快速浏览顾客的办公室环境;注意顾客细微的表情,但不能让对方发现;记住他的言语特点(比如,喜欢询问,或是喜欢述说)。

倾听和观察的主要目的是尽力地去理解顾客,了解顾客的心理状态。

⊙ 展览记

各式各样的大型销售会——全行业的盛会,不是天天都可以看到的。到会的人们如果没有某种需求,谁也不会浪费自己宝贵的工作时间。与会者中间既包含着和你有过生意来往的老顾客,也隐藏着许多你的潜在顾客,所以你的举动必须行之有效,没有时间可以让你坐在茶桌前猜测和浪费。

首先要明白这是你的销售生涯中难得的中奖机会,你必须提早有一个精心的准备。在会场上,每一步必须做什么,一定要有条理地记在心里。

恰当安排自己的生活,拉近与主流社会阶层的距离。这样,了解他们的机会就会更多。比如,和他们住在同一个档次和类型的酒店,在同一个餐区进餐等。

摸清活动的基本内容,这样才不会打断自己事先的计划。

如果你的公司是以参展团队的形式出现,那么你和你的同事必须各司其职。紧密的合作是凝聚你们销售能力的唯一有效方式。

留意任何一个机会,将你的推销巧妙地渗透在你的言语之中(不是说销售员的用语），随时准备谈成一笔生意。

表现出你的干练和坚决。谁也不会喜欢和一个木讷、迟钝的人握手成交。

把握尺度。任何事情都不能过于张扬，那样别人会觉得你是有意吸引人们的注意，以为你不够沉着和可靠。

尽量扩大你的接触面，用你的职业眼光对到会者进行客观的过滤（弄清潜在顾客的真正需求）。毕竟你的销售是针对一些重点对象的，而不能撒一张大网来妄想捕住所有的鱼——你得选择更有可能成为自己顾客的。当然，与其他人可以成为朋友，因为这对你没有丝毫坏处。

会后，设计跟进方案（围绕着跟进方式、一举多得的提问、辅助的销售工具、如何见面等方面展开）。

所有的步骤都要求你有足够的细心和勤快。

9.网络建立——通过协会获得成功

⊙搭网记

归根到底，没有销售，就没有购买；没有购买，就不会有商品和市场的存在。

良好的销售应该是极其主动的，搭建一个宽广、长久、稳定的顾客群，对于一个销售人员来说无疑是非常重要的。通过下面的途径，可以给你搭建一个足以促进你销售事业的网络。

（1）只有你想增加销售、想扩展商业联系、想从他人处学到更多的商业知识、想成为一个活跃而富裕的人，你才能拥有更多的销售机会。

（2）调整出充分的精力，经常参加一些适合自己的活动（商会、公益活动等），并且在人群中明智地表现自己。

（3）事前做好足够的准备，不能迟到。

（4）向众人展示一个积极、乐观、热情、礼貌的你。没有人爱听一些抱怨和懊恼的话，欢欢喜喜的人可以带给别人轻松舒畅的心情。

（5）在会场上时刻保持头脑的清醒，不能因为一些无关紧要的消遣而忘记了自己的使命,尤其是不能在这个关键时候喝酒。

(6)如果直觉告诉你,他是一个潜在的顾客,你一定要在销售之外找到他感兴趣的方面,而且要铭记,然后试图与他建立一些可行的联系。

(7)用你心灵的眼睛去搜索任何对你可能有用的信息,并且及时跟进处理。

(8)不要开口就是与你的产品销售有关的说辞,那样会引起众人的厌烦。

(9)不要奢望每一个熟悉的人都会和你做成生意,但是他可能会给你带来生意。

(10)不是说你认识了很多人,就等于你已经拥有一个庞大的潜在顾客群,你要让很多人都认识你,并且对你有着较深的良好印象。

(11)给自己制造一些意外的收获,比如,经常在晚饭后去公园里走动,或者乘电梯的时候和某些有潜力的人(也许就是潜在顾客)搭话等。

扩大自己的潜在顾客范围,就是给自己创造更多销售的机会、给自己走向成功的可能。

10.先知和利润

⊙领导记

一个不想当将军的士兵不是好士兵。同样,一个销售员如果不想做"世界上最棒的销售员",那他就不是一个优秀的销售员。当然,要成为一个销售行业的领导者,不仅仅要靠苦思冥想,它还需要有独立而富有魅力的性格和付出切实、高效的行动。

普通职员和领导者最基本的区别:前者只需严格律己和充分激发自己的各种能力;而后者除激励自己之外,还要以行动给自己的员工提供导向(态度、专业知识、激情等)。

增强勇气和胆量。乔治·巴顿曾经说:"我从来不会让恐惧影响我的判断。"可见,畏畏缩缩和保守,是一个人成为领袖最大的障碍。销售人员就好比是在战斗的士兵,他们不可能只待在自己熟悉的战场上作战,勇气和胆量可以促使他们尽快地适应各种战斗。尤其对一个决策者来说，这更加重要。

以身作则，同甘共苦。你只有与自己的员工共同营造有趣的工作环境，共同分享经验和技巧，共同处理顾客的棘手问题，才可能使你的销售队伍成为一个优秀的团队，你的领导能力才能不断加强。

⊙趋势记

传统销售人员无非是通过一系列的销售技巧而促成一种商品交易。这在人们越发聪明和警惕的现在，已经显得有些过时。那么，怎样的方式才是有效的呢？

具备丰富而且深入的产品知识，积累充足的解决顾客问题的实际经验。用事实说话，胜过1000句巧妙的推荐。

不要存在隐瞒或欺骗顾客的侥幸心理，拿出你的真诚，乐于帮助他，使顾客不再觉得你只是想一味地从他身上索取。

将与顾客的关系处理得很融洽。如果你的产品和服务使他满意，那就可能使他的朋友们也很满意。这源于一个顾客最主要的力量，也就是口碑的力量。

话有三说，巧者为妙。在与顾客的交往中，学会不要使自己的语言充斥着浓烈的商业意味，而是委婉一些。比如说"难道您不乐意拥有一个能帮助您的礼物吗"这样的说法肯定胜于"您难道不想买"。任何人都想听让人感觉舒服的话。你能对顾客的这种心理视若无睹吗？

如果可能的话，请尽量显示出你的幽默，因为有趣的谈话是最富有感染力的。

你想取得销售业绩的胜利吗？那就请进行充分的准备，在那些自以为是的家伙（同行）面前，打几场漂亮的胜仗，做一个新一代出色的销售人员。

11.提高你的收入

⊙数字记

人类的生理构成决定了人们的身体和精神既具有很好的弹性，同时也存在着先天的弱点（比如，懒惰和侥幸心理）。如果你想有一份理想的销售成绩摆在自己的面前，你就必须克服这些坏事的弱点，努力做到以下几点：

（1）比较自己每月的销售业绩和自己理想的目标，差距可以给自己足够的压力。

（2）态度是一个成功人士的关键，经常反思自己：是否真正尽力，是否对自己的顾客有100%的诚恳，顾客是否感受得到。

（3）出色的销售应该建立在与顾客良好的感情和互相信任的基础之上。你要明白，你是在用一种专业的眼光帮助顾客购买东西，而不是在向顾客卖东西。

（4）如果你没有一个广阔的顾客群，那么对于一些潜在顾客经常聚会的场合或活动（行业协会、商会、俱乐部之类），你还是应该多多光临。

（5）在任何一个存在潜在顾客的环境，你都必须让自己给别人留下一个深刻的印象，你的言行举止最好都能给他们以思考。

（6）你所掌握的专业知识必须足够精辟和全面，对于顾客的任何一个问题，你必须都能够给出让顾客满意的解释。

（7）在与顾客的谈话切入正题之前，你必须已经对他的各方面的信息掌握透彻，因为这关系到你们的谈话会朝哪个方向发展（良好或者糟糕）。

（8）对于还没有成交的顾客来说，你顽强的跟进和聪明的纠缠才是最终成交的关键。

（9）你必须时刻清楚自己的销售正处在哪一个环节，这样才能确定你下一步怎样做才是最正确的。

（10）时刻保持一种专业的洞察力，说不定刚刚与你擦肩而过的人就是你的后备客源。

如果你在进行销售工作的过程中,能够非常好地做到上面这些,那么,请记住,一个很棒的良性循环才刚刚开始。

12.我能否听到一声"阿门"

⊙出埃及记

停止你的抱怨,给自己一颗很平和的心。想那些可以使你微笑的人或事情,放弃偏见,先去试着和潜在顾客们成为朋友,这才是成交的前提条件。

学会给自己的大脑放假。最好的办法就是在前一天晚上休息的时候,将自己的目标和需要完成的事情清楚地罗列出来,以此释放大脑中的一切压力。轻松的睡眠之后,一个思维清晰而又有条理的大脑会帮助你出色地完成任务。

感谢。每个人都应该心存感激——对帮助你的人、启迪你的人、和你做生意的人。

二
《世界上最伟大的推销员》

◎ 简介

与其说此书是讲述如何塑造一个世界上最伟大的推销员，还不如说这是一本伟大的书。

任何一本销售类书籍都不可能与此书相提并论。作者独特的构思、细腻而富有才气的笔风、鼓舞人心的主题选择，无一不为此书的出类拔萃增添了动人的风景。

作者奥格·曼狄诺，著书14部，销量总共超过2500万册，其影响遍及世界各地。他在励志方面书籍上的成就，为他赢得了成千上万来自各行各业的人们的盛赞。他的书中，处处散发着打动人心的神奇力量。

细心品读，你会发现此书不只教你如何成为一个伟大的推销员，更重要的是它能带给你关于生命的思考。它的启示，面对的几乎是整个世界。在他看来，技巧只是妄想糊弄上帝的伎俩，而那些神示般的良言益语才真正是一个人走向成功之岸的航标和规则。

爱和感激始终贯穿全书。它向人们所提倡的"爱自己、爱别人、爱世界万物"和"倍怀感激"的生活观念，无论是从行为上还是从道德和精神上，都能给读者带来安慰、鼓舞和行动的力量。

这是一本深邃的智慧之书。朋友！夜幕降临到入睡的空闲里时，请拿着它躺在温暖的灯光下慢慢读来，你定能感觉自己的灵魂仿佛是邂逅了百年不遇的甘霖而受益终生。

◎ 原书目录

羊皮卷的故事

羊皮卷的实践

羊皮卷的启示

◎ 思想精华

如果有人问你世界上最高明的销售技巧是什么，请记得回答：仁爱。

＊羊皮卷的故事。海菲老人对老仆人伊拉玛娓娓的讲述，道出了人们成功的奥妙。

＊羊皮卷的实践。通过工作记录的方式，一步一步地将羊皮卷上的箴言付诸于实践。重点强调了实践中必须遵守的法则。

＊羊皮卷的启示。这一部分将羊皮卷的内容做了推广和升华——不止推销这个行业，任何生命的存在过程中，都应该谨记羊皮卷的教诲。

◎ 核心内容

1.羊皮卷的故事

⊙第一章

年老的海菲拖着步子，行走在流光溢彩的大厦之间。岁月在他曾经年少轻狂的心上刻下供晚年回忆的斑痕，满屋的金币并没有使他纯净的心灵散发出因腐烂而产生的怪味儿。

海菲永远知道，在他充满奋斗的一生里，老仆人伊拉玛的忠诚和伙计们的任劳任怨是他最为巨大的财富。金银财宝、翡翠玉珠，都将轻如尘埃，甚至宛如没入心灵之海的细沙，在时间海浪的冲刷下再也不会呈现于他的生命之岸上。

⊙第二章

目睹着显赫一时的商业王国就此在海菲的嘱咐中荡然无存，感伤和沉重剧烈地扣着老仆人伊拉玛忠实的心。只有在大理石阶梯后面的房子里，在阳光映照的紫色的花瓶上，在海菲饱经沧桑的脸上盛开着生命最后、最为灿烂的笑容。

灰尘在塔楼的缝隙里随着斑驳的阳光悠悠起舞，海菲从一个香柏木制成的小箱子里，轻轻地捧出了足以成就他一生的东西——几张破旧的羊皮卷。海菲说，它们陈旧的躯体上负载着成功和生命的秘密。

微风从遥远的东方徐徐吹来，带着湖水和沙漠的味道。记忆随风飘过了海菲的眼际，将一幕幕令人毕生难忘的往事轻轻拈来……

⊙第三章

丽莎的少女之爱将少年海菲从骆驼的旁边带进一个需要忍受孤独和鼓起勇气的新生活。柏萨罗老人娓娓而道的箴言，宛如一把启迪生命的钥匙，将少年海菲坚强、充满渴望的灵魂从现实的牢笼中释放出来："孩子，多想想它。只要决心成功，失败就永远不会把你击垮。"

⊙第四章

落魄的少年海菲又一次看见丽莎对他期望的眼神，又一次感到柏萨罗老人在他肩上轻轻按着的双手。于是，他鼓起勇气踏过在寒冷中披着霜衣的甘草地，再一次进入这个荒僻的小镇。"我拒绝与退缩和失败为伍。"他对自己说。

在伯利恒冰冷的夜色中，海菲将珍爱的红袍子为一个初来人世的婴儿充满柔情地披上。这是他伟大的同情和爱，尽管他自己并不知道。高高的夜空显得空旷而寂寥，一颗只属于他的星星已悬在他的上空且始终追随于他。

⊙第五章

夜色依然笼罩在去往耶路撒冷的路上，他需要为自己热心而善良的举动编排一个谎言吗？

柏萨罗老人倚靠在帆布床上，微微地合着双眼，仿佛一个已入化境的修行者。海菲的讲述让柏萨罗老人舒心地笑了："没错，孩子，你是没有赚到钱，可你也并没有失败。"那颗炫亮的星星将永挂在无边的天际，为海菲指示着前进的方向。

⊙第六章

柏萨罗老人虚弱的笑容告诉海菲：他要走了。香杉做的木箱子是他留给海菲唯一的东西——价值连城的秘密。

海菲在告别的泪水中明白：他的生命才刚刚开始；从开始到结束，只有奋斗才会成就一生。

柏萨罗老人说："过去的，就不能再频频回头。你要到遥远的大马士革去，你是鸟儿，那里就是你飞翔的天空；你是鱼，那里就是你畅游的海域。还有那神的旨意，将为你创造一切。但是你不能告诉他人。

"再见吧！孩子，我将微笑着与你挥别。"

⊙第七章

陌生而繁华的大马士革城，熙熙攘攘的集市、交易场上的喧哗声，这一切使少年海菲再次陷入惶恐不安。

在一个叫"莫沙"的小旅馆，海菲躺在单薄的床上，无望的泪水肆无忌惮地漫延在他疲惫的脸上。睡着吧！经过的只是一个短暂的夜晚，明媚的清晨很快就会来到，人群很快就会充满无限的热情。"只要有决心成功，失败就永远不会把我击垮。"多么有力量的箴言。

海菲终于醒了，对失败的恐惧心情早已不见踪影。"哦！羊皮卷，我就此将你展开，学习你深沉的智慧和高尚的品格。我要学那独自勇敢地从窗户飞到床边的小鸟，以它的勇敢成就我伟大的人生。"

⊙第八章 羊皮卷之一

不愿失败，唯有以美好的开始远离失败。少年海菲铭记着羊皮卷的教诲。无论多么艰难的道路，都是自己选择的，难道不该无怨无悔？再多的艰辛与失望，也饱含着生的机遇和希望。数不胜数的同伴纷纷畏缩、胆怯和承认自己的失败，我则不会。因为我有跨越海洋成功到达梦想彼岸的航海图。

每一天，我都将重新获得生命。过去的失败和坎坷只是不能合我舞步的曲子，让它远去吧！曾经的任性、偏见和无知都将会被我的成熟、公正和无私所取代。

我要不断练习羊皮卷上的说法，让我的行动被巧妙的心灵指挥着，在每一个时刻我都显得精神饱满。奋斗将成为我一生的宗旨。我定能破茧而出，吞下成功的种子。

⊙第九章 羊皮卷之二

海菲听到羊皮卷中一个古老的声音在说："万物都在用各自的歌声赞美这神奇的世界，难道你不情愿加入这唱着赞美诗的行列？"我当然愿意，我会记住这个永恒的秘密，我会发自内心地热爱生活中的一切。因为，爱是一切成功的最大秘密。

我要戒掉急躁和冷漠，平静面对他们的反对、怀疑和敌视。伟大的太阳不正是用它的温暖感召了寒冷中的万物吗？我愿意接受美好的事物，因为它们带给我光明、快乐和新生；我也愿意接受不幸的事情，因为它们教会我沉着、坚毅和感恩。

我会像柏萨罗老人那样遵照羊皮卷上的话语行动。我用我真诚的笑容赞美，赞美小鸟和土地给我带来生活的灵感；赞美人们指引我走向智慧。我将在每一次的相逢和离去时，深深祝福。在伟大的爱里，我将获得你在自己心里为我留下的路径，被你信任和青睐。我最棒的货物，你再也不会拒绝。

⊙第十章 羊皮卷之三

成功，像那生长在皑皑雪山最高处的千年莲花。为了将这洁白而高贵的花朵戴在心爱的姑娘发间，我必须忘记身后的悬崖峭壁，勇敢向前。跌倒的沮丧和身体的疲惫，简直是病人再次遭遇的恶魔，它们会把我拖进生命的低谷。

我坚持不懈，要做一个摘取千年雪莲的登山者。我的成功在高耸的山顶，它在绵延纵横的崇山峻岭间，释放着世界上最奇异耀眼的光彩。这光彩是深情的召唤、对我的信任，我怎么能辜负它满腔的期待呢？就如同水手不能辜负远方的期待，蜜蜂不能辜负鲜花的期待那样。

攀爬的我，身体灵活矫健，步伐踏实有力，目光坚定热情。山顶傲然挺立的雪莲，是我梦中的丽莎。相信我，我正在向你靠拢——向成功靠拢。

⊙第十一章 羊皮卷之四

我是自然界最伟大的高山，而非伏地而生的草芥。

对于自信成功的人来说，像动物一样容易满足就好比给正常人喝下烈性毒药。我的生命才刚刚开始，不能如早春的嫩芽那般轻易夭折。

我要按自己的心灵地图前行，顺着别人的路只能将自己赶进死胡同。我不能模仿别人，模仿别人就是复制一个失败的原型。但我会虚心请教和学习，求同存异。我的货物和我，都将是稀缺无比的。物以稀为贵，所以我们身价百倍。

骄傲是一种慢性毒药，它会抹杀我的激情、信心和温和。所以，我绝不容纳。

良好的礼仪和态度，是我最吸引别人的美德。我的言辞字斟句酌、风趣恰当，人们都乐意我向他们不断地推荐我的新货物。

我需要一个和谐的家庭，这是我永久的精神支柱。它将赐予我更强大的力量，使我专心迎接所有竞争者的挑战。

⊙第十二章 羊皮卷之五

我不能成为糟糕的、被命运捉弄的羔羊。我不能让时间从眼角偷偷溜走，让生命在手指间陨落。

昨天发生的一切，纵使回忆千万次，也只是泼出门外的水，难以复回。站在今天的刑场上，考虑明天的死亡是一件非常愚蠢的事情。

太阳的光芒，只属于今天。只有今天，才是永恒的。我的喜悦、我的幸运、我的成功，它们的种子都只适合在今天这个日子种植、发芽和成长。然后，我才能在明天用双手举起饱满的花蕾。

对于已经拥有的，我在今天要加倍爱惜，因为明天可能就要面临悲伤的离别。亲人、朋友，今天是最美丽的日子，我与你们在一起的那一分一秒都是甜美的。它的价值可以因为我们的珍惜而延及一生。那一分一秒流失的，仿佛都是我忠诚的顾客；那一分一秒堆积的，仿佛都是我滞销的货物。

⊙第十三章 羊皮卷之六

我坚信一朵枯萎的花儿，能赐予我一颗成功的果实。我感叹时光流逝，但绝不郁郁沉沉；我经历悲欢离合，但绝不性情无常。

我的情绪由自己控制。我用积极和热情对抗消极和沉默，用反省和警惕对抗惰性和放纵。别人的心思也将逃不过我的法眼。我无需对他感到陌生和茫然，一面之交也能获得他很多秘密。而秘密就是宝贵的财富。

恶意的命运拿我毫无办法，我将成为自己的主人，成为世界上最伟大的推销员。

⊙第十四章 羊皮卷之七

无论寒暑春秋，风总是微微吹着，从不间断。春时，染绿田野；冬时，扫尽大地。

无论苦辣酸甜，我总习惯笑着，从不间断。苦时，化解悲伤；乐时，犹如甘露。

我微笑着，在未知的路上前进。人类最终会走到怎样的尽头，都无从可知。难道我还要因为这些琐碎的小事而懊恼不安吗？

我微笑着，面对别人的冒犯。"一切都会成为过去。"此话已经深入我的骨髓，让我永远保持着困境中也能挣扎站起的坚强。

我微笑着，点缀世界。我用充满激情的歌声点亮黑夜里的生活，让那些不幸和悲伤成为明天的快乐果。

我微笑着，那云彩是我天空的本色。乌云弥漫并不是我的面目，我的眼睛是蓝蓝的云朵，我用我的目光来善待别人，不让他们皱起额头的纹路。

虽然我的本意是想从他们那里换取什么，但我并没有欺骗的意图。只有他们接受货物时的笑声和快乐，才会让我真正感觉自己的成功和伟大。

⊙第十五章 羊皮卷之八

春风，吹绿了麦田。这些居于泥土的麦子，生根、发芽、披起绿油油的"头发"。它们在农人的关怀中、在甜美的养分中成长，直到六月浑身挂满了金黄。

为什么我不能如这伟大的麦子，在岁月的风吹雨打中使自己身价百倍呢？难道我要成为一颗平庸的麦粒，被送进饲料厂？或是在坚硬、冰冷的石盘下被碾得粉碎？不，我生命的尊严不允许这样受到践踏，我无法忽视我选择的权利。

我将选择由低到高的目标，一个、两个……在失败、无知、无望的黑色土壤中艰难生长。大自然给麦粒提供着必需的养分和力量，我则要塑造自己完美的品行和高贵的心灵，使自己成为世界上最耀眼的花朵、结出最饱满的果实。我将说到做到，绝不含糊和畏惧。

羊皮卷上的教诲，将成全我美好的生活。我将让美好也伴随着无处不见的阳光，传播到每一位聆听者的心田；我的解说和计划定能使所有人耳目一新。

⊙第十六章 羊皮卷之九

萤火虫会在寂静的夜里挥动着自己微小的翅膀，发出亮丽的光芒；而云雀，也只有振翅而起，才能占据无垠的天空。它们都是出色的精灵，将空洞的梦想在行动之中转化为现实。

我紧紧握着羊皮卷，制订了我创造财富的计划，幻想着丽莎的父亲不再因为我的贫穷而拒绝女儿成为我的妻子，我已经看见了自己获得"世界上最伟大的推销员"的称号。

想象永远都是美丽的，冷峻的现实却给我当头一棒。我恍然醒悟——我必须像那黑暗中的萤火虫、苍穹里挥动翅膀的云雀一样行动。否则，一切的计划和幻想都会苍白无力。

⊙第十七章 羊皮卷之十

尽管我自信会成为世界上最伟大的推销员，但我仍然只是在无边的荒野里寻觅的一只小羊羔：夜色会使我看不见东西，风雨会将我淋湿致病，凶猛的动物会将我撕咬，还有我天生的惰性和贪婪，会让我模样丑陋。万能的主，只有在您的指引下，我才能逐一克服这些困难、才能走向成功和幸福。

主啊！我需要足够健康的生命，好让我去实现梦想和目标。

物质的充足并不能填满我的心灵，我还需要快乐、充实和被信任。

您曾告诫我，只有用爱心善待一切生灵，只有在困境中学会虔诚，只有懂得牙齿和利爪并不是战胜狮子和猛禽的最大力量，才会在它们的支持下得以胜利和兴旺。

告诉我，这个虔诚的推销员，是什么导致他失败，他把成功的那粒种子掉在了哪座大山深处，以此给我指引方向，好让我感受到那顶桂冠召唤的力量。

给我勇气，责骂自己的疑虑和懦弱！把我扔进黑暗中吧！让我去习惯恐惧、克服恐惧，获取精神能源和悲伤时的乐观。

请教诲我，斥责我。使我将不良的习惯清除掉，使我在冷漠中发现，朋友的情谊远胜过陌生和仇恨。

如果您看见我孤零零的，如同冬天里挂在树上的一片叶子，请让春天的和风信守承诺吹过我的身旁，让我感受您与它仁慈的胸怀。

请让我擦亮我的眼睛，看着自己的身躯焕然一新，帮助我了解您认为对的一切。

⊙第十八章

神奇的羊皮卷，依然没有碰到冥冥之中的传人。3年的等待让海菲显得更加苍老。他的身体虚弱，眼力也不太好了。他总是孤独地躺在花园里的椅子上，微微闭着眼睛。

陌生人的到来，在伊拉玛疲惫的眼里值得警惕。然而，海菲老人是个极其善良的人。他耐心地听着这个名叫保罗的陌生人讲起他曲折而悲惨的故事。这个故事发生在罗马。

在耶路撒冷，一个叫史蒂芬的耶稣门徒在保罗的作证下被犹太法庭处死——由于年轻狂热，保罗跟随寺院僧侣疯狂迫害耶稣门徒——耶稣复活，给了保罗教训。保罗开始相信并追随耶稣，但他的宣扬无人相信，他自己且被怀疑者们迫害。一天，在圣殿里，耶稣给了他神示："去找那个世界上最伟大的推销员，如果你想把我的话传给世人，就要向他虚心请教……"

海菲老人被这传奇的情节深深震撼。他的眼睛陡然一亮，要保罗"告诉我耶稣的事情"。

伟大的耶稣，以他的神迹和教义感召了许多在不幸中挣扎的人，然而却被迫害致死。他的复活、他被钉死在十字架上时被鲜血浸染的红袍和他那看待生命的态度，都是怎样的感人肺腑。

海菲老人接过那件溅满鲜血的袍子，袍子上绣着的标记使他禁不住双手颤抖，心中一阵剧烈的翻腾——那两个标记竟然是托勒作坊的星星和柏萨罗的圆圈。

亲爱的朋友啊！还记得在伯利恒的一个寒冷山洞里，少年海菲曾为一个刚到人世的婴儿柔情地披上一件红色的袍子吗？

"那天晚上，天空中有一颗最明亮的星星。"海菲老人与保罗紧紧相拥，老泪纵横。

2.羊皮卷的实践

羊皮卷的故事就此宣告结束。

是否它已让你干渴的心灵犹如甘霖滋润？是否你黯淡的眼神猛然一亮，你旧时的梦想如烈火般熊熊点燃？

答案若是肯定的。我并不见得会如何替你高兴，因为羊皮卷带给你的远不止这些一时的情感、小冲动。除非你是真的愿意接受这些啰唆的计划，并且踏踏实实地执行它。

⊙第十九章

假如今天是你生命的最后一天,你是否乐意执行这些不倦的教诲?是否会将身上所有的恶习统统改掉?是否仍然只是坐在那儿梦着明天自个儿多么伟大?别介意我这直接的问候,你必须明白,羊皮卷并不只是推销员的良药,它适合任何一个乐意追求人生价值的人。

你的未来究竟是什么样子?别怕,我将给你行动的法则,你只需想着自己要什么,并记录下你从此之后的执行日记。保持这良好的习惯,将你的决心、毅力和勇气凝聚成不平凡的气质和力量。

不能自欺欺人,伤害自身的人格。你渴望成功,且乐意执行。然后,你会发现自己的才智即使是世界上最伟大的智能工具也无可比拟。

⊙第二十章

每当夜深人静,你应该握一支笔,轻轻地翻阅羊皮卷的故事。听它里面吟唱的舒暖人心的歌谣,宛如黑暗中划亮夜空的星星在你平淡的心情里熠熠闪光。

生命已是充满不幸和悲伤,快乐成为世界上最为奢侈的东西。你没有理由再将有生之年蹉跎,只有热情和活力才能为你找到最后的归宿。每个人身上都存在着卑劣的恶习,每个人都曾感觉到独自行走在漫长旅途上的孤单。可羊皮卷是我们忠实的朋友啊,它总是不偏不倚说着真理般的话。也许只是那么一个长宽不足30厘米的小册子,就能陪着你改过自新、躲过挫折、抗击灾难、收获财富,最终走向理想的生活,获得幸福。

⊙第二十一章

每个人都是上帝咬过一口的苹果。谁都无法成为完美的人,但是从来只有美德才能将无数张相似的脸庞区分。美国第一任总统——伟大的华盛顿将军以其平静、自信和超强的自控能力将自己定格在美元票面上;还有为追求人类平等而奋斗一生、最后英勇献身的第16任总统亚伯拉罕·林肯,他的爱、包容和顽强,足以拯救一个分裂的民族和震撼人类的心灵……

美德就像一棵美丽迷人的大树,它的叶子能够挡住无数罪恶的风沙。人人都应该种下这样一颗梦的种子，并精心养育、保佑它健康成长。博学多才的伟人本杰明·富兰克林曾给自己定下除掉恶习的13个方法，并坚持执行，使自己最终成为一个近乎完美的人。

给自己一个培养美德去掉恶习的妙方吧！写下它，执行它，以它的名义去摘取自己人生的桂冠。

⊙第二十二章

还记得羊皮卷之二中"我要用全身心的爱来迎接今天"吗？赞美和宽容，使人变得真正强大。只有以坚持和节制来锻炼自己的身体，以智慧和知识来充实大脑，才能证明对自己是真爱而非纵容。

依据心中那些守护灵魂的原则，完成每天的工作。让羊皮卷的旨意在你劳累的脑中再过3遍，看看自己的表现是否让自己满意。不要怀疑你的进步，因为"努力=进步"这个公式极为简单，你只需扪心自问。

柏萨罗老人的话永远值得你我共勉："只要决心成功，失败就永远不会把你击垮。"

⊙第二十三章

我们共同在荒漠里徒步前行。有太多的伙伴由于筋疲力尽、失意、无望，结果就躺在那干燥的沙土上不停地抱怨、哭泣，以至于最后他们因生命之水干涸而亡。你难道乐意成为茫茫沙漠里的一堆白骨吗？

能够在长途跋涉中发现绿洲的行者，绝不是只顾哀叹和忧愁的人。

正如希姆斯的箴言：要想成功并不难，只要我们辛勤耕耘、坚忍不拔、抱定信念、永不回头。

如果在接连5个星期的每一天，你都保持着阅读3次的好习惯、完全领会羊皮卷之三的魔力，那还有什么能让你对明天的道路感到恐惧和忧愁呢？

⊙第二十四章

水从来没想到自己可以滴穿岩石，它只是在默默地重复着做。结果，柔弱的它居然战胜了坚硬的岩石。因为它从不为昨天的成绩沾沾自喜，也不为一时挫折倍感沮丧，所以它滴穿了更厚的岩石。

奇迹总是独一无二的，如同你的举世无双。在羊皮卷之四里，藏着这个伟大的秘密，你是否发现了它具体的藏身之处？它藏在你取得成功时不骄不躁的心态内，藏在你仪态出色、风度翩翩的举手投足之间，藏在你不与他人苟同的性格里，藏在你勇敢追求卓越的热情里。

如果你锐利的目光能将它一眼洞穿，那么请牢记它、执行它，让这些优秀的秉性彻底地附载于你身上，它终将赐予你辉煌的光圈。

⊙第二十五章

生命犹如盛开在枝头的花朵，如果不能让自己大多数的时间里闭于花蕾积蓄力量，那盛开的一幕将永不可能呈现。

请在作为花蕾的时候，为自己的气质点缀高贵的颜色、自己的身形塑造出优美的骨架，让睡梦中的胚胎在清晨的绽放中潇洒地迎接春风。你这一贯的美丽，会让你即使在陌生人的眼中，也能获得幸运之神的青睐。

就当这灿烂的时日极其有限，每分每秒都重于黄金白银。如果我索性破罐子破摔，冷眼看着生命的伤口流走大量的血液，或是藏在阴暗的角落里瑟瑟发抖，像个死囚犯一样等待判决，这都只能证明我的生命一开始就是个错误、我在这个世界是多余的。即使我真的离去，也只是证明自己如同被虫子噬坏的朽木，毫无存在价值。

如果我的生命和前途是这样暗淡无光、倍感龌龊，那一定是恶习占了我的生活的上风，我对羊皮卷的怠慢给自己带来了应有的惩罚。

⊙第二十六章

我们都是各自驾着一叶扁舟、跨越生命之海的流浪水手。无边的蓝色笼罩整个海际，风雨和海浪时不时地袭击着我们。于是，有人操作失误被海风卷走，有人心浮气躁被浪花吞没。只有少数的一些智者，他们历经艰险，最后安然无恙到达了自己理想的旅游胜地。

对于海神发出的死难要求，盲目的抗争和决斗最容易致自己于死地。你必须学会成熟和谦和。要揣摩海神的脾气，寻找安全的航行季节和时间；要从同伴们那里学习他们的高超技巧，熟练地掌握驾驶的本领。

任何的心绪不定都是错误的指南针，可能把你带入死神的境地。只有你使自己的心灵变成一弯平静的海滩，现实中那片草木繁盛、阳光普照的海滩才会变成大自然最温暖的怀抱，等着你的到来。

⊙第二十七章

英国著名作家兰姆曾说："在任何市场上，一声笑抵过100声呻吟"。此时，你是否感觉到笑的力量？

如果你敢于嘲笑世界，讽刺人们的庸俗忙碌，那么这足以证明你的自信、高贵和强大；

如果你敢于嘲笑收获，厌恶自己的扬扬得意，那么这足以证明你的谦逊、豁达和进取；

如果你敢于嘲笑窘迫，坚信自己的时来运转，那么这足以证明你的勇敢、坚毅和顽强；

如果你可以对着陌生人真诚微笑，那么别人就会铭记你的热情和善良；

如果你可以对着疲惫的自己微笑，那么生命能够感觉你的平静和祥和；

如果你可以对着结束的生命微笑，那么世界上永恒的将是你的从容。

如果你已将以上内容都深刻领会，那么请你翻开自己的成功日记，看看这些隐藏在微笑背后的优秀性格特点你已具备多少。

⊙第二十八章

世上没有什么路永远平坦、笔直、没有岔路的搅扰。我们总是行走在路上，总是经过数不清的路口，总是在寻找进入自己梦想世界的入口。

随随便便作出选择的人，都将被命运之神以枷锁紧紧套牢，像羊群一样被驱赶着走向最后的屠宰场。只有那些重视自己的价值、毫无轻视生命之意的人，才将被赐予心灵地图，被带进磨炼的土地上。

然而，这并不代表这部分人的圆满，因为生命的进化要求淘汰的程序永远要运转下去。只有深深扎根在这块磨炼的土地上的人，才会拥有足够的力量冲刺自己的目标,不断地打破自己,才能终究成为羊皮卷之八预言的那样:"我要再接再厉,让世人惊叹我的伟大。"而那些萎缩的、轻浮的则只能流入庸碌的人群之中。

⊙第二十九章

现实和梦想永远只有一步之遥。说起来,这应该算是个人生秘密。

如果你没有将设想过很多次的计划付诸行动,你就永远不可能知道这个秘密。也许,它与你仅仅一纸之隔。只因为你无法克服懒惰和拖延的坏习惯,所以成功与你擦肩而过。

就像鸟儿如果懒得振翅,仅凭大自然的风力,根本无法飞上蔚蓝宽广的天空;

就像蝴蝶如果懒得早起,一直睡到太阳暴晒,那清晨四处流溢的花香定与它无缘;

就像星星如果懒得睁眼,只是呆呆地躺在天际,那么它就不可能领会到夜色的魅力。

即使你有非常完美的获得财富的计划,但倘若你只是痴人说梦、无视自己心灵的惶恐不安,拒绝按照羊皮卷之九的旨意行事,那么你就尽管做无数个美梦吧!在任何一个清晨醒来,你都会发现自己仍然只是从前那个逊色、穷困的小推销员。

⊙第三十章

祈祷吧,朋友!上帝依然健在,你的虔诚将赢得上帝无数次的神示。

技巧和手段永远都只是人类小小的伎俩,它们都是在上帝的注视中被我们自以为是地运用。

不要祈求那些小恩小惠和自私的奢望。你要祈求内心的安宁、众人的愉快以及世界的和平;祈求冥冥之神引导你、帮助你,指给你前方的路。

3.羊皮卷的启示

⊙第三十一章 我永远不再自怜自贱

自强者自立。这个道理亘古不变。

如果你畏缩低迷、自怜自贱，总是用谎言为自己狡辩，那你就和向别人行骗的坏蛋没有什么两样。所以，你必须自强自立。

如果你低头哀泣、自怜自贱，只想以徒劳的眼泪和诉说来博取别人的同情和帮助，那你的双脚就是作为摆设的拐杖。所以，你必须自强自立。

如果你三天打鱼、两天晒网，使生命虚无缥缈，因懒惰而蹉跎，那你就会永远身在冰冷的冬天，毫无春天可言。所以，你必须自强自立。

如果你相信羊皮卷中的箴言，做到自强自立，那你短暂的低落就是转机，你的悲痛也会成为过去，你的未来将充满神奇。

⊙第三十二章 面对黎明，我不再茫然

人最可悲的并非想要的东西得不到，而是根本不知道自己想要什么。

羊皮卷带给你新的生活——阳光和微笑，困境和牢笼将不再属于你。如同一条小溪里的鱼，大海赐予它宽广和快乐。

羊皮卷带给你新的生活——方向和归属，沮丧和茫然将不再属于你。如同一个虔诚的朝圣者，已经看见了自己的圣地。

相信自己，相信黑夜早已成为过去，黎明已在你的城堡之外。打开你的心扉，铭记你的计划和目标，迎接它！

⊙第三十三章 我永远沐浴在热情的光影中

没有任何一个伟大的胜利可以缺少热情，就像沙漠中的旅行者不能离开水一样。

热情是世界上最大的财富，只有它才能帮助人们克服人生的磨难，给人生以希望。

真正的热情是长久的渴望和思考，一时的冲动是过眼云烟，毫无所用。只有坚持它一天、一年、一生，养成骨子里的习惯，它才能如同牵引机一样将你带入美好的生活。

真正的热情有无边的魔力和灵性，所以，你将拥有别人不能拥有的。

⊙第三十四章 我不再难以与人相处

即使你信奉上帝，上帝也只会告诉你怎么做，而不会给你什么。成功的

桂冠，早已放在人生的领奖台上。除非你明白靠近的方法，否则它只与别人有缘。

现在的你是拥有神奇的力量还是芸芸众生中的一员，完全取决于你是否遵守羊皮卷中智慧老人的细则。

你在别人的心中放下希望的种子，别人便还你美丽的花朵；

你对陌生人也能给以真诚的微笑，他就分你一半他的阳光；

你怨天尤人的满腹牢骚倘若结束，世界就给你一片晴朗的天空。

反之，你给别人苦瓜脸，他便给你紧皱的眉头；

你无视别人，就只能得到别人的背影；

你愤怒地责骂大地，大地便以同样的愤怒回应你。

总之，成功并非要求你处处伟大、次次牺牲，它本身只是一些微不足道的善意、微笑和职责。

⊙第三十五章 在每一次困境中，我将寻找成功的萌芽

灾难和成功相辅相成，才使世界完整。花朵不经历风雨寒霜，便不能成为饱满的果实。

如果现实将你深埋在失败的土壤中，难道你就会因气血受阻而甘愿夭折？告诉你，坚强的种子从来就不会放弃发芽的机会。我们既然不能把昨天的创伤抹去，那就应该用新生的皮肤覆盖旧日的瘢痕。

困难摧毁的只是喜爱享受的懦弱者，而在困苦中坚持寻找成功萌芽的勇者才将站得更高、走得更远。伟大的转机永远都藏在这个苦涩的瞬间，只有顽强才会换来满庭芬芳。

⊙第三十六章 做任何事情，我将尽最大努力

成功就像雨后天空中的彩虹那般美丽，像天使手中托盘上的酒那般香醇。但如果你不能全心全意地伸出你的双手，这些迷人的东西就会成为别人指尖上的玉扳指。

任何事情，需要的是尽力。留下余地，那就会成为失败者蜗居的角落。

任何事情，需要的是尽力。真正的高下，只有在所有参赛的人拼尽全力

的情况下，才能定出分晓。

无论你从事什么样的工作，你都必须学会热爱它，努力达到的要永远比目标多一些。否则，失去了自觉性，你就是现实的奴隶，你的身心都被捆绑，你的付出都成煎熬。如此，何来罕见的成绩？

⊙第三十七章 我将全力以赴完成手边的任务

自古行军布阵，必然恪守"宁肯备而不战，也不能战而无备"的战前准备精神。人生和推销，亦是如此。

如果你想在安乐窝中构建未来的美丽天堂，而灵魂仍在没有归宿地游荡，徒劳等待着好梦成真，那唯一的结局就是竹篮打水一场空、一事无成。

灵感、机遇和幸运，通常只会邂逅那些孜孜不倦的人。小的积累往往会造成质变。如果从人生一开始，你就没有一个深思熟虑的计划和行动而好高骛远，那唯一让人们肯定的是，幸福定不会降临于你。即使幸福正好砸在你迟钝的头上，你也没有能力挽留它，就像一个懒汉不能挽留他美丽的妻子一样。

所以，用你的勤奋，在有限的时间里搭建一个稳固的平台，等待着命运之神的降落吧！

⊙第三十八章 我不再于空等中期待机会之神的拥抱

幸运之神犹如汪洋大海中成群的大鱼，在你的视线里游来游去。你难道打算持钩等待，希望鱼儿自己上钩吗？或是，你面对茫茫大漠，打算不用自己的双脚，而让风沙将你送到一片绿洲吗？

时间飞逝，光阴荏苒，可能就是在你频频回首之中或弹指间，生命已去大半。命运之神在它的小屋子内苦苦等待你很久，最终甩手而去。智慧的人应该是积极的，展开双臂、敞开胸怀拥抱未来。

热衷于推销的朋友！无所不能的羊皮卷永远不会教你坐在舒适的家里等着顾客自己送上门来的。它只会教你跟进、拜访，以真诚的心去换取梦想的财富。

⊙第三十九章 我将在每晚反省自己的行为

生活之书从不允许随意改写已有的内容，如同生命不能从头再过——所有的遗憾和错误只能下不为例。谁也不能保证一生不犯错误，重要的是不再犯同类的错误或者懂得避免和预防错误。所以，我们需要反省。

反省性的思考可以像用水清洗污垢一样清洗人的性格和心灵。在每一个夜幕悄悄降临之时，我们应该像倒影带一样回忆今天的言行举止，看看是否如羊皮卷告诉我们的那般智慧。

在此之中，我们客观地看到自己，并学习经验，以此使明天的成就远远超过今天的收获。

⊙第四十章 通过祈祷，我永远与万能的主息息相通

这个时代，仍然存在着疾病和灾难；前进的路上，仍然存在遍地的荆棘。阳光不可能永远照耀着宽广的大地，我仍然会遭遇黑暗和寒冷。

尽管如此，我仍然拥有无穷无尽的希望，只要我可以虔诚地扪心祈祷。

面对坎坷时，能够坚强、忍耐；

面对抗议时，能够无畏、包容；

面对忧虑时，能够乐观、积极；

面对成功时，能够谦逊，甚至卑微。

生命是世界送给每个人最美的礼物，我将对这盛开的花朵倍加爱护、珍惜，并履行它伟大的职责。当它回报给我丰硕的果实时，我将倍怀感激！

三

《就这样成为销售冠军》

◎ 简介

像任何其他技能一样，销售能力也可以被训练出来并不断精益求精。这是享誉全球的销售大师汤姆·霍普金斯对销售能力的精辟论断。这一论断结束了数以万计彷徨在销售领域的人们被动、无奈的局面，给在失败线上挣扎的销售人员以巨大的鼓励，使他们具有了走向成功、成为冠军销售员的信心。

本书集合了汤姆·霍普金斯与其伙伴劳拉·拉曼（顶级的销售健将，为帮助更多有上进心的销售员及公司获得成功，她于1989年创办了经理人培训咨询公司）多年来在销售行业的实践经验和潜心体会，深刻地阐述了关于销售的各种问题。它为有志于销售行业的广大人士描绘出业绩不再是问题、收入越来越丰厚的辉煌前景。

在内容、形式上，它打破了以往规矩的、没有趣味的教条化叙述方式，以故事的形式，通过主人公一步一步的销售训练，向更多的人展示着冠军销售员成功的秘密。这种新颖的表达方式为读者的接受与领会带来了极大的方便和愉快。

本书的细节处理也别具一格。它不但透过许多情景告诉人们每一步精细的销售技巧，还借助史蒂夫的工作日记将核心内容突出，使得读者的脑海里有更深的印象。

◇营销圣经

同样生活在这个竞争激烈的时代，为什么别人可以在一天之内创造你一生的财富？差距为何如此之大？如果你是一个整天为没有业绩而愁眉苦脸的销售员，那么你想知道其中的奥妙之处吗？请让你的阅读来告诉你最终的答案！

◎ 原书目录

冠军销售员的身心

冠军销售员的训练

冠军销售员为什么会讨人喜欢

冠军销售员的声音

冠军销售员的形象

善意诱导的必要性及其艺术

理解不同个性

用直觉解读他人

剖析销售

组建人际关系网

获得尽可能多的约见机会

克服恐惧被拒绝的心理

精彩的问候

需求鉴定

排除竞争

强有力的展示

异议预防

成交戒律

战胜最后的异议

追踪现实和对追踪的恐惧

推荐的竞争优势

冠军销售员对未来的展望

时间安排

冠军销售员的自我分析

◎ 思想精华

不是每个人都能成为销售冠军，除非你按照汤姆·霍普金斯和劳拉·拉曼所说的开始做起：

* 冠军销售员的身心。健康乐观的身心、顽强的毅力，是冠军销售员必备的基础。

* 冠军销售员的训练。有效安排工作时间，排除后顾之忧；针对产品和客户做好充分的准备，掌握丰富的产品知识和客户信息；不放过任何培训或提高能力的机会。通过这3方面培养销售员的综合能力。

* 冠军销售员为什么会讨人喜欢。以言语谈吐之间的激情和热情感染顾客、拉近与顾客的心理距离；避免消极或不文明的肢体语言，消除顾客混乱或不安的信息。总之，怀有一颗真诚的心，就能讨得顾客的喜欢。

* 冠军销售员的声音。冠军销售员在与顾客交谈的声音处理上，像完成其他的销售环节一样拥有艺术性的技巧，它传达给顾客专业、激情、信任等有利信息。

* 冠军销售员的形象。冠军销售员不仅要具备足够的内在素质，还要对自己向客户呈现的外部形象进行合理修饰。成功的形象会大大减少与顾客沟通的阻力。

* 善意诱导的必要性及其艺术。销售员对顾客的善意诱导，是整个销售环节的关键。只有这样，销售人员才能使顾客接受新的产品知识、帮助顾客完成选择。

* 理解不同个性。很多失败的销售员，往往不能根据顾客的特点来调整自己的销售风格。而冠军销售员则知道为什么他喜欢这样的，而她又喜欢那样的。

＊用直觉解读他人。这告诉销售人员，在仔细观察的基础上，解读顾客的非言语表现，可以获得更多的顾客信息。

＊剖析销售。解析销售活动的规律和程序，探究顾客的需求、心理，为销售员制定正确的实施步骤明确思路。

＊组建人际关系网。销售员没有关系网，就是没有客源，就没有生意可做。组建宽广而稳固的人际关系网，需要你的技巧和勇气。

＊获得尽可能多的约见机会。与顾客约见，等于成倍增加成功的可能。绝妙的追踪技术和大胆的拜访是增大与顾客约见机会的两大法宝。

＊克服恐惧被拒绝的心理。战战兢兢的结果就是被拒绝或者失败。只有大量的情景练习，才能使销售员克服恐惧心理、树立良好的信心，去挑战不可知的工作或任务。

＊精彩的问候。它将教会你怎样完成一个美丽的开始，让顾客产生对你的信任和喜悦，接受你进一步的陈述和善意诱导。

＊需求鉴定。如果你不能准确了解顾客的需求，再有力的产品介绍和销售技巧也是苍白、徒劳的。所以，鉴定顾客的需求是销售员的首要任务。

＊排除竞争。没有竞争就没有市场，而只有排除竞争才能长久立足。

＊强有力的展示。常言道"打蛇打七寸"，只有在顾客面前突出他所需要的（产品、态度、心理满足），才能打消他的疑惑，坚定他的购买意向。

＊异议预防。顾客提出异议虽然是在销售完成之后，但绝对不容忽视。销售员早期精心准备，是基本可以做到防患于未然的。

＊成交戒律。销售员一切的努力就为等待这个关键时刻，沉着和小心谨慎同样显得重要。关于购买信号的问题，是本部分的重中之重。

＊战胜最后的异议。一个出色的销售员，会以采取预防措施和保持乐观心态为每一次销售画上完美的句号。

＊追踪现实和对追踪的恐惧。论证销售员对潜在客户的跟进在整个销售环节的重要性，介绍基本的跟进方式。

*推荐的竞争优势。与其他的宣传方式相比，顾客满意、产品的口碑是最为有力、有效的。

　　*冠军销售员对未来的展望。美好的事业都是从美好的计划开始的，之后则始终伴随着计划者不断的客观计算和不懈的执行。

　　*时间安排。强调科学利用时间对销售人员的重要性及其方法。

　　*冠军销售员的自我分析。任何一个行业，所有成功的人，都是由自身勤恳的生活态度与无比顽强的信心共同造就的。

◎ 核心内容

1.冠军销售员的身心

　　一个人能否取得职业上的成功，关键取决于他的精神面貌。这包括：性格、心态、精神食粮和身体的健康状况。对于冠军销售员，更为如此。在现代高节奏的生活中，从来没有听说有人因为精神萎靡不振、体弱多病而在激烈的竞争中大获全胜。

　　有心理学家曾经指出：人们心理中的积极性因素是一切活动能力的来源。但另有研究表明，在正常人每天产生的1万个没有丝毫根由的念头中，至少半数倾向消极方面。可见，这两者是极其矛盾的。销售人员只有通过极其有效的自我调剂、积极的心理暗示，才能拥有满腔的自信和热情，对顾客的购买行为产生良性引导和鼓励。

　　冠军销售人员通常是这样做的：每天起床的第一件事就是进行3次有意识的积极的心理暗示，告诉自己"今天是一个伟大的开始"。我们的心灵需要补充这样的精神食粮，每次也不过5分钟而已。

　　作家罗兰曾说过："运动的好处除了强身之外，更是使一个人精神保持清新的最佳途径。"时刻面临着遭受拒绝、销售定额多、经济变化和工作强度大等压力的销售人员，应该养成积极锻炼的习惯来释放这些压力，从而拥有持久的精神和清醒的头脑，迎接新挑战。生物学更加印证了这一点：早晨的运动可以给我们一个好心情去开始一天的工作，更重要的是它具有降低血压、稳定血糖、减少骨折和预防心脏病的作用。对于这点，冠军销售员通常都会做得很好。

如果你想提高自己的销售业绩，获得"冠军销售员"的光荣称号，只以上几点并不够，你还必须铭记其他方面：

（1）维生素、矿物质和水是你必不可少的营养元素。

（2）再好的机器也需要休息，你必须保证8小时有质量的睡眠，以获得充沛的精力。

（3）必须通过你的兴趣爱好（比如下象棋、欣赏古典音乐等）扩展心智，增强你的学习能力。

（4）最后，万事万物，贵在持之以恒。

2.冠军销售员的训练

有一句古话叫"玉不琢，不成器，人不学，不知义"。汤姆·霍普金斯坚信，像其他任何技能一样，销售能力也可以训练出来并不断精益求精。销售人员不是诗人，不需要天生的神经质或精神异常，而是需要经过系统的销售训练来掌握各种各样的销售技巧，从而由一名普通的销售员变成一名杰出的销售冠军。

要想具备一个冠军销售员的优秀品质，在千差万别的客户面前将销售艺术演绎得淋漓尽致，关键在于把美好愿望付诸切实有效的行动。

（1）试想销售环节中最让你恐惧的一幕，然后克服它。如果碰到一件较棘手的工作，那么就"先除之而后快"，清除这一销售障碍。但是，请注意你的精力和时间。

（2）约见顾客之前，进行充分的准备。准备内容包括：本产品的性能和优势、顾客的需要、顾客的个人信息、设想拜访的情景、万一遭到顾客拒绝时应该采取怎样的挽救措施等方面。准备越充分，销售成功的概率就越大。这正应了一个反映战争前夕军队准备工作的兵法策略："知己知彼，百战不殆"。

（3）市场在变化，顾客也在变化，为了应对这种销售局势，你必须不断给自己"充电"。接受更先进的专项培训,广泛阅读专业书籍,与伙伴分享实践过程中的销售经验等,这些都可以让你朝"冠军销售员"的称号逐渐靠近。

3.冠军销售员为什么会讨人喜欢

不能否认,没有人喜欢和迟钝、木讷、毫无趣味的人进行各方面的信息交流,除非学生被迫听从老师的教训。虽然我们的销售人员不是严肃的老师,客户也不是学生,但客户仍然比较偏心于处世积极、性格开朗、待人和蔼的销售人员——冠军销售员。到底这些冠军销售员是通过什么样的方式来讨取客户喜欢的呢?看完下面这个著名的试验结果,你将会得到完美的答案。

1968年,美国心理学家艾伯特·梅拉宾经过大量的试验得出了一个公式:信息交流总效果的55%来自于身体各部位的姿态和动作,38%来自于音调,而只有7%来自于语言交流。这个结论在销售人员与客户的接触、交流中同样适用。

销售人员给客户留下的主要印象,是他在介绍产品、提供参考分析包括售后服务等过程中不经意间暴露出来的,尤其是表情和动作。一个普通的销售人员需要怎样,才能如冠军销售员那样赢得客户欢心呢?

(1)热情和激情是最容易感染别人的。它可以通过你真诚的微笑、柔和而又坚定的目光、赞同式的微微点头、笔直的坐姿、手指优美的弧线比划等举止,把你充满活力的心跳传达给需要你帮助的客户,使顾客信任你、赞赏你。

(2)假如你双臂在胸前交叉怀抱或是双手插在口袋与客户进行交流,那他一定对这种不礼貌的销售行为表示反感,更不用说购买你的产品了。所以,你必须克服不文明或消极的习惯,让肢体语言传达给客户一些好的信息。

(3)再一次强调:诚恳!诚恳!你是真正地愿意帮助他,还是只瞅着他兜里的钱,生物直觉会让他一眼识破。

4.冠军销售员的声音

艾伯特·梅拉宾的试验告诉我们，除表情和动作之外，声音是人与人之间传递信息的第二大途径。客户可以通过你的声音判断出你对自己的职业是否充满激情，你对自己的销售是否拥有信心，你对这笔生意是否在乎。这些信息都直接影响客户对你的销售行为的态度。

音频、音调发音和变化，共同组成声音。冠军销售员在说话时的声音处理上，像完成其他的销售环节一样运用着艺术性的技巧。

（1）上扬、热情的语调比起单调的声音来，更能流露出他的自信和希望。

（2）清晰的发音和肯定的语气，更能突出他的专业和诚实。

（3）结束语的降调，确认他对自己的阐述非常满意，他坚信他们会成交。

事实上，初次踏入销售行业的很多新人，在接触客户的过程中，心理一直处于紧张和恐惧的状态。他们手忙脚乱地应付着客户的各种询问和质疑，根本顾及不到声音这个层次。要消除这种情况，除了寻找有效的方式放松之外，就是不断地练习（比如，利用录音机录音进行情景试验）。

5.冠军销售员的形象

"人靠衣装马靠鞍"这一俗语强调的是：对一个人进行直观判断时，外部形象在整体印象中占据很大的分量。冠军销售员不仅要具备足够的内在素质，还要对自己向客户呈现的外部形象进行合理修饰。

（1）正规、得体的职业装，并没有因为时装潮流的冲击而显得不合时宜。通常，大人会这样教育小孩不要对人产生等级之念："你不应该以貌取人！"但不能否认的是，现实生活中，陌生的人们往往是以这种方式互相进行判别的。

（2）树立成功形象的建议：时新的职业装或颜色鲜艳的夹克能给人以权威的感觉；鞋子的庄重可以显示你的细心；整洁、成熟的发型可增强你的可信度；淡淡的香水可以营造一点气氛；稳健的步伐体现你的工作效率等。记住，适可而止！

（3）握手是传达信息的好机会。以微笑的表情、稍弯的肘部有力地与客户握手，可显示你的自信和充沛精力，拉近与客户的距离。

在树立个人形象的过程中，应多征求朋友或同事的意见，集思广益。

6.善意诱导的必要性及其艺术

市场上的产品极其繁杂。一般情况下，客户只明白自己生活的某一方面遇到了麻烦，需要以购买的方式向市场求救。至于具体需要什么性能、什么价位、什么型号的产品或服务，他们大多无从知道。销售人员的出现就可以解决客户茫然无措的问题——通过善意诱导，为客户作出正确决策提供新知识，帮助客户完成选择。

话有三说，巧者为妙。销售人员的诱导方式，是整个销售环节的关键。能否让客户在交流之后作出积极的选择，就看销售人员驾驭语言、善意诱导的技巧如何。这与医生对病人运用心理诱导、科学诊断然后设计治疗程序是同样的道理。

（1）假设性的措辞能帮助你处于主动的地位，对你顺利地进入潜在顾客的心中有积极的作用。一定要相信自己销售会顺利，你可以问出类似下面这样的问题："如果您乐意的话，就将我们下次见面的时间定在……好吗？"或者"假如明天之前决定购买的话，可以享受8折优惠，您考虑一下？"

（2）其他建设性的语言也可以刺激潜在顾客的积极思考。比如："一旦您成为我们的客户，我们将为您提供……"

当然，语言的巧妙运用，首先需要销售人员对交流的环境和谈话的语言环境做到正确地领会；其次，销售人员必须重视自己谈话的底气和语气。

7.理解不同个性

销售训练中的技巧和方法，都只是销售员促进销售的普遍手段。事实上，面对具体的客户对象，销售员必须擅长判断对方的性格类型，根据对方的个性特点来调整自己的销售策略。只有做到因人而异，对症下药，才能取得事半功倍的效果。

基于几百年来人们不断探悉人类性格构成的成果，根据个性差异，人们通常把人分成以下4种类型。销售人员必须针对不同个性类型进行不同的销售。

（1）当你遇到果断型性格（冷静、控制欲望强、好胜心强、时间观念强烈、没有耐心、固执）的人，你的陈述或解说必须言简意赅，清楚地告诉他，如果购买会给他带来很多的好处或优势。

（2）当你遇到直觉型性格（外向、忠诚、优柔寡断、时间感不强、与人交好）的人，你需要展示你热情、温和可信的人格魅力，舒适的情感比其他任何策略都有说服力。

（3）当你遇到幻想型性格（矜持、寡言、独立工作能力强、爱好阅读、不爱冒险、逻辑推理能力强）的人，你必须为你的销售进行冗长细致的陈述，给他提供大量的统计信息，以便他通过推理作出选择。

（4）当你遇到热情型性格（直率、具有创造力、喜欢被众人簇拥、果断、做事容易出格、情绪化）的人，你需要为你们的交流创造很多互动机会，热情的他会更加喜欢释放和参与。

此类分法，对于性格迥异的人类来说，并不非常准确，它往往是通过夸大某些特点来进行归类的。所以，具体情况，你还必须客观对待。

8.用直觉解读他人

尽管人的直觉带有许多幻想成分，但它的产生依然是由于依赖于对客观事物的印象，才在某一时刻突然出现在脑际。客户虽然没有观察和分析到销售人员的言谈举止，但却能对销售人员形成心理上的判断，这就是客户的直觉作用。同样，销售人员可以凭借自己的直觉，通过解读顾客的非言语表现，对顾客的内心想法进行揣摩或了解。如果你愿意作出这种细致的精力投资，那你将获得丰厚的回报。

这里介绍几种常见的肢体语言及其含义。

（1）避开目光——表示心思没放在这里。

（2）微笑——表示感觉良好。

（3）上身前倾——表示有兴趣。

（4）低头——表示没有自信、紧张。

（5）手掌摊开——表示开放、诚实。

（6）搓手——表示算计某事对自己有利。

（7）摩挲脖子——表示灰心丧气、疲劳。

如果你养成了解读客户肢体语言的好习惯，你将拥有非凡的洞察力。

9.剖析销售

唯物主义认知论告诉我们，万事万物均有规律可循。销售行为亦不例外。冠军销售员往往能有意识地找寻销售规律、掌握销售程序。与顾客交流时，他们清楚每一步应该怎么走，并能为每一个销售环节预备可行的推进方法，以此取得更佳的交流效果，提高工作效率。这种人性的、互动的销售程序是依据人的心理特性而建立的。它能更好地帮助顾客理解、接受新事物和新理念，所以，顾客通常都会欢迎销售人员以这种方式向他们介绍产品。

（1）以礼貌的态度和诚恳的心去认识他们。

（2）能很好地领会他们的需求。

（3）给他们以热情而专业的产品介绍。

（4）提供良好的售后服务。

如果你能够切实体会顾客的需要，那你就会明白怎样的销售程序才是适合此次销售行为的。

10.组建人际关系网

经济越是发达，商品交易就越是频繁。这个规律促使销售人员的队伍不断壮大，销售行业的竞争日渐激烈。很多销售人员，就喜欢以这种现象解释他们失败的原因——最困难的事，就是每天无法找到足够的顾客来推销自己的商品。

每一个人都应该相信，在市场上，顾客总是比销售人员多出很多倍的。正如同你必须相信，医生不可能比病号多。没有客源或者缺乏客源，只能说明你没有一个出色的人际关系网，你的社交能力极为差劲。

事实证明，优秀的销售员总是时刻在为组建人际关系网而努力，并且亲身实践着从前辈身上学到的经验。

（1）随时随地准备与周围的人建立关系，并积极地向他们传播产品知识。

（2）借助朋友和亲戚的推荐，扩大交际圈。

（3）经常参加社区活动、俱乐部活动及其他商业活动，从这些公众场合找到更多有用的客户信息。

（4）经常运用"三步法则"，潜意识里把周围三步之内的人都当作客户对象，且主动与他们打招呼、交好。

事实上，很多新手有意地执行这些扩展人际的条例，在开始阶段定然伴随着不适、害羞和恐惧等不良感觉。而重要的是，你需要克服不良感觉，坚持这种做法。习惯之后你会发现，这种挑战带给你的将是更多的欣喜。

11.获得尽可能多的约见机会

为了提高自己的销售业绩，销售员必须掌握高超的"侦查"技术，不断发现新的顾客，与顾客进行约见、交流，做成一笔笔的生意。虽然现代的通信技术可以使销售员通过邮件、电话的方式接触到顾客，然而有研究表明，人与人之间最佳的交流方式却是面对面的信息沟通。由此得以引出销售过程中极其重要的另外一个环节——销售员与顾客的约见。我们可以想象一下，约见顾客就如同一个具有过滤作用的程序，约见之前混合着各种可能（拒绝、失败等），而约见之后胜算的把握就大了许多，消极因素也去掉很多。与顾客的约见机会越多，就意味着这笔生意的成交率越大。为此，销售员必须通过各种努力获得尽可能多的约见机会，以取得实质性的销售进展。

（1）通过冒昧的电话，直接告诉对方可能会感兴趣的信息。但效果不是非常好。

（2）寻找与自己有着某种联系的清晰目标，从他们的理解中获得支持。

（3）直接接近决策者。虽然过程中会有一些障碍，但应该学会巧妙地绕过障碍物（比如决策者的助手）；见到对方首脑要开门见山，因为大多数决策者都没有耐心听取一个销售人员啰唆的陈述。

（4）接线员至关重要。打电话时，能否得到那头接线员的青睐，直接影响着你能否获得有价值的信息。

（5）如果知道决策者的名字，那就鼓起勇气，很自信地告诉接线员你要找这个人。这样，他会认为你是决策者一个很重要的老熟人。

一旦约见成功，销售员必须在精心准备（从着装到产品内容）后，大方、得体地准时赴约。

12.克服恐惧被拒绝的心理

大家知道，心理力量对人的行为具有绝对的主导作用。著名意大利诗人但丁有句名言：走自己的路，让别人去说吧。他伟大的心灵受着自己信仰的主使，别人的非议或评价都显得微不足道，所以他创作出《神曲》。可见，成功者永远都不会是战战兢兢的胆小鬼。

能登山之高峰者，必不惧路之险恶；能跨江之激流者，定不畏水之湍急。若想得到"冠军销售员"的荣誉称号和丰厚的收益，同样必须克服内心的惧怕和紧张，通过一些科学的训练，达到销售技巧运用的稳定、娴熟。

（1）大量的情景演示训练（每个礼拜10%的时间）必不可少，这是克服恐惧、解决销售难题的最好方法。

（2）想想那些伟大的、先苦后甜的人物，然后给自己永不言弃的精神和不畏艰难的勇气，去克服每一个销售障碍。

每一个梦想成功的销售员都必须铭记：没有人生来就具备成功的条件——圆熟的技能和巧妙的陈述，这只能用自己的汗水来换取。

13.精彩的问候

以令人信服的精神面貌出现在顾客面前,使顾客的焦虑感减少,给顾客一种轻松自在的交流气氛,打好互相信任的基础,这就是一个销售员通过对顾客的问候所要达到的效果。

(1)销售员给顾客的第一件礼物应该是真诚的微笑,只有这样,顾客才有可能乐意接受最后的"礼物"。

(2)对待顾客不只需要注意力集中,目光中还必须带着你的自信和兴趣。

(3)手掌展开、掌心微微向上,有力地与顾客握手,但不能捏疼别人。

(4)热情地向顾客介绍自己,但要自然,比如用上扬的声调告诉他你的名字:"我叫汤姆·霍普金斯。见到你非常高兴。"

(5)利用一个问题,让顾客轻松地谈谈自己,比如提起他最为得意的事,这样,他自然会提供更多关于自己的信息给你。

(6)挖掘共同话题,创造默契。

(7)对他的优点表示赞扬,但要适度;否则,别人会觉得你这人虚伪。

打好以上细微的铺垫,便可以转入正题了。当顾客对你说出"好"的时候,你便可以体验到一个精彩的问候的力量是多么巨大。

14.需求鉴定

古希腊著名哲学家、教育家苏格拉底主张以讨论问题的方式与人交谈,从而一步一步引导出正确的结论。这种方法被后人称为"苏格拉底方法"或"产婆术"。

如果你在对顾客的真正需求不甚了解的情况下,盲目地急于陈述自己产品的性能,那最大的结果就是顾客无法接受你的介绍和帮助。尽管你的产品很棒,但因为不能很好地解决他所面临的问题,所以你前功尽弃、销售失败。因此你必须学会正确鉴定顾客的需求。具体的方式是怎样呢?苏格拉底已经告诉你该怎么行事:采用提问式的方法推进与顾客的交流,使顾客积极地参与你的介绍,接受你的鼓励,从而帮助你跨越销售环节中最困难的障碍，找到问题的解决办法或方案。

这种做法的优势在于，让顾客更有信心、更主动地向购买靠近。它截然不同于销售员一厢情愿的灌输，给顾客以主动的感觉。

需求鉴定的任务，不仅是辨别顾客已经意识到的需求，刺激顾客还没意识到的需求，而且还必须促使顾客心理上产生紧迫感，让他想买。

（1）询问他以前用过的产品和当前产品最大的优劣势分别是什么，是什么让他决定购买你的产品，他对你的产品最感兴趣的地方在哪儿等。

（2）不仅要给顾客提供有用的信息，更重要的是关注顾客感兴趣的。比如，刺探他对价格的态度，让他知道你有着最好的售后服务等。要知道，对顾客每一点细小的探知，都有助于你最终得到他肯定的回答。

15.排除竞争

排除对手，就是成全自己、让自己离成功更靠近一步。在销售人员向顾客展示自己的产品时，顾客很可能已经开始与市场上的同类产品进行暗自比较。面对这种情况，你能视而不见、避而不谈吗？不行。但是你必须采取欲擒故纵的策略，大方地给顾客作出详细介绍和比较，从而打消顾客的疑惑。假如你没有这样做，反而说竞争对手的坏话、只顾强调自己的产品如何得好，那你就等着顾客将你扫地出门吧！

竞争是残酷的，时间就是你在竞争中占据优势的资本。冠军销售员一致认为：最好的销售就是让顾客立即购买。拖延意味着这笔生意很可能被你优秀的竞争对手随后抢去。所以，需要再次强调和强化顾客的紧迫感。价格是这个环节中最有效的武器，如果你能为顾客做出有效的计算，钞票的节省会让顾客为之动心。

从顾客身上得到的任何信息，都将是你参与竞争的法宝，不容忽视。只要将它们有条理地汇集起来并加以利用，再强的竞争对手也休想夺走你美味的蛋糕。

16.强有力的展示

病人承受身心的折磨而向医生求救时，医生总是经过仔细的检查给出极为有效的治疗，从而使病人恢复健康。销售员在帮助顾客解决麻烦时，同样需要学习医生的治疗手段。训练有素的销售员知道，一味地向顾客强调产品，就像不合格的医生一味地提醒病人的病情一样极其无聊甚至有害；只有从"治疗疾病"的角度（这样对病人的康复最为有利）来为顾客考虑（怎样对顾客更有利），才会出色地完成产品展示，掌握顾客最乐意接受的销售方式。

强有力展示的另外一个关键是有效地向顾客传递简练、可信度高和具有充分价值的信息，必须让顾客感觉到：他的利益，你是放在第一位的。同时，影响展示效果的还有以下几点技巧。

（1）尽量使你陈述信息的节奏与顾客的语言习惯保持一致，过快或过慢都可能不能让顾客很好地领会你的意思，甚至会使他厌烦。

（2）言语吐字要尽量含蓄、得当，具有轻松的气息或人情味儿，但需要有力度和激情；避免僵硬、拘束的词汇和疲软的语气，要做到既可以感染顾客、赢得顾客的尊重，又能轻松交流信息。

（3）尽量制造更多情景互动，让顾客积极参与讨论和产品试验，加深顾客的印象。

（4）必须避免常犯的错误，如急于求成导致顾客的不信任、忽略了销售过程中的某部分人、语言陈旧呆板等。

（5）最后一点，诚实可靠最为重要，你的职业道德可能决定了顾客对你产品的态度。

展示环节是整个销售过程中最核心的部分。它直接决定着顾客对下一环节的交流是否还有兴趣。

17.异议预防

一般情况下，顾客对产品所关心的事项，总会在销售人员忙于陈述的时候突然提出。如果销售人员事先没有预料到这个问题，那他匆忙的解释可能并不能使顾客满意。所以，冠军销售员总会提前着手准备、分析种种假设的问题，并将解决方案贯穿在自己的展示中，做到防患于未然。

而且，顾客虽然在倾听你的讲述，接受你的知识，但他的心里始终会有自己的盘算。如果他的想法是以直接提问的方式流露出来，你还可以通过解释来进行扭转或更正；如果只是隐藏在他的一个小动作里，你就必须留意，洞察他还未说出口的关心事项，在接下来的陈述中，有针对性地解决他的后顾之忧。

18.成交戒律

销售员不辞辛苦地进行准备、约见顾客，就是为了等待最后成交的一刻。那么，如何才能让你的销售活动顺利展开，且不至在最后关键时刻因为你的某些不当而使成交与你失之交臂呢？医生明明清楚手术的每一个程序，但如果太过紧张，就可能导致手术失败，危及病人生命安全。所以，销售员保证成交顺利的最好办法就是，通过情景演练克服心中的紧张和恐惧。

此外，足够的耐心也必不可少。因为一个人在作出某些选择时，大脑往往需要消耗时间搞清利弊。

这两点都是销售员在明确接收到顾客的购买信号之后所必须注意的。顾客的购买信号，一般是他觉得对产品的型号、质量、价格都比较满意之后才会做出。它直接或间接向销售员表露顾客的购买意向，并试探着去涉及成交的其他条件。它或者是顾客直接的话语，或者是肢体语言的暗示。总之，需要销售员随时随地的关注。差劲的成交者往往是在这点上表现得过于疏忽，于是导致虽然成交但顾客仍然对这次服务表示不满。

19.战胜最后的异议

当你与顾客最后的成交手续办完时，你觉得自己终于可以松口气了。但是，像某些历史剧的旁白一样，"其实事情还远远没有结束"。有些顾客为了确定自己眼光没错，总会向你提出异议。服务顾客是你的宗旨，所以你不能不耐烦，你必须运用平日训练所得的知识灵活地战胜这些异议。伟大的销售人员会经常以下面这些方法为此次销售画上完美的句号。

（1）他们会认为这是顾客感兴趣的表现，首先对顾客表示理解，然后以丰富的经验（早已收集过这些常见的异议，并做了准备）去解决异议。

（2）他们可能将顾客的疑问进行巧妙的处理："很乐意为您讲得再详细点……"

（3）他们会引导顾客重新获得"嗯，是很划算"的感觉（包括回想策略和分摊策略）。

销售人员要克服顾客在成交后提出的异议，同样需要销售前期善意诱导的艺术，真诚地帮助顾客，使顾客觉得这样的购买不但非常有益、有价值，而且还能带来快乐。

20.追踪现实和对追踪的恐惧

不管是你经由推荐建立新的销售关系还是维护已有的客户关系，持续的追踪都是极其必要的。如果客户得到了你的推荐但仍然没有回应，你就必须运用高超的追踪技巧，去捕获潜在的机会；或者你能经常与已成交过的客户保持联系，并且表示你乐意为他们提供出乎预料的服务。这两者都将显示出你具有优秀的职业道德、专业人士的风范。

（1）电话因为它的便捷和互动而成为销售人员追踪的最好方式。

（2）坚持，才能享受追踪的良好效果。半途而废，就是给竞争对手送去机会。

（3）写感谢信，是一种比较优雅的方式。获得顾客的称赞，是销售良性循环的开始。顾客的口碑是对你最好的宣传。

（4）为了防止新顾客的不满或抱怨，你的展示一定要带来愉快的交流气氛。还须记住，苏格拉底教给你的提问方法，能让你清楚地了解顾客的偏好。

（5）在任何时候，恐惧心理都是一个恶贼。你只有将它赶跑，才能拥有自己想要的东西或结果。